PLUCKED: A HISTORY OF HAIR REMOVAL

Rebecca M. Herzig
レベッカ・M・ハージグ 著
飯原裕美 訳

脱毛の歴史

ムダ毛をめぐる
社会・性・文化

東京堂出版

脱毛の歴史　ムダ毛をめぐる社会・性・文化

Plucked: A History of Hair Removal
by Rebecca M. Herzig

Authorized translation from the English-language edition published
by New York University Press.
Japanese translation rights arranged with New York University Press
through Japan UNI Agency, Inc., Tokyo

母、ジル・ホプキンス・ハージグに本書を捧げる。

目次

＊本文右側の（1）、（2）、……は原注の番号を示す。
＊本文中の［　］は原著者による補足を、〔　〕は訳者による注を示す。
＊本文中、現代では不適切と思われる前時代的な表現が用いられている箇所もあるが、序論にあるとおり、当時用いられていた歴史的事実を示すためのものであり、差別を意図するものではない。

序論
――やむを得ない苦痛

赤十字国際委員会（ＩＣＲＣ）調査団は二〇〇六年の年末にかけて、米国国防総省が運営するグアンタナモ湾収容キャンプを訪れ、米国中央情報局（ＣＩＡ）に拘束されているなかで「重要な」収容者一四人に対して個別の聞き取りをおこなった。ジュネーブ諸条約が遵守されているかどうかを監視する、ＩＣＲＣの法的義務にのっとった活動だ。被収容者の待遇について四〇ページにわたる報告書がまとめられ、二〇〇七年二月にＣＩＡの法務顧問代理宛てに送られたが、被収容者の置かれている「全体的な状況は」「恣意的なかたちで理不尽なまでに自由を奪われたもの」だと結論づけている。拘禁プログラムのほかの面も「冷酷で非人道的、あるいは尊厳を傷つけるような行為で構成されており」、被収容者は「複数の形態の拷問を組み合わせた扱い」を受けている場合が「多数を占めている」(1)。報告書では、殴打や足蹴り、手枷や足枷による長時間の拘束、箱に押し込められての監禁、食事を与えられないなど、被収容者に対する虐待の「主な要素」を独立させて、それぞれ考察している。考察されている要素のなかに、体毛除去——報告書を作成した者の言を借りるなら「強制的な剃毛」【図I・1】——という項目がある。報告書によれば、面談した一四人のうち少なくとも二人はひげも頭髪もすっかり剃られていたが、「威厳もなく」みっともない姿にするため、まだらに残るよう、故意にふぞろいに刈られた者も二、三人はいたという。[2] また、被収容者の他の処遇についても同様に概略が述べられている。二〇〇五年、『タイム』誌はある特集記事で、ムハンマド・アルカータニから情報を引き出そうとする将校たちの長期にわたる活動を取りあげた。アルカータニは二〇〇一年一二月、トラボラから逃れようとしたところを捕らえられ、グアンタナモに移送された人物だ。記事によると、「いくら圧力をかけても彼は一向に屈せず」、収容施設の幹部は二〇〇二年の秋ごろになると、より強制的な尋問の方策をとってもよいか、連邦政府に許可を求めるにいたった。同年一二月、当時の国防長官ドナルド・ラムズフェルドは一〇を超える代替手段を承認した。そのなかには、長時間立たせたり、孤立状態を強いたり、衣服を剝ぎ取ったり、「強制的な体毛の手入れ（ひげを剃るなど）」などが含まれていた。[3] 米国法務省の調査によると、あるFBI捜査官は二〇〇二年にも同様に「他の被収容者への影響力を弱めるため」、ガッサーン・アブドゥーラ・アルシャラビのひげを強制的に剃るよう提案した。捜査官によると、アルシャラビは腰まで届くあごひげが「多大なる尊敬を集めていた」ので、それから間もなくあごひげを剃り落とされた。調査には、「収容者を辱めるために」彼らのうち半数のあごひげを剃り落としたり、「不品行をはたらいた被収容者に対する懲罰」

Contents

Introduction

1. Main Elements of the CIA Detention Program

  1.1. Arrest and Transfer

  1.2. Continuous Solitary Confinement and Incommunicado Detention

  1.3. Other Methods of Ill-treatment

    1.3.1. Suffocation by water

    1.3.2. Prolonged stress standing

    1.3.3. Beatings by use of a collar

    1.3.4. Beating and kicking

    1.3.5. Confinement in a box

    1.3.6. Prolonged nudity

    1.3.7. Sleep deprivation and use of loud music

    1.3.8. Exposure to cold temperature/cold water

    1.3.9. Prolonged use of handcuffs and shackles

    1.3.10. Threats

    1.3.11. Forced shaving

    1.3.12. Deprivation/restricted provision of solid food

  1.4. Further Elements of the Detention Regime

2. Conditions of Detention In Later Stages

3. Health Provision and Role of Medical Staff

4. Legal Aspects Related to Undisclosed Detention

5. Fate of Other Persons who Passed Through the CIA Detention Program

6. Future use of the CIA Detention Program

Conclusion

Annex 1.

Annex 2.

図I·1　アメリカ合衆国に捕らえられてグアンタナモ湾収容キャンプに拘束されている被収容者の処遇について、赤十字国際委員会が2007年に作成した報告書の目次。Forced shaving（強制的な剃毛）とある部分に注目。

として剃毛をとらえていた看守がいたことも記されている。[4]

グアンタナモ湾収容キャンプにおける、アメリカによる捕虜の処遇をめぐる痛烈な批判においては、強制的な除毛が意外な役割を担った。捕虜収容に関するアメリカ政府の政策に批判的な人は、剃毛についてはまったく取り合わず、水責め尋問（水による窒息）の行使をもっぱら非難した。[5] 対照的に政策の支持者は、『ナショナル・レビュー』誌の編集長リッチ・ロウリーのように、あごひげの除去は、グアンタナモでの状況が「何ら恥じるものではない」証拠だととらえた。[6] ラジオのトークショー・ホスト、マイケル・スマーコーニッシュは、アルカータニの尋問を引き合いにして言った。「どこが虐待なんだ？　その男のあごひげを剃ってやり、クリスティーナ・アギレラの音楽をかけ、やつの襟に9・11の犠牲者の写真を貼っただけだ。それが虐待だって？」[7] 一方、『ワシントン・タイムズ』紙は社説で『タイム』誌の記事を引用し、グアンタナモの収容者の処遇は「不快」なものだと述べた。

アルカータニに口を割らせるため、尋問者は数々の不快なことをした。ひげを剃ったり、全裸にさせたり、犬のように吠えてみろと命じたり、眠らせぬよう――あろうことかクリスティーナ・アギレラの音楽を聴かせて――邪魔したり、下卑た女性の尋問者を投入して彼の〝パーソナル・スペース〟を侵害したりした。[8]

『ウィークリー・スタンダード』誌の編集主幹、フレッド・バーンズは、ブッシュ政権支持者のあいだに流れる空気を集約するように、「[グアンタナモでの被収容者の]手荒な取り扱いについてFBIの報告があがってきているが、拷問と思われるものはなかった」と述べた。(9) あごひげを剃るのは宗教上の信念や個人の尊厳を冒すもので国際協定違反だ、とICRCやヒューマン・ライツ・ウォッチ、被収容者自身が繰り返し訴えているにもかかわらず、アメリカ政府の捕虜収容政策の反対派も擁護派も一様に、強制された剃毛は、「テロへの戦い」という大義の前ではさして重要な問題ではないととらえていた。

強制的な剃毛など取るに足らないことだ、とブッシュ政権の支持層も批判層も珍しく意見が一致していることは、ICRCの下した、それとは異なる判断とあわせて考えると特に、さまざまな疑問を生む。ある行為が単に「不快」なものにとどまらず、「残酷」で「非人間的な」拷問になるのは、いったいどの時点だろう？　ごく些細な迷惑行為と深刻な問題とを分けるものは何か？　真の意味での苦痛、そして紛れもない現実の暴力が何か、を決めるのはいったい誰なのか？　このような論点――知や権力、特権と排除、そして生と死といった問題――に突き動かされて、本書は生まれた。アメリカにおける、植民地時代から現在にいたる脱毛の歴史について論じたものだ。

一見すると脱毛は、そういった問題を考えるテーマにはそぐわないように思われる。体毛の処置などは、ひっきりなしに更新されるセレブの食生活、あるいは大リーグの試合結果を伝えるニュースのように、現代アメリカ文化にどうしてもつきまとう〝うっとうしいもの〟で、無視するのがいちばんと思われがちだ。多くの人々にとって、体毛というトピック自体がうんざりさせられるだけでなく、低俗でどうしようもない嫌悪感を抱かせるものらしい。これまでに本書の原稿に目を通した人からも、学術的な関心を向ける対象としては、脱毛はとにかく不快なものだと示唆された(10)。

だが、そうではないと読者を説得するのが私の意図ではない。これから論じていくように、脱毛は、トマス・ジェファソンからドナルド・ラムズフェルドにいたるアメリカの政治家を悩ませ、科学や医学、商業活動や戦争のあり方を方向づけてきた。また、驚くほどの金銭的負担を私たちに負わせ、感情的な反応を誘発し、環境保護の対策をとるよう喚起してきた。しかし、体毛はこれまで認識されていたよりも「実は」重大なものだと論じるのが本書の目的でもない。そうするのは――たとえば、強制的な剃毛はやはり水責め尋問よりひどい苦痛をもたらすと断言するのは――既存の価値観をひっくり返すだけにすぎない。私が目指すのは、そういった主張そのものの歴史的偶発性を解き明かすこと。本書『脱毛の歴史』は、外見的な魅力《パーソナル・エンハンスメント》を高めるために個人がどうしてきたかという変遷を掘り下げることで、重要なものと取るに足らないもの、必要なものと不要なものを分けているものごとに光を当てようと思う。その差異は一見して自明のように思われるが、変化してきたのは驚くほど最近のことだ。

本書では、髪の生え際より下に生えているものはすべて体毛として扱う。体毛は、いま挙げた差異を具体化するのに役立つ。手を加えれば一時的に、そして難なく形態を変えられるため、社会的な境界を伝えたり、それに異議を唱えたりする手段としてはっきり把握できる。形態を変えることで、一度にさまざまな境界をもうけることも可能だ。自己を他者と切り離すだけではなく、「個人が属するカテゴリーや階級」[11]を分けたり、ランクづけたりもできる。アメリカでは長らく、こういうカテゴリーによって性の区別をつけ、さまざまな権利や特典を受けられる範囲を制限してきた。また、その分類に基づいて、さまざまな権利や特典を受けられる範囲を制限してきた。体毛のとらえ方や処置の方法には、精神障害や疾患症状、犯罪行為、性的な逸脱行動、政治的な過激思想を浮かびあがらせる働きもある。分類のなかには、疾病の診断基準や官僚的な法規あるいは専門的な規格のなかに編み込まれているものや、感情や習慣によって固守される暗黙の了解として残っているものもある。そういった区別や分類を維持するには、肉体的にも感情的にも苦しむ作業――皮を肉から剝ぐような、手を汚して痛みを伴うことの多い作業――が必要だ。その作業をより詳細に検討することで、社会生活に満ちている暗黙の価値観をより深く認識できるかもしれない。

ここで特に重要なのは、何を苦痛とするかという点だ。グアンタナモでの被収容者の処遇は拷問に等しいのか――たとえば、そういう問題の結果として生じる道徳的および法的な基準は、アメリカでは昔から、科学や医学の専門家が定める「自然の」秩序に頼ってきた。誰が経験した苦痛が問題となるのかは主に、この当然の事実を誰が語るかによって決まってきたのだ。たとえば一八世紀には、高名な民族学者や博物学者たちによって宣された身体的な「欠陥」が、大陸の先住民から政治的な権利を剝奪する根拠を強化した。一九世紀には、医師や「アメリカ学派」（American School）と呼ばれる人類学の一派〔以下「アメリカ人類学派」と表記〕の学者たちが提唱する、人種はそれぞれ異なる起源を持つという説が、奴隷制度を擁護するために用いられた。最近では尋問のテクニックをより「強化する」ため、グアンタナモに〝行動科学コンサルテーションチーム〟が配置された。実際の苦痛を専門家が評価査定することで、法的手続きは明確だというお墨つきを与え、逆に、認可されたその法的手続きが現実の苦痛を規定することとなる。[12]

苦痛の定義はアメリカの歴史上ずっと、何を自然とするかという主張と密接に関連していたものの、科学の著しい台頭が、個人が健康を気遣うようになった風潮ともあいまって、科学的および医学的な分類の重要性を増幅させた。一九世紀から二〇世紀にかけて、ヒトの体は医術が取り扱うべきものへと完全に移行した。[13] 特に富裕層にとって、日常生活の領域——性行為、認知、精神状態——はますます専門家に判断をあおぎ、処置してもらう範囲へと移った。今日では、苦痛の——精神的なものであれ身体的なものであれ——境界線は、医学との複雑で多角的な関わりを通して立証されるものとなっている。[14]

その境界線に不可欠なのは、医学的な「必要性」に関する情報だ。医学的必要性とは、保険契約における曖昧な語句から一転、国をあげた議論の焦点となった言葉だ。苦痛は、数量的な特性で理解されることも可能だとはいえ（「深刻さ」を表す段階的なスケールで痛みを表現するなど）、医学的に必要かどうかという概念は、社会資源や財源を二元的に配分あるいは留保して、「現実の」痛みを締め出すように働く。[15] 医学的な必要性は、賛成か反対かを決断するよう、私たちに強いてくるのだ。線維筋痛症や慢性疲労症候群のように議論の対象となっている診断区分は、「れっきとした」疾病だと証明する再現可能な検査を提示するよう、患者の支援団体や医療提供者に強要する。記憶力増強の調合薬のような新薬や機器は、どれが適切な使用なのか判定せよと求めてくる。州や連邦レベルでの医療保障制度改革はまさに、どれが「最低限」で「必要不可欠」な医療なのかという問いを突きつけてくる（たとえば、腎移植や体外受精、性別適合手術など）。個人で選択できる「エンハンスメント」〔従来、病気の治療のために用いられてきた医療技術を転用し、健康な身体や精神の機能を向上させるために用いること〕と不可欠な「治療」の区別に新たな重要性が生まれたものの、その区別がどこにあるのかという説明責任は、人頭払い方式に縛られた民間の総合的な保険契約が普及したこともあり、曖昧で不明瞭になっている。いみじくも批判されているように、契約の免責事項について弁明するよう保険会社が求められることはめったにない[16]。

何にでも医療がお墨つきを与えるという流れは、アメリカも例外ではない。日常生活の「バイオメディカライゼーション」は、豊かな先進工業国を席巻している。時間と労力があれば、より網羅的な比較研究——体毛についての地球規模の科学史——をおこなうのが理想的だろう[17]。だが二一世紀初頭の現在、「必要性」についてのアメリカにおける定義が桁違いに大きな影響を持っていることを考えると（グアンタナモについてのICRCの報告書に顕著なように）、アメリカ人の習慣についての考察を続けるのは、有用な出発点に思われる。

だが、まずは語義について少し解説をしておこう。本書では、時を超越すると見なされがちな概念は偶々《たまたま》そうなのだということを強調したいので、個人の属性と差異を表すために当時の評論家が用いていた語彙（「インディアン」、「狂人《ルナティック》」、「科学者《マンオブサイエンス》」など）の使用については特に留意した。「行為者の範疇（actors' categories）」と呼ばれうるものをそのまま利用していると当然、そこで論議されている活動を黙認していると誤解される恐れがあるが、私の意図を見誤らないでいただきたい。ひとつだけ、例を挙げよう。みずからの意思に反してグアンタナモに留め置かれている人たちを表す場合、アメリカ合衆国政府に倣って「被収容者（detainees）」としたが、根拠の曖昧な勾留への支持を表すためではなく、一見すると些細な、用語上の決定の悪影響を強調するためだ。「犯罪者（criminals）」であれば、特定の犯罪によって告発されるはずだし、「受刑者（prisoners）」であれば、一定の権利が与えられてしかるべきだ[18]。他の場合でも、現代に合わない前時代的な言い回しを勝手に訂正したくなる衝動には抗った。一九世紀の「性的倒錯者（invert）」は二〇世紀の「同性愛者（homosexual）」というカテゴリと同義ではないし、「人類（man）」と「人々（people）」、「モンゴル人（Mongolian）」と「アジア人（Asian）」も、それぞれ同じではない。新しい言葉、あるいはあらたな意味をつけ加えたなじみの単語を導入するのは、思想においては微かだが重大な変化の前兆となることが多い。

体毛とその成長に関する「基礎科学」と言うべき事柄【図I・2】についても、同様のアプローチをとった。今日、この基礎科学で用いられる用語は明快で、議論の余地などないとされている。哺乳類

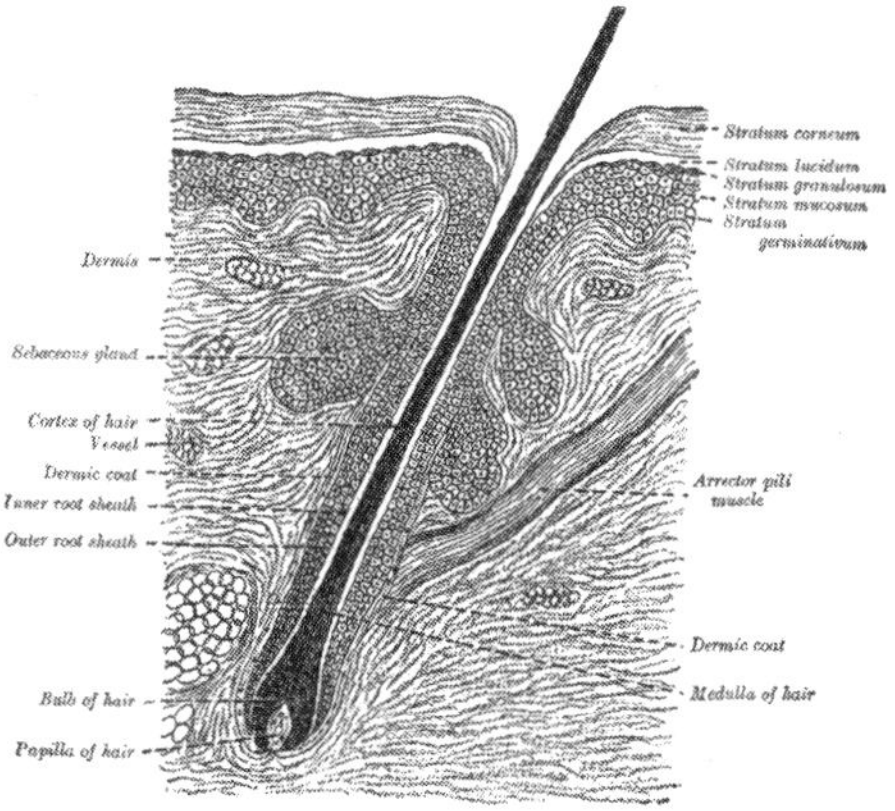

図I･2　1918年のアメリカ版の『グレイ解剖学』に掲載された毛包の説明図

の体毛とは、真皮（表皮と皮下組織のあいだの皮膚の層）にある毛包から、皮膚表面に長く突き出た毛幹のことを指す。毛根部のいちばん下の膨らんだ部分は毛球と呼ばれ、毛乳頭を包み込むような構造となっている。毛髪繊維はさらに三層（毛髄質、毛皮質、キューティクル）から成っている。毛皮質は毛包によって形作られ、毛髪繊維の形状を決定するのに一役買っており、毛髪の触感もそれによって決まる。繊維が丸ければ、髪は相対的にまっすぐになり、楕円形であれば、比較的カールやうねりのある髪となる。毛包には皮膚に固有の特別な幹細胞もあり、毛髪の成長サイクルを司っている[19]。ここで述べた事柄は、自然に関するほかの仮定と同じように無作為なものではなく、物質界の影響を受けるはずだ。でなければ、徐々に消えていく。だが、すべての事実がそうであるように、物質生成に関する一定の条件に縛られている——その条件を詳しく調べると、教科書で紹介されている以上の複雑さや軋轢が存在することが判明する。[20]一例として、「哺乳類」という語そのものを見てみよう。歴史学者のロンダ・シービンガーが述べているように、啓蒙時代に活躍した分類学者たちは多様な分類スキームと格闘した末に、「哺乳類（*Mammalia*）」というカテゴリーに着地した。つまり、リンネはより広範囲の文化的・政治的な争いに応えて、有毛目（*Pilosa*）や（*Lactentia*）のように同程度に根拠のある用語よりも、乳房（*mammae*）に焦点を当てることを選んだのだ。[21]以降の章では、体毛の構造の分類（体毛と羽毛の差異など）や人種（ネグロイド、コーカソイドなど）、成長パターン（男女の差）なども含めて、科学・医学的に重要な分類をほかにも挙げていく。[22]本書では、すでに「科学的」とは見なされない単語や概念を嘲るために引用符をつけるのは差し控えた。

本書にまとめた研究内容に目を通した人のなかには、この不可知論的なアプローチに異を唱えるむきもあった。時代遅れの疾患カテゴリーが指すのは「いったい何なのか」、あるいは、現在は存在しない人種区分に属する人間は二一世紀の専門用語で「何と言うのか」、明確にすべきというのだ。しかし、そんな要求は的外れに思われる。体毛を歴史的研究のテーマとする主な利点は、すでに確立された区分を破壊し、それを支えている足場をひときわ明快に見せること。本書では、その足場となっているものを詳細に語りたいと思う。

本書が典拠としている文献の多くは、ヨーロッパに祖を持ち教育水準も高く、かつ英語を話す人々によって書かれている。その文献における主張は、ある特定の人種や国家、経済や性、宗教にまつわる関心事をことさらに取りあげ、その過程で他を顧みずにいるものが多い。といって、そういった事柄に対するほかの視点や、主要な見解と実践に代わるものがまったくないわけではない。繰り返しになるが、じゅうぶんな時間と労力があれば、下位的・副次的な考え方や、中心的なものとは反対の見方や実践などについても、より徹底的な調査をおこなうのが理想的だ。だが本書では、圧倒的な支配力を有するものや、それによって歪曲・黙殺されたほうに焦点を当てた。そのように考えれば、歴史は文化的批評のツールになる。当たり前だと思われている領域に存在する軋轢や不確実性、そして可能性を際立たせる手段のひとつとなるのだ[23]。

現代のアメリカで、体毛の意識的な除去ほど当たり前と見なされている習慣はない（本書にまとめた研究では、有害物質への曝露による不可避な抜け毛、脱毛症や抜毛癖、男性型脱毛症は取りあげない[24]）。最近の研究によると、アメリカ人女性の九九パーセントはみずからの意思で脱毛している。定期的に脱毛している人は八五パーセントで、なかには毎日という人もいる。今のところ、対象となる部位は脚や腋、眉、鼻の下、そしてビキニラインがごく一般的。しかも、こうした習慣は人種や民族、地域的な境界を超越しているようだ[25]。二〇〇八年のある調査によれば、不要な体毛を剃る（比較的安価な方法）というアメリカ人女性は生涯を通じて、ムダ毛を処理するためだけに平均一万ドル以上のお金と丸々一カ月を費やすことになるという。月に一、二度ワックス脱毛する場合は、生涯で二万三〇〇〇ドル以上を費やす[26]。男性の大半も日常的に顔の毛を除去しており、身体のその他の部分の毛を処理する人も増えている。二〇〇五年の時点で、アメリカ人男性の六〇パーセント以上が首から下の体毛を定期的に減らしたり除去している、と示す調査もある。[27] 体毛除去の傾向を調査する社会学者からはほとんど見向きもされていないが、トランスセクシュアルやトランスジェンダー、ジェンダークィアの人々もまた、ムダ毛の処理について関心を示し、さまざまな処理方法を試している。[28]

アメリカのいたるところで個人が体毛除去をおこなっているのは、これがまだ比較的新しい習慣であることを思うと、特に驚きだ。[29] 念のため言っておくが、強制的な体毛除去はべつに新しいものではない。グアンタナモでのひげの剃毛に見られるように、支配や辱めのための体毛除去は、囚人や兵士、学生、その他の拘留者に対して、何世紀も前からおこなわれてきた。近年のグアンタナモ収容者に対する処遇はともかく、国家権力の代理人による強制的な体毛除去には、アメリカの司法は難色を示してきた。[30] 一八七九年、スティーヴン・J・フィールド連邦最高裁判事はある裁判で、サンフランシスコの郡刑務所に収容されている中国人男性の長い辮髪《べんぱつ》を切り落とした役人は、憲法で保障されている法の下での平等な保護と、残酷で異常な刑罰の禁止の双方に反している、と極めて影響力の大きな裁決を下した。[31] 非国家主体（Nonstate actors）もまた、特定の支配関係を維持・再生産するための手段として、体毛を除去してきた。この点で特に印象的なのは、競りにかける前に、奴隷にした男たちの顔を剃ってオイルを塗る奴隷商人の例だ。逞しく丈夫なほうが高い値がつくため、男たちを若く見せようと、白いものがまじったひげや思春期の生えはじめのひげを奴隷商が剃り落とすこともあった。一八世紀の奴隷市場を描いた版画には、奴隷となった男を買う前にその顔を舐めて、ひげの剃り跡という隠しきれない証拠を確認するイギリス人の姿が描かれている[32]【図I・3】。

図I･3　奴隷市場を描いた18世紀の版画。ひげを剃られているのかどうか確かめようと、奴隷にされた男のあごを舐めている購入希望者の様子が描かれている。(*Le Commerce de l'Amerique par Marseille*, 1764 より：ブラウン大学、ジョン・カーター・ブラウン図書館の厚意により転載)

公然たる形での強制的な体毛除去は、アメリカでもかなり前からおこなわれてきたが、今日広くおこなわれているような自発的な脱毛の歴史は比較的浅い。目に見える体毛はおしなべて嫌悪するという文化的風潮も、同様だ[33]。新大陸に到達した最初の数十年から植民地化を経て一九世紀前半にいたるまで、ヨーロッパ人やヨーロッパ系アメリカ人の目には、体毛に対する嫌悪感は奇異なものに映った。体毛を忌み嫌うのは、大陸の先住民たちの不可解な特色のひとつとされたのだ。あごひげをたくわえたグアンタナモの被収容者たちをめぐる議論とは対照的に、あごひげのない「インディアン」はひげを引き抜いたり剃ったりすることに並外れて熱心で、異様だとまでされた。先住民以外のアメリカ人、主に白人女性が自身の体毛に常に関心を向けるようになったのは一九世紀の後半からで、大多数の人が首から下の体毛を日常的に除去するようになったのも一九二〇年代に入ってからのことだ。しかし、この大変革は二〇世紀なかばには完了した。一八世紀の博物学者や探検家たちは、体毛のない肌への執着は先住民にのみ特異なことと考えていたが、冷戦時代のコメンテーターは、目に見えてわかる女性の体毛は衛生観念の欠如の表れで、汚らわしく「有害」だと決めつけた。[34] アメリカの優勢で支配的な文化において、すべすべの肌が正常で普通のものだとされてから、まだ一世紀にもならないのだ。

このように体毛を忌み嫌うようになった主な原因は、何だろう？　これまでの歴史的研究を見ても、あまり手がかりは得られない。アメリカにおける美容に関するさまざまな事柄――化粧品や豊胸手術、美容整形、ヘアスタイリングなど――については豊富な研究がなされているが、体毛除去はまったくといっていいほど無視されている。[35] では、何度も繰り返す必要があって費用もかかる――厄介で痛みを伴い、外見を損なうことも珍しくなく、下手をしたら命も落としかねない――この習慣が普及していることを、どう理解したらいいのだろうか？

その答えを求めて、現存する学術論文や一般向けの文献をくまなく当たってみると、明らかにこれが原因だとするふたつの説が頻繁に現れる。「進化論的な」解釈と呼べるものと、「性差に基づく社会統制」という説明がそれだ。[36] このふたつが頻出するのには意味がある。先を急ぐ前に、まずそれぞれを具体的に見てみよう。

現在おこなわれている脱毛習慣の説明としてもっとも一般的なのは、体毛のない肌の魅力は動物的な本能に深く根ざしているというもので、デズモンド・モリスの一九六七年のベストセラー『裸のサル：動物学的人間像』〔日高敏隆訳、角川文庫、一九九六年〕ではじめて紹介された。最近の社会生物学での見方は、「万人に受け入れられる好みを広告業界が利用して食いものにしているのは確かだ」「が、彼らがそれを作り出したわけではない」と要約される。[37] 脱毛が当たり前の習慣となった説明として進化論的な説を持ち出す人たちは、ヒトは哺乳類にしては珍しく毛皮を持たないために、ノミやダニ、シラミをはじめとする外部寄生虫や、それらがもたらす疾病を比較的免れている点を挙げる。ヒト科の動物では、毛がないほうが疾病に対してより大きな抵抗力を持つという自然選択（natural selection）のプロセスが、次に性選択（sexual selection）によって増強され、確固たるものになる。健康で丈夫だという潜在的なメッセージが毛のない皮膚によって伝えられ、つがいの一方になるかもしれない相手がそれに反応するのだ。現代のホモ・サピエンスは太古からのこのパターンをワックス脱毛や抜毛、剃毛などで維持している、と言われている。もうひとつのバージョンでは、初期の二足歩行のヒト科の動物は赤ん坊を抱きかかえなければならない（二足歩行の乳児は、他の霊長類のように足でしがみつくことができない）ので、乳児の生存は母親が抱きかかえたくなるかどうかにかかっていて、それは（体毛のない）皮膚と皮膚の触れ合いの気持ちよさによって強まるとされている。ここでもまた、性選択が自然選択のプロセスを補強すると考えられている。母親と素肌を合わせた赤ん坊時代の気持ちいい触れ合いを再体験するため、成人になってからも、性交渉の相手には体毛のない個体を求めるというものだ[38]。このような進化論的な考え方を踏まえてマーク・パジェルとサー・ウォルター・ボドマーは、「脱毛作用をもたらすものが広く使用されているのは、体毛のない状態が、特にヒトの女性においては引き続き魅力的だということを証明している」と『英国王立協会紀要』で述べている[39]。「脱毛作用をもたらすものを一般人も広く使っていること」を説明するのに進化論がよく用いられるのは、右で述べたように、科学が文化的権威として力をつけてきたことを表している。しかし、それはさまざまなことに答えると同時に、(創造論者のキリスト教徒がすぐさま指摘するように[40]) 多くの疑問も生み出した。脱毛剤が広く使われているのは、無毛状態が有する本能的な魅力の証しだというなら、何かに取り憑かれたのかというほど熱心に脱毛がおこなわれた時期や地域に偏りがあるのはなぜだろう? 現代のアメリカ人は何となく、一八世紀のアメリカ人より進化論的な使命感に突き動かされているのだろうか? 二一世紀のドイツ人やイタリア人よりも? 体毛を失ったことで初期のヒトがより健康になって長寿を得たのなら、なぜ、陰毛や腋毛は残ったのだろう?[41] 毛深い皮膚同士の接触の何が、それほど本質的に不快とされるのか? ふわふわと柔らかくて触ることのできる毛皮こそ、飼われるようになった動物(だからこそ愛情を込めて「愛玩動物《ペット》」と呼ばれている)の魅力の大きな部分を占めているのではないか? ニューヨークのアメリカ自然史博物館の古人類学者、イアン・タッターソールが結論づけたように、「脱毛のメリットにはいろいろな見解があるが、どれもみな〝そうなるべくしてそうなったという物語〟でしかない[42]」。

進化論は実際、アメリカ人の脱毛の習慣を形作るのに役割を果たした——といってもその習慣は、

「原始人」のノミやシラミに対する嫌悪を反映していたわけではない[43]。体毛、とりわけ女性の体毛をめぐる枠組みが一変したのは、進化論、特にチャールズ・ダーウィンの『人間の由来』（一八七一年）が普及したためだ。人種比較解剖学の流れをくむ進化論的思想は、体毛と「原始的な」生物系統、そして「発展途上の」姿態への先祖返りとの関連を不動なものにした。一九世紀末期の医療や科学の専門家は、こういった認識をさらに推し進め、毛深さを性的倒錯や退廃的な異常行動、精神異常、犯罪的な暴力と結びつけた。大衆文化もまた、体毛には先祖返り的な意味があるとにおわせた。クラオという名前の並外れて毛深いラオス人少女を「失われた環《ミッシング・リンク》」――文明化された「人間《マン》」の原始的な祖先の痕跡が具現化されたもの――として見世物にしたのは、これをよく表す例だ[44]【図I・4】。つまり、脱毛をするのは進化の結果の「適性」が有する本質的な魅力のためだと受け入れるのは、それ自体が文化的変化の産物だと言える[45]。

アメリカ人が毛のない肌をここまで激しく追い求める理由としてよく言われる二つ目は、最初から存在する本能ではなく、共同体の中で付与された価値に注目したものだ。具体的には、女性の社会活動を制約しようとする動きだ。そこでは、脱毛は「性差に基づく社会統制」の装置《メカニズム》として現れる。女性が経済力や政治的な影響力を持つようになったことに比例して発揮されるメカニズムだ[46]。この説明もまた、特定の歴史的環境から生まれたもので、人気が高いのはひとえに、男女同権主義《フェミニスト》的な社会科学者たちによる分析のためだ。なかでも社会心理学者は、脚のムダ毛を剃るのに抵抗する女性は他者から「不潔」だとか「野蛮」だと評されること、そして毛深い女性は、見るからに体毛のない女性に

図I·4　クラオを紹介する1887年のチラシ。ラオス生まれのこの少女は「人間とサルのあいだの段階を表す完璧な標本」として、見世物興行でアメリカやヨーロッパ中を引き回された。（Wellcome Library, Londonの厚意により転載）

比べて「性的な魅力も劣り、知性や社交性、幸福度や自尊心も低い」と見なされることを発見した。[47]こういった分析が女性に対して巧妙に仕組まれた陰謀のせいだとした学説は、ひとつもない（「脱毛に関係のある数百万ドル規模の企業」が広めようとしている「体毛は汚らしい」というメッセージは別だが）。しかし、長年にわたって他の法的・社会的制約が緩和されるあいだにも、「体毛はないほうが普通だという基準」は女性や少女に対してまったく別個の心理的束縛をあらたに加えるとした説は、いくつか存在する。[48]この基準の総体的な影響は、不十分さと無力さという感覚を生み出すことだと社会学者たちは示唆している。つまり、「自然のままの姿では」女性の身体には問題があるという感情だ。[49]脱毛する習慣が、こんどは「思春期前のような」、「性的対象として価値の高い」身体を生み出し、最終的には「少女をますます対象化することにつながりかねない」のだ。[50]

成人が脱毛をおこなうのは若い女性の性的対象化と深く関連しているという主張は、根拠のないものではない。一九七五年出版の『ハスラー』誌のある号のように、完全脱毛した女性モデルとしてははじめて大衆誌に掲載されたポルノグラフィのなかには、「思春期のファンタジー」と、どぎつい謳い文句をつけられたものもある。[51]また、ムダ毛のない肌を維持する苦労は、二一世紀のアメリカにおける他の身体改造の実践法の多くと同じく、性自認が女性だという人にばかり降りかかると言って差しつかえない。みずからを美化する作業《ビューティフィケーション》は女性（もっとはっきり言えば、女性に見られたいと思う人）たちに期待される「サード・シフト」だ、とナオミ・ウルフが言ったのはよく知られている。サードというのは、賃金労働のファースト・シフト、そして家事労働や家族の介護といった無報酬の仕事というセカンド・シフトの上にまた押しつけられるもの、という意味だ。[52]

しかし「性差に基づく社会統制」という説は、分析対象である女性の側にも驚くほど高い順応度があることも示唆している。同じことの繰り返しで侮辱的ですらある「サード・シフト」を、当の女性たちはたいした抗議もせず受け入れているように見える。当然ながら、多くの女性はそう言われるとたじろぐ。しかし実際、体毛に関する社会科学の文献でもっとも興味深い発見は、アメリカ人女性は脱毛するのが普通だという圧力を容易に自覚し、その圧力が他の女性たちの行動を左右していると言いながらも、自身の行動を社会規範が決めているという見方は受け入れない人が大半だ、ということ。なぜ習慣的に脱毛するのかと問われると彼女たちは、性的な悦びや魅力が増したり、ほかの「セルフ・エンハンスメント」が理由だと答える。男性を対象にしたインタビューでも同様の現象が見られた。[53] つまるところアメリカ人は、他者は社会的な圧力に簡単に屈すると評しがちだが、自身の行動は誰に強制されることなくみずから決定したものだと語るのだ。

「社会統制」説がいつまでも色褪せずにいるせいで私たちは、自由や主観性、真実といった、支配がついてまわる問題に否応なく向き合わされる。レーザー脱毛に二五〇〇ドル費やすことを選択した人間が示しているのは個人の自由か、それとも穏やかならぬ「虚偽意識」（false consciousness）か？　そういう選択をもたらした意識が虚偽か（あるいは「真実」か）どうか、何をもって定義するのか。誰にそんな権利があるのか。そういった疑問が、豊胸手術や縮毛矯正、鼻形成術、その他の美容目的の「エンハンスメント」をめぐる今日の議論では幅を利かせている。そして、これから本書でひも解いていくように、こういった類いの疑問は建国当初から現在にまで及ぶ。先住民の男たちがあごひげを抜くのは意図的なものなのかどうかという一八世紀の博物学者たちの議論にはじまり、ワックスによる陰部の完全脱毛は個人の「奴隷化」ではないのかという最近の論争にいたるまで、身体改造をめぐる論議には必然的に、目に見える選択が実際にはどこまで自主的で当人が意図したものなのかという当惑が伴う。

最後にひと言。右記のような疑問は、グアンタナモにおける強制的なひげの手入れが「何ら恥じるものではない」のか、それとも「自由を剝奪する」残酷で侮辱的なものなのかをめぐる論争と、極めてよく似ている。どちらにも共通するのは、ある特定の行動が「自由」あるいは「苦痛」と考えられる基準と合致しているのか、あるいはそれを越えているのか——その基準が誰によって、どのように定められたのかには目もくれず——を、はっきりさせようとする点だ(54)。個人の意思や意図といった永遠の謎に関心がないわけではないが、本書では別の方法をとろうと思う。脱毛するという選択について検討するのではなく、そもそも体毛は誰にとって、どういった点で問題になるのかを示してみたい。そんなふうにさまざまな選択肢の歴史をたどることで、誰の苦痛した体験が問題となり、誰の苦痛が排除されるのかが見えてくるだろう。

第1章　毛のないインディアン
――南北戦争以前の蛮行と礼節

トマス・ジェファソンと聞くと、アメリカ人はいろいろなことを思い起こすが、そのなかに、脱毛に関する彼の考えが含まれることはあまりない。しかし、ジェファソンは唯一の著書『ヴァジニア覚え書』（一七八五年）で、この問題について熟慮したうえでの見解を表している。「インディアン」と「白人」とのあいだで発見した差異を列挙した長い一節のなかで、彼は体毛についてこう語った。

頭部をのぞけば、インディアンは白人より体毛が少ないと言われてきた。しかし、その事実を公正に明示する証拠はほとんどない。インディアンにとって、身体が毛で覆われているのは忌むべきことだ。体毛があると豚になったような気がする、と言う。それゆえ、体毛が現れるや否や、それを引き抜く。だが、インディアンの女性と結婚した商人たちが、そんな習慣はやめるよう説き伏せると、自然のままの姿は白人と同じだったそうだ。[1]

インディアンは、ヨーロッパからの入植者と同じくらい生来は毛深いのに、奇妙な習慣か何かのせいで、そうではなく見えているだけなのか？　それとも、インディアンの身体は白人とは決定的に違うのだろうか？　この謎――もしくは、その答えを「公正に明示する証拠」がないこと――が気になってしかたない一八世紀の人間は、ジェファソンだけではなかった。[2]一七七〇年代から一八五〇年代にいたるまで、先住民の脱毛習慣に関する謎は、ヨーロッパ人や、ヨーロッパ人を祖に持つアメリカ人の宣教師、交易商人、軍人、博物学者などの心を奪った。大陸の先住民の体毛が少ないのは「生まれつき」なのか、それとも丹念に剃ったり抜いたり、毛先を焼いたりして肌をむき出しにしているだけなのか、あれこれ考えをめぐらせ論評した人が大勢いた【図1・1】。

白人の文筆家はこの点について、南北アメリカのさまざまな先住民を区別することはほとんどなく（むしろ、地理的にも言語学的にも異なる集団を「インディアン」とひとまとめに扱っている）、有名な人も今や忘れ去られた人もこぞって、もともとの「アメリカ人」に特有と思われるなめらかな顔や手足の理由を明らかにしようとした。[3]たとえばコーネリウス・デポーは、顔にまったくひげがないのはインディアンの身体に特有な生理学的特徴のひとつととらえた。[4]一方、メリウェザー・ルイスとウィリアム・クラークは、チョプニッシュ族の男たちも「アメリカの他の野蛮な部族」と同じく「ひげを引っこ抜く」が、チョプニッシュ族の女たちはさらに「［顔より］下の毛は一様に引き抜く」と結論づけ

図1·1　ジョージ・カトリンが1832年に描いた、ブラックホークの長男ナーセアスカク（Nah-se-us-kuk）の肖像画。この時代の他の白人の旅行者や博物学者と同じくカトリンは、先住民のなめらかな肌に魅せられた。（スミソニアン・アメリカ美術館の厚意により転載）

た[5]。一八一四年、著名なドイツ人探検家のアレクサンダー・フォン・フンボルトは、アメリカ人に「ひげや、身体のほかの部分にも毛がないのは生まれつきか、それとも注意深く毟《むし》っているのか」、もっとも「著名な博物学者」でさえ解明できずにいる、と敗北を認めた[6]。

このような多様な考察は、決してくだらないことではなかった。ヨーロッパそして北アメリカの批評家にとって、自然界の秩序に関するこういった疑問には、政治的秩序の問題が必然的に関わっていたからだ。つまり、インディアンはヨーロッパ風の生活様式に転向させることができるのか、それとも本質的で変更不可の違いによって同化は不可能なのかという点だ。フランスの博物学者、ジョルジュ＝ルイ・ルクレール・ド・ビュフォンの高名な『博物誌（*Histoire naturelle*）』は後者の立場をとっている。「新世界に特有な環境」は、ビュフォンが先住民《アボリジニ》と呼んだ人々の「成長を阻害し」、万が一にでも彼らが「あらたな共和国の一員として迎え入れられること」はとても期待できそうにない、としている[7]。ペンシルベニア生まれの博物学者で探検家のウィリアム・バートラムが一七九一年に問題提起したように、インディアンの身体に毛がないことで問題とされたのは、「ヨーロッパ流の市民社会を受け入れるよう彼らを説得できるのか、それとも、彼らが白人の思いどおりに「文明化を受け入れること」は先天的な理由で無理なのか、という点だった[8]。体毛には、こういった論議が要約されていたのだ。モンテスキューが弁明したように、先住民に「ほとんどひげがない」ことを理由に、インディアンの土地に対する白人の優先権を主張する人は、ひとりではなかった[9]。こういった状況下で、ジェファソンは自身の考察に含まれる利害関係をじゅうぶんに承知していた。すなわち、先住民たちが生来持っている民族自決権だ[10]。

一八二八年にアンドリュー・ジャクソンがアメリカ合衆国大統領に選出されると、インディアンの統治という問題が連邦政府の最重要政策に躍り出た。南東部に残っているインディアンをミシシッピ川以西に強制的に「移住」させるというジャクソンの提案は、猛反対を招いた。しかし、それでも何千という軍勢がジョージア州に送られ、数え切れないほどのチェロキー族の人間がたちまち虐待やレイプを受けて殺され、最終的にはさらに何千人もが「涙の旅路」を行くあいだに亡くなった。南東部の五部族の大半が一八三七年までに移住させられたこの行程を、のちにダニエル・ヒース・ジャスティスは「無慈悲で残虐なテロ行為に等しい軍事活動」と呼んだ[11]。一八四四年にジェームズ・ポークが大統領に選出されるとともに領土拡張政策が推し進められ、カリフォルニアやアメリカ南西部、北西部に住んでいた先住民たちも同様に、連邦レベルでの司法管轄権を受けることとなった[12]。

こういった政治の動きを白人の文筆家がはっきり記していたかどうかはともかく、インディアンの体毛に関する彼らの見方――インディアンの人種的特徴の本質をめぐる論争の核心――は、先住民政府の統治権や、彼ら部族と連邦政府が結んだ条約の重要性、そして連邦軍の適正な派遣などをめぐり、より深刻でいつまでも続く論議を引き起こした。これらの論議の歴史的重要性は、いくら強調してもしすぎることはない。「アフリカ系アメリカ人の体験において奴隷制度が途方もない悲劇だとしたら、アメリカ先住民にとってのそれは強制移住だ」とティヤ・マイルズは記している[13]。インディアンにはひげがないという白人の主張は、人種の違いに基づく考え方を助長し、こういった政策や強制移住の実行を支持する手助けとなった[14]。ピクォート族出身の知識人、ウィリアム・アペスは一八三一年に次のようにまとめている。「この国の不幸な先住民《アボリジニ》は」「白人によって二重に不当な扱いを受けてきた。「まず、侵略者の剣によって力づくで故郷を追われ、次に歴史家のペンによって酷い中傷を受けた。侵略者は、森に住む獣《けだもの》のように先住民を扱った。だがそれは憤怒の情に駆られての行動だと、歴史家は侵略者を正当化するために言葉を尽くしたのだ[15]」。

まとめると、インディアンの体毛に関する一八世紀から一九世紀初頭にかけての文献は――先住民自身によって書かれたものはひとつも見つけられなかったが――差異に関する基準やカテゴリーについていびつな見方を示している。「人種に基づく」ほかの差異と同じく、体毛をどう評価するかは、軍部の影響の強い政権や政治体制の台頭を反映・支持するものだった。しかし体毛は、肌の色や頭蓋の大きさといった、博物学者や民族学者が人々を分類・等級づけるのに用いるほかの解剖学的特質とは異なり、容易に除去することができて、しかも元どおりになる割合が高い点が特異だ。そして、髪や体毛の抜きん出た可視性と容易に変えられる順応性のせいで、相容れない解釈が多数生まれた。一八世紀から一九世紀はじめの対インディアン政策をめぐる熾烈な論争の最中では、こういった矛盾する解釈の数々が、アメリカでの人種分類学に大きな影を落としていた。

ここで強調しておくべきは、そういった分類法はヨーロッパ人や、ヨーロッパに祖を持つアメリカ人の見方を集積したものだということ。ジェファソンの記述（「インディアンは、身体に毛があると豚になったような気がすると言う」）のように、体毛に関する先住民の心情を記したもので現存するのは数えるほどしかないが、それは支配者側のレンズを通して見たものだ。しかも、ここで挙げた文筆家たちは男女双方の脱毛について触れているが、インディアンの脱毛に関する論争の大半は男性の毛、とりわけ、ひげに関するものだった。身体の他の部分――たとえば女性の陰部など――について長期にわたる論争が起こらなかったのは、初期のアメリカ博物誌の興味深い特徴を示している。つまり、体毛に関して博物学者がもっとも詳細に考察した対象は、何をおいてもインディアンの男性だったのだ。これらの説がもともと不完全だという点を考えると、一八世紀から一九世紀初頭のいわゆるインディアンの身体についての決定的な記述というより、優勢で支配的な文化の側の認知や懸念、好奇心を垣間見る窓として扱うのが最善なのかもしれない。その窓を通して私たちは、今日まで残っている差異の本質に関する一連の疑問点に気づくことができる。つまり、人間の身体における遺伝的多様性を説明するものは何か、特定の環境はどのようにして遺伝形質の発現に影響を及ぼすのか、そして結局、「人種」とは何なのかという事柄だ。

政治に参画する能力の指数として体毛を用いるのは、啓蒙時代の自然哲学に深く根ざしている。リンネは、かの有名な生物の分類と命名体系を一七三五年に提案したときにまず、ホモ・サピエンスには四つの異なる「種（varieties）」があると主張した。頭髪の色や質、そして量（「黒くまっすぐで豊かな髪」、「黄色がかった茶色で、流れるような髪」）がそれぞれの種を示す主な指標で、次に、たとえば「慣習に素直に従う」あるいは「衝動に流されがち」など、それぞれの集団の政治的特性とされるものが続く。[16] ビュフォンも同様に、「アメリカの未開人」に体毛がないのは意思や意欲がまったく欠落している表れだと言い、論理的思考や社会の規律を守る能力と体毛とを結びつけた。インディアンが行動を起こすのは、熟慮した末に理性を行使するのではなく、動物的な衝動による「やむにやまれぬ振舞い」なのだという。「飲食物に対する欲求を破壊すれば」、「インディアンの動きを司るすべての行動規範はすぐに消滅する」とビュフォンは述べた。[17] 彼にとって、本能的に怠惰なこの状態に含まれる政治的な意味合いは明白で、「インディアンの道徳規範においては、連合国家も共和政体も、社会統合も出現するはずがない[18]」と断じた。体毛がないことはこうして、社会を構成する対等な一員として先住民を遇することができるのか、あるいは、生まれながらの「意思の薄弱さ」のせいで「文明化された」生活様式に組み込むのは不可能なのか、といった問題を示す指標と考えられた。[19]

こういった社会階層的な区別自体は、古代ギリシャ・ローマ時代にまで遡る四体液説にも深く染み込んでいる。この説では、人体とは外側を覆う皮膚という膜に閉じ込められているのではなく、食事の内容や気候、睡眠、月の満ち欠け、そして、ほかの外的要因の影響も大きく受けるとされる。四つの体液――黒胆汁、黄胆汁、粘液、血液――のあいだの適正なバランスを保つには、熱・冷、湿・乾の釣り合いをとるために余分なものを排出し、不足しているものの摂取に気を配ることが必要だ。その結果として現れる「見た目の色つや」には体毛も含まれるが、それは人の内側にある体液の釣り合いを表していると考えられた。生理学的な均衡とともに、善悪の判断に関する倫理的なバランスだ。[20] この体液説には、性差に基づく意味合いだけではなく、人種に基づく含みも反映されていた。ヨーロッパ人女性にとっては、白くて陶器のような肌の色合いが特によしとされた。一方、男性では、ふさふさと豊かなひげが健康的な体質の表れと考えられた。白人男性の頬ひげは時代や地域、宗教、職業、軍の階級によって流行り廃りがあるが（ジェファソン自身はリンカーンよりも前の大多数の大統領と同じく、ひげをきれいに剃っていた）、一八世紀の博物学者の大半は、ひげが豊かであれば理性的な分別も豊かだと扱うガレノス派の医学理論に同調していた。[21]

それゆえ倫理的な、そして生理学的な疑問が生まれる。インディアンの一見してなめらかな肌は、同じように外的要因の影響を受けやすいのだろうか？　だとしたら、具体的にはどんな影響を？　その結論には政治的に重大な意味が含まれていたことを思うと、ヨーロッパ人やヨーロッパに祖を持つアメリカ人は、インディアンの肌の色が食べ物や気候、生活様式のどれに影響を受けているのかについても、活発に議論を戦わせたようだ。一七七七年に出版された書籍ながら、一九世紀になってからもしばらく欧米の双方で、インディアンに関する定番の参考文献とされたものがあるが、そのなかでスコットランドの歴史学者ウィリアム・ロバートソンは、先の問いに対する答えはノーだと結論づけた。つまり、毛のない先住民の肌はむしろ「生まれながらの弱さ」の証拠だと言ったのだ。[22] ロバートソンは『北米の発見と入植の歴史（*History of the Discovery and Settlement of North America*〔*sic*〕）』で「彼らにはひげがない」と記し、「身体はどこもかしこも完璧になめらかで」、「身体を動かす作業」をひどく嫌がったり、「汗を流してせっせと働くこと」ができないところに、彼らの「弱さという気質」が反映されていると断じた。[23] インディアンの「ひげのない顔立ち」に示される「生気の欠如」は、粗末な食事内容や厳しい環境によるのではなく、生まれながらに「身体のなかにある欠陥」だとロバートソンは主張した。[24]「地球上の他の地域に生息する未開の部族」も同じように質素な食事で生きながらえているのに、インディアンだけが「［この］人間らしさの印が欠けた」ままでいるというのだ。[25]

だがロバートソンはまさにその点について、のちにプリンストン大学総長となるサミュエル・スタンホープ・スミスから異議を申し立てられた。スミスは、後世に多大な影響を与えることとなった『人類における肌色や外観の多様性の要因に関する論文（*An Essay on the Causes of the Variety of Complexion and Figure in the Human Species*）』において、白人とインディアンの身体の外見上の違いが強調されすぎていると論じた。「高名なるロバートソン博士は」「アメリカの先住民の顔あるいは身体には毛がない」と断言する「軽率で無知な評論家」に与《くみ》し、「存在しない事実がのさばる根拠となった」と一七八七年に非難したのだ。「軽はずみで無知な旅人」ならば、体毛の「欠如」を見て「生まれつき体質が弱い」と推測するだろうが、インディアンはこの点において「他の人種」と何ら変わらない。スミスが結論づけたように、「人為的に丹念に抜いているのではない部分では、先住民のインディアンの体毛は豊かで長い」。[26] スミスの目には、「アメリカの先住民たちはあごや身体に毛が少ない」と決めつける「ヨーロッパ人が犯しがちな誤り」は、恥ずべきことに映った。それはひどく的外れというだけではなく、何よりも天地創造説と矛盾しているからだ。体毛の生育における、目に見える違いには、日ごろ食べているものや身体の手入れなどその他の習慣が影響している。スミスはそれを、天地創造の単一性（unity of creation）という、聖書の教えを確認する手立てのひとつだと強調した。[27]

ヒトの多様性の要因に関するスミスの論文が示唆するように、脱毛についての記述には切迫した問題が潜んでいた。意図をもってなされる行為が身体の外見に永続的な変化を及ぼすのかどうか、という点だ。別々に創造されたのでなければ、人種や性別、種による明らかな差異はどこから生じたのだろう。たとえば、ドイツの偉大な自然人類学者ヨハン・ブルーメンバッハは、「アメリカ先住民」に特有な体毛の「まばらさ」は日々の身繕いによる、と述べた。「ひげを一本残らず抜いたり」「身体のほかの部分の毛を根こそぎ抜いたり」という「損傷行為」を繰り返すと、より永続的な違いとなって外見に現れると主張したのだ。[28] ブルーメンバッハにとってインディアンの脱毛は、ヒトの多様性がいかに「人為的な手段によって……引き起こされるか」を表す例証だった。[29] しかし、英国の博物学者ジェームズ・カウルズ・プリチャードはこの見方を一蹴した。ヒトの身体に生える「体毛の量」に差がある（特に、アメリカ先住民すべての部族に見られるような体毛の「欠如」）のは「人種間のよく知られた違いのひとつ」だと断言し、こういった永続的な違いが毛を抜くことで得られるという説を一笑に付した。[30] ブルーメンバッハたちは、「体毛を抜くという、何世代にもわたる習慣」が、目に見えてはっきりとわかるヒトの多様性を生み出していると「推測したが」、体毛のない状態は、「これほど偶発的な要因のもとになっていると考えるには」一般的すぎる、とプリチャードは述べた。[31] 代わりに、のちに論争を呼ぶダーウィンの性選択説の前兆ともいえる一節で、「ヒトの何を見て美しいと思うか……神意によって植えつけられた本能的な感じ方」が、どんな相手と番《つが》って子をなすかを「方向づけ」、結局はそれが、さまざまに異なるヒトの外見を形作ると論じた。神の摂理による美への愛情

（毛のない肌のほうを好む、とプリチャードは仮定した）は、特に優れた動物の個体だけを人間が選んで繁殖させるのと同じく、改良のための不変的な原則として機能する。このようにプリチャードは、ほかの動物種と比べてヒトには体毛が少ないことについて、神意に基づく美的観点による好みを引き合いにした。(32) しかし、腋窩《えきか》や鼠蹊部《そけいぶ》のようにヒトの身体のほかの部分が、ブルーメンバッハの言を借りれば「粗暴な獣より毛深い」事実、そして、ヨーロッパ人のほうがインディアンより毛深いという当惑させられる問題を、神の摂理ではどう説明するのか。それについては、プリチャードも触れていない。(33) この点に関して、体毛のないなめらかな肌は難しい問題を提起している。体毛がないのは「インディアン」の際立った特徴のひとつであると同時に、ブルーメンバッハの言葉によれば「ほかの哺乳類とは違うヒトの特徴を示す主要な印のひとつ」でもあるからだ。(34) このような特質には、はっきりした由来がなければならなかった。

人種間の差異は意図的な取り組みによって形作られる――人種に基づく特徴は人為的に養って子孫に伝えることができる――という見方は、アメリカが共和制の国として建った最初の数十年間のインディアン政策において優勢を占めた。アメリカの初代陸軍長官のヘンリー・ノックスは一七八九年に議会で、「北米のインディアンを文明化するのは実行不可能なことだと考えられてきた」が、インディアンも進歩している証拠は、「共同体の発展や、野蛮な時代から現在の成熟した状態へと前進してきたこと」からも明らかだと述べた。(35) インディアンも原始文化から未開状態を経て文明へと「向上」しうる、という信念は、初期の連邦政策に影響を与えた――とはいえその政策は、先住民を法的な取り決めに合意する能力がある者として扱ったかと思えば、家父長的な保護を与えなければならない対象と見なしたり、大きく揺れ動くものだった[36]。

だが一八一九年には、まだ若き共和国に入植した白人が、すでに先住民たちから奪った何千万エーカーもの土地を埋め尽くしていた。それに伴い、さらに土地を割譲せよという世論の圧力も高まった[37]。白人による入植への抵抗に対しては、インディアンには「知的にも道徳的にも合法の政府を樹立する能力がない」という反論がなされ、彼らの身体に本質的に欠けているものの調査が急務となった[38]。インディアンは確かに白人ほど毛深くはないことが次第に浸透していくと、白人の識者の議論は、インディアンの体毛が比較的薄いのは、前述のスミスならばおそらく述べたように「丹念に除去」した結果なのか、もっと「永続的な」解剖学的特性のせいなのか、という点に絞られた[39]。

しかし、識者の意見は割れたままだった。たとえば、思春期の訪れとともに抜いてしまえば、インディアンの男たちはひげが伸びるのを永久にとめることができるのだろうか。ジョージ・カトリンは一八四一年にアメリカ先住民の準州を訪れた際の旅行記で、白人の習慣を特に模倣しない部族では、男たちの大半は「ひげというものが生まれつき、まったく現れない」と記した。少しはひげが生えている者でも「二〇人のうち一九人は」、「ちょうど思春期のころに、何度か続けて引き抜けば」、永続的になくすことができるという[40]。インディアンは思春期のころの意図的な行為で、不随意なはずのひげの成長を「食いとめられる」、とカトリンの意見に同調する人もいた[41]。だがスロヴェニア出身のカトリック宣教師フリデリック・バラガは、「インディアンには生まれながらにひげがない」とする説に反論した。発毛がとまるのは「あごにうっすらとひげが生えるや否や、若者たちが細心の注意を払ってそれを引き抜いたり、毛先を焼いたりする」からだと強く主張した。(42) 西進する米国陸軍の若き兵士ユージン・バンデルも同様のことを、一八五六年に家族に宛てた手紙に記している。「これらインディアンのなかに、ひげを生やしているやつはひとりもいない。顔の毛はすべて、少しでも見えたらすぐに引っこ抜かれる。そうすれば、二度と生えてこない(43)」。

インディアンの身体の特質に魅せられた白人は、インディアンが毛を除去する道具を見つけたら、その描写にも精力を傾けた。ミシシッピ川下流域のナチェズ族は二枚貝の貝や銅製の毛抜き、ワシントン州東部のサンポイル族は骨や木でできた毛抜き、そしてアシニボイン族は「針金を使って自分たちで作った小さな毛抜き」を使っていたと言われている。(44) ペンシルベニアの自然史家、サミュエル・ステーマン・ホールドマンは、「棒の先にくくりつけたサメの歯」でこどもの頭を剃る先住民女性や、貝をふたつ使って――「ひとつはひげの下にあてがい、もう一方を上にして擦って」――ひげを剃る男性の話を伝えている。(45) イロコイ連邦に属する人たちは「毛を毟り取るための」特別な道具を持っていると言われているが、「白人に囲まれて暮らすうちに、その生活習慣を身につけたごく少数の人たち」は別だという。ある軍医によれば、白人とともに暮らすイロコイの人々は「かみそりを持っていることもある」と記されている。(46) 宣教師のジョン・ヘッケウェルダーは、「インディアンには生まれつきひげがなく体毛もない」と繰り返し主張されるのに業を煮やし、そんな説は「論破されてしかるべきだ」と断じた。「彼らにまじって三週間も過ごしたら、どんな人でも気づくだろう」とヘッケウェルダーはいら立ちを表している。尖らせたムラサキイガイの貝殻や真鍮の針金を使った「特製の毛抜きで、彼らがひげを抜いている」ところを絶対に見ているはずだと言うのだ。その毛抜きを「イロコイの人々はタバコ入れに入れ、どこへ行くにも持ち歩き、暇ができるとひげや、眉より上にある毛を」「家禽類の毛を毟るように」すばやく抜く。「抜けば抜くほど、あとで生えてくる毛は細くなる。根こそぎ全部抜いてしまったあとなら、ぱっと見ただけでは何も生えていないように見える」[47]。ほかの識者も、インディアンに体毛がないことに関してもっとも注目すべきは、男も女も「欠陥」や「野卑《やひ》な印」と見なす体毛を手際よく丹念に、そして間断なく抜いている点だとしている[48]。

ここで紹介した記述では、延々と繰り返しが必要で骨の折れる作業を身体に施すという点が特に強調されていることに注目してほしい。というのも白人はたいがい、インディアンはわざわざ面倒なことをするのは特に嫌がると記述しているからだ（インディアンの行動は獣のような欲望に導かれるものに限られるというビュフォンの主張や、インディアンは生まれつき無気力だと非難したロバートソンの言葉を思い出してほしい[49]）。しかし、こと体毛に関するかぎりインディアンは極めて熱心で、人生においてほぼ毎日、自分のあごを「繰り返される痛み」にさらすのを厭わない[50]。このように痛みを進んで受け入れるとされるインディアンの行動は、インディアンの妻を娶った白人の交易商人についてジェファソンが強調した例にも見られるように、民族学的に強い興味や、時には当惑さえ引き起こした。「文明化された」人間のなかには、ひげを抜いたり剃ったり毛先を焼いたりということに時間や手間をかける者などまさかいるはずがない、と思われていたのだ。

インディアンの同化や抵抗が国内政治に関する議論の片隅に追いやられると同時に、脱毛という彼らの「損傷行為」に向けられる視線も徐々に弱まっていった。インディアンに関する事項を担当する部署は一八四九年に旧陸軍省から、あらたに創設された内務省へと移管され、白人の大半は、大陸の先住民は軍事的な観点からしてもさほど大きな脅威ではないと考えるようになった。[51] それを受けて、インディアンのひげに対する関心も消えたように見えた。インディアンの脱毛の謎はときおり浮かびあがってきたものの——一八四九年になってもフランス人旅行者のエルネスト・ド・マッセーは、カリフォルニアで遭遇したひげのない人々について「毛を抜く何らかの方法を施した結果なのか、生まれつきなのか、私にはわからない」[52]と記していたが——一九世紀なかばには政治的関心も、南部の奴隷制度や、起こりつつある工業化へと移っていった。[53]

インディアンの脱毛に対する白人の興味は薄れつつあったとはいうものの、体毛の比較研究は、「インディアン移住」をきっかけに注目を浴び、人種に基づく分類の重要なツールとして残った。一八三〇年代〜四〇年代には「アメリカ人類学派」が主導権を握っており、体毛・毛髪の相対評価が広く用いられた。彼らは、異なる人種はそれぞれまったく別個の先祖に由来するという主張に専念し、分類学に自分たちが持ち込んだ厳密な方法論を譲らなかった。ジョサイア・クラーク・ノットやジョージ・R・グリッドン、サミュエル・ジョージ・モートンといったアメリカ人類学派の研究者たちは、自身の研究が天地創造説に与える脅威を認識すると、唯一絶対の存在と見なされる特定の神がすべての人類を創造したというその説に反論すべく、「事実を黙々と調査」し、毛髪の形状や質感、量を特に詳細に測定した。顕微鏡による毛髪の評価分析は、異なる人種間の根本的な差異や、いわゆる下等で劣る人種とほかの動物との基本的な類似点を明らかにすると言われた。これらの主張が次には、アフリカに起源を持つ男や女、こどもたちを引き続き奴隷状態に留め置くのを支持する論拠として用いられた(54)。

これらの学者のなかでもっとも影響力を持っていたひとり、フィラデルフィアで顕微鏡を用いて研究をおこない、法律家でもあったピーター・A・ブラウンは、一九世紀なかばのさまざまな論争——人種に基づく具体的な特徴や精神異常の医学的分類、そして「アメリカ大陸の先住民の起源」をめぐる民族学的論争など(55)——について、「髪」に関する生理学的分類を応用した。そして、毛髪タイプによって特徴づけられる「三つのまったく異なる人種」という発見をもとに、広く読まれた一八五三年の論文で奴隷制度の存続を支持した。ブラウンはまた、自分の説を強化するため、「白人」と「インディアン」を比較したジェファソンの意見を引き、それぞれサンプル——円柱形(「純血のチョクトー・インディアン」)、卵形(「大陸軍総司令官ジョージ・ワシントン閣下」)、奇妙な楕円形(「混じり気のない黒人《ニグロ》」)——を選び、毛髪を測定・比較するために開発された新しいツールを用いて分析した。トリコメーター【図1・2】などがそれだ(56)。ブラウンは、広く出回った別の講演小冊子でも「国民の髪」の違いについての調査結果を、頭蓋骨に関するモートンや発声器官に関するサミュエル・ホールドマ

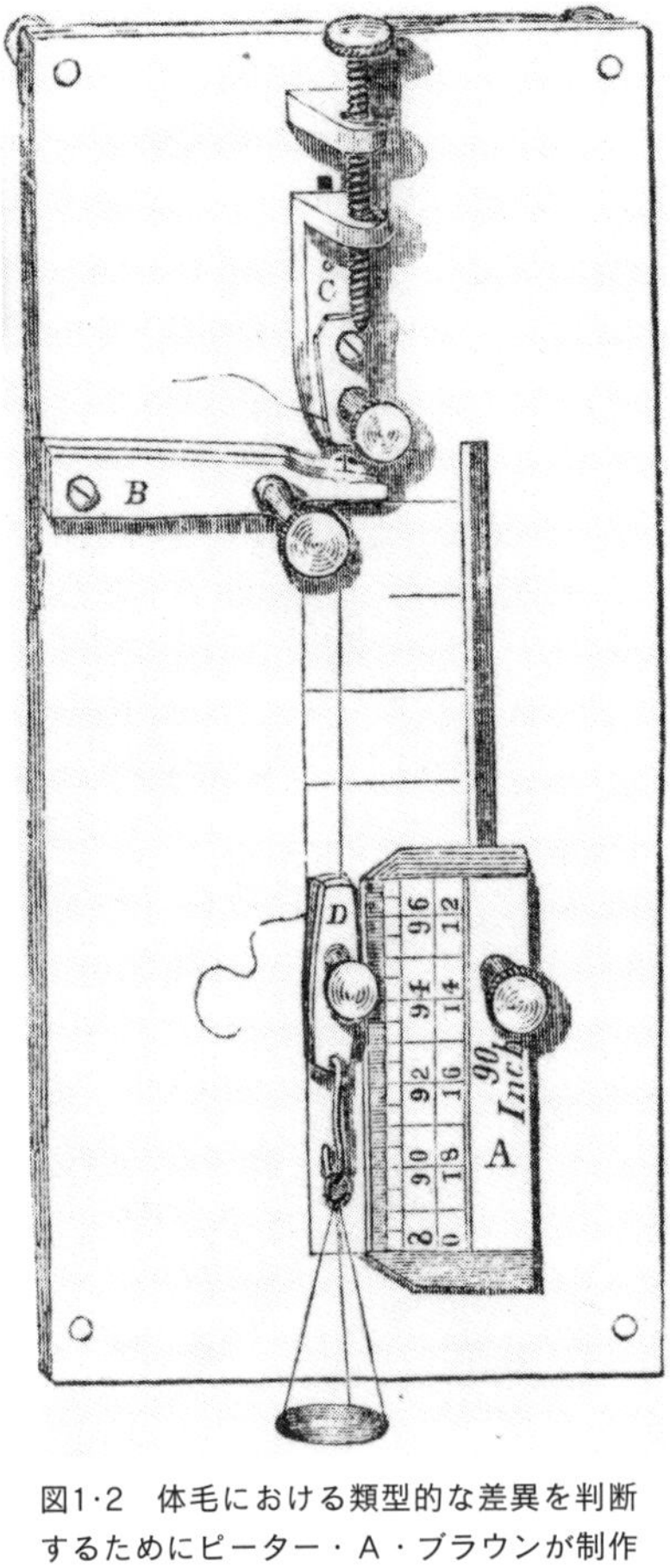

図1·2　体毛における類型的な差異を判断するためにピーター・A・ブラウンが制作した「トリコメーター」。（『*Trichologia Mammalium*』1853年）

ン、そして皮膚の色に関するマリー＝ジャン＝ピエール・フルーランスの研究を補完するものとした。ここに挙げたのはみな、「人類」の自然史理解を目的とした「密接に類似している自然科学群」だ[57]（アメリカの人種分類学を提唱したモートン自身は、大きな影響力のあった自著『アメリカ先住民の頭蓋（*Crania Americana*）』の最初の数ページを割き、人種による頭髪のタイプや本数、色の違いについて論じた[58]）。

差異を立証する手立てとして毛髪を数えて分析しようという情熱は何世代にもわたって続き、「人間科学（human sciences）」の確立とともに影響力を増していった。それどころか、民族や性別、人種といった階層的な概念は、科学に携わる組織や職業、政府機関の確立によってあらたな重要性を与えられた[59]。合衆国衛生委員会はそういった機関のひとつで、南北戦争勃発後に連邦政府によって組織された。委員会の主な目的は北軍の活力維持にあった。膨大な数の志願兵が集まるという前代未聞の機会をとらえ、衛生委員会は北軍新兵の大規模な人体計測調査もおこなった。委員会の統括官チャールズ・J・スティルは、この調査の結果は「『人類学』あるいは人間科学を促進するためにもっとも重大な貢献」をする、と豪語した[60]。一八六四年、ボストンの著名な数学者であり天文学者でもあったベンジャミン・アプソープ・グールドは、この人体計測調査の膨大なデータを体系化し、統計的な推測を最終結果として論文にまとめる任務を課せられた[61]。六一三ページもの報告書でグールドは、ピーター・ブラウンの先行研究が引き金となった「体毛の相対量、あるいは人体における全体的な多毛」という問題を取りあげた[62]。

こういった、個人によって異なる事柄を明白に証明するのは、やはり容易なことではなかった。トマス・ジェファソンは体毛に関する知見について、インディアンの女性と親密な関係にある白人の交易商人を調査した結果をもとにした。一方、グールドは、テキサス州境に駐留する陸軍第二五軍団つきの下士官に「有色人種の兵士が衣服を脱いだときには……いかなる機会をも逃さず観察せよ」と要請した。観察の結果は、「一見してなめらかな肌をゼロとし、白人男性において（下士官が）それまで見た、あるいは見るであろう全身の最大の毛深さを一〇とする」標準となる尺度を定め、それに従って記録させた。くだんの下士官はちょうど、「リオ・グランデ河口近くの焼けつくような気候ではほぼ毎日おこなわれる水浴び中の部下を観察することで」その要請に応えた。[63] 彼が二一〇〇人以上の兵士を対象に集めた数値をもとに、グールドは体毛に関して「白人と黒人のあいだに差異があったとしても、それはごくわずかしか認められない」と結論づけた。[64]

グールドの大規模な研究は、それ以前の毛髪に関する解剖学的分類をきっかけにおこなわれたものだが、一九世紀後半のアメリカにおける、人種に関する自然科学研究に影響を与えた。[65] さらに言えば彼の意見は、ジョージ・カトリンによる以前の研究とともに、物議を醸したチャールズ・ダーウィンの説を裏づける証拠を提供することとなる――そして、その後の人種や性別、体毛に関する概念に長らく影響を及ぼすこととなった。

第2章　体毛の手入れのための化学薬品
——自家製の治療法から、あらたな産業秩序まで

ムダ毛を抜いたり剃ったりするインディアンに旅行者や博物学者が魅せられたのは、白人には同様の習慣がなかったことを示しているように見えるかもしれない。だが、脱毛剤を家庭で作るための配合表が一八世紀の家事指南書やエチケットガイドに広く掲載されていたのは、少なくともこの時代には脱毛に慣れた人が存在したという証拠だろう。リンネやビュフォン、その他の著名な博物学者たちは、四体液説から影響を受けた。植民地時代のごく普通の女性たちもまた、顔の色つやはその人の内なる気性や気質の表れと見なした。一八世紀には、「傷やシミのない」顔は、現実における美しさのうちで最上のものとされ、特に鼻の下やこめかみあたりに産毛のないものがよしとされた。「額が狭くて」悩んでいる女性には、その問題を軽減するためのペーストやパウダーを自分で作る調合法がごまんとあった。(1)

しかし、そういった古くからの自家製の治療法は、一九世紀初頭の数十年のあいだに、市販品に取って代わられようとしていた。新興しつつあった製造業という不明瞭なシステムに、今までにない形で脱毛も取り込まれていったのだ。経済の発展が個々の世帯やプランテーション、それを取り巻く農地を中心に回っているかぎり、食料や布地、ろうそく、薬といった日用品の製造を担う重要な立場は、女性が保持し続けた。脱毛のための手段も、主に家庭内で女性や少女が自分で使うため――奴隷や契約移民の女性の場合は、家庭内のほかの女性が使えるように――調合されてきた。しかし、工業開発が均一ではない形で発展していくにつれて、女たちは布を織ったり肉の保存加工をしたり、型に入れて石鹸を作ったりということをだんだんしなくなっていった。同様に、顔からムダ毛をなくしたい場合も、自分たちで除毛剤を混ぜ合わせるのではなく、作られた品を買うようになった。産業用グレードのよくわからない薬物、しかも、品質が怪しいことが多いものに頼るようになったわけだ。そんなふうに、健康に害を及ぼす危険のある市販の脱毛剤に頼ることで、当初の目的どおり体毛の成長を「抑える」より苦痛を引き起こしてしまうのではないか、という葛藤が生まれたが、それも無理からぬことだった。その不安を鎮めようとする姿勢は、古くからの「東方の」あるいは「オリエンタルな」美しさの秘訣をもとにしたあらたな日用品という売り出し方に反映されている。

シミひとつない白い肌の顔は、一八世紀のヨーロッパでは、女性の美の基準において絶対的な中心を占めていたが、一九世紀初頭のアメリカでも同じように高く評価されていた。顔や首筋――広く流行している服装様式のために女性の身体でもあらわになっている部分——にはっきり見える体毛は、傷や赤色斑と同じく、理想的とされる磁器のような肌には受け入れ難い「欠陥」と考えられていた。[2]身体的な風貌を研究する人相学（physiognomy）は、スイスの牧師、ヨハン・カスパー・ラヴァーターによって鮮やかな復活を遂げ、人気を博した学問分野だが、顔の色つやは内なる気質を表すという、四体液説が強調していた点をふたたび取りあげた。ラヴァーターはその追随者ともども、人相学の専門知識という権威を振りかざして、白くなめらかな女性の顔の価値を高値で安定させ、人種的にも経済的にも特権を享受している女性特有の青白い肌を、精神的な美徳と関連づけた。[3]

うっすらとした鼻ひげや厄介なほど「狭い額」は、道徳上も問題がある。そんな烙印が存在していたにもかかわらず、目で見てわかるムダ毛に悩んでいた南北戦争以前の女性たちには、意のままにできる選択肢は少なかった。靴屋が使うような蠟や樹脂で作った泥膏《でいこう》（plaster）は入手可能だったが、主な用途は、白癬《はくせん》やその他の病気の治療だったらしい。[4]奴隷ではない女性の大半が顔を剃るのを避けていたのは、多くの男性と同様の理由だった。すなわち、一八世紀から一九世紀初頭において顔剃りは、不快で危険な場合もあったからだ。顔剃りには、「フリーハンド」あるいは「のどを掻き切る《カットスロート》」かみそりと呼ばれる、縁を尖らせた金属を用いるが、これには刃の砥ぎ直しなど念入りなメンテナンスと、かなりの技能が必要だった。剃毛を研究しているある女性が説明しているように、「熟練した手さばきがなければ、血の海は避けられなかった」。[5]技術の劣る理髪師によって伝染した梅毒の例——開いた傷口に直接触れることで起こりうる——がときおり報告されるのも、顔剃りを嫌う風潮を助長したかもしれない。[6] 二〇世紀になろうとするころに、刃の大部分を覆った「安全」かみそりが登場するまでは、むしろ顔剃りは選ばれた人にのみ許されたもので、裕福な男たちは自分の顔を剃るのではなく、腕のいい床屋の手にそれを委ねていた。[7]

そのうえ、理髪業そのものに携わるのも圧倒的に男性が多かった。一八世紀のイングランドと同じく植民地時代のアメリカでも、理髪業は接骨や抜歯、瀉血《しゃけつ》（体液のバランスを取り戻すのが目的）、その他の「医業」と結びついていた。一七四五年まで、理髪師は、手技を用いた骨や筋肉の治療に携わる職人として、外科医と同じギルドに属していた。だが外科医はそのうち、理髪・外科医（barber-surgeon）との歴史的な関係を断ち、医療として別個の専門分野を作ることとなる。内科医、そして彼らが経験を通じて得た紳士としての地位に、肩を並べようとしたのだ。当時でさえ女性は、医療の世界ばかりか、特殊技能が必要な理髪師という職業からも締め出されていた。こんなふうに南北戦争前のアメリカ人女性は、みずからかみそりを手に取ることも、自分の顔や首筋を他人が持つかみそりの前にさらすことも避けたほうがよいとされていた。[8]

というわけで自家製の脱毛剤は、目につくムダ毛をなくすための、魅力的で割に入手可能な代替案となった。一八世紀や一九世紀には「フェイス・ペインティング」は概して嫌がられていた（粉おしろいや口紅、頬紅は貴族階級や売春を連想させる悪いイメージがあった）が、そんななかで脱毛剤は、広く社会的に受け入れられる状態に「肌を一変させる」品に分類された。アメリカ大陸《ニュー・ワールド》に白人が入植した当初の数年間から一九世紀への変わり目にかけて、自家製の脱毛剤の調合法は料理書やエチケットガイドにも掲載され、ほかの家事に関する知恵のように母から娘へと伝えられ、ご近所同士でも教え合うなどして広まっていった(9)。

代表的な除毛剤の調合法は、助産術について英語で書かれたもっとも影響力の大きな書籍のひとつ、『人類の分娩(*The Byrth of Mankynde*)』に載ったものだ。一五四〇年初版のこの本は、その後一世紀にわたって何度も増刷され、アメリカ大陸の植民地全体で用いられた医術に影響を及ぼした。この「女性のための本」には、ほかの治療薬や自家用薬とともに、自家製の脱毛剤の詳細な調合法も載っていた。「見苦しい場所にある毛を減らすには」と、次のように説明している。

生石灰四オンスとヒ素一オンスを一パイントの水に入れ、二日おいたものを半分にまで煮詰める。ちょうどいい状態かどうかを見るため、羽を一本入れてみる。羽毛が軸からたやすく離れたら、濃度はじゅうぶんだ。この水を、体毛があってほしくないところならどこにでも塗ってみる。一五分ほど経ったら、毛を引っ張ればすぐに抜けるはずだ。続いて、小麦類のふすま《ブラン》を浸しておいた水でその部分を洗う。それがすんだら、生み落とされたばかりの卵の卵白とオリーブ油を泡立てて、ベンケイソウなどを絞った汁とそれを混ぜたものを塗れば、先ほどの処置で生じた熱をやわらげられる(10)。

このややこしい指示に従えば、「額の下のほうにまで生えた産毛で見た目が損なわれている」女性が救われることもあったようだ[11]。植民地時代のこういった脱毛剤の調合法は、複雑で手間がかかると同時に多種多様だった。一六世紀に広く用いられていた調合法では、水酸化カルシウム（石灰液）や銀泥、芳香油を混ぜて煮立たせたものに布を浸し、毛で覆われた肌にそれを貼るとされていた[12]。一七世紀に出版されて広く出回ったヨハネス・ヤコブ・ウェッカーの書籍『化粧品：あるいは医薬のうち、身だしなみを整える部分（*Cosmeticks: or, The Beautyfying Part of Physick*）』には、体毛の成長を妨げたり脱毛したりするための軟膏の調合法が四〇種以上載っていた[13]。卵の殻や酢、猫の糞を使った塗り薬、あるいはカキドオシやゴム、アリの卵、焼いたヒル、そしてカエルの血を混ぜたもので眉を薄くする方法を紹介している文献もあった[14]。

こういった脱毛剤は、大きなくくりで言う民間療法で、イギリスやフランス、そしてスペインでの習慣に、アメリカ先住民やアフリカで用いられていた薬物を技術的にも複雑な方法で融合させたものだ[15]。トウダイグサやアカシアのようにありふれた材料から作られるのがほとんどだとは言え、脱毛のための調合の準備には相当の判断力や技能が必要で、それは先ほどの『人類の分娩』でも長々と説明されていた[16]。材料のなかには可燃性の高いものや、いい加減な取り扱いをすると肌に重い炎症を生じさせたり、全身性の中毒を引き起こすものもあった[17]。自家製の堕胎薬や薬用チンキ、ほかにも西部開拓時代のアメリカにおいて家庭で作られていた多くの品と同じく、効き目のある脱毛剤を調合するには、実地から得た知識と技能がかなり必要とされた[18]。

だが産業の転換が、そういった知識の積み重ねを徐々に失わせた。もちろん、自家製のものから工業製品へのシフトが単一で均一の軌跡をたどったわけではない。産業構造の変化は段階的なもので、製品ごとに、また国によって異なっていた[19]。アメリカ国内だけを見ても、初期の製造業にはさまざまな形態があった。水力を利用した機械に頼るものの一方、手作業に頼るものもあった。経験を積んだ職人の匠の技に頼るものがあるかと思えば、たいして熟練を必要としない単純作業でいいというもの。また、何十人もの工員がいる発展した工場に対して、小規模な作業場のままというものもあった。奴隷の労力が頼みの綱というもの、はたまた、契約労働者たちが主任の監督下で作業するところ。遠方に住む株主に資金を供給してもらうところがあるかと思えば、作業の現場に住む所有者の元手でやっているところなど、実にさまざまだった[20]。

脱毛剤の製造は、こういった一様ではない社会の進歩を反映していた。個々の世帯、特にニューイングランド地方や中部大西洋沿岸地域の家庭は一抹の不安を覚えながらも、見知らぬ他人の作った品物との交換をするようになった。料理や掃除のように女性がおこなうほかの家事労働は、その多くが一九世紀後半には機械化されたか、その動きはまったくないかのどちらかだったが、自家製の脱毛剤については、一九世紀に入るころにはできあがった状態の代替品に取って代わられつつあった[21]。「ムダな体毛をすべて取り去る」ための出来合いの粉末やクリームの広告がアメリカの新聞や雑誌に現れはじめたのは一八〇一年だったが、ヨーロッパの町や都市ではもっと早くから市販されていて入手可能だった[22]。限定されてはいないが、主に女性向けとして売り出された粉末は、鼻の下や額、こめかみ、眉のあいだから「見苦しい付属物」を取り除くと謳っていた。白い顔は依然として、その人の内なる道徳や精神に関わる特質を映し出すものと考えられ、宣伝文句の中心に据えられていた。[23]

そういった製品の正確な配合は明らかではない（し、作られた当初は一回ごとに大きく異なっていただろう）が、大部分は同じように作用する。化学的に毛を柔らかくしたり溶かしたりして、皮膚の表面から容易にこすり落としたり拭き取ったりするというものだ。タリウム化合物のように、毛が抜けるだけではなく、神経障害や死をもたらす全身性中毒を引き起こす配合もあった。ヒ素化合物では嘔吐や痙攣《けいれん》、昏睡、死をもたらすことがあった。脱毛効果のある合成物は体毛を構成する繊維性タンパクであるケラチンのジスルフィド結合に作用して加水分解を引き起こしている、と二一世紀の生化学者ならば説明するだろう。体毛を強くしなやかなものにしているのはケラチンのS - S結合（sulfur-sulfur bonds）だが、その結合が化学的に切断されると、毛は脆くなって形を変えやすくなり、毛包《もうほう》に何ら働きかけなくとも、布やパテナイフで拭き取られるほどになる。しかし初期の脱毛剤製造者は、ジスルフィド結合や加水分解といった概念などまったく知らずにいた。『オックスフォード英語大辞典』に「ケラチン」という単語が一八四七年に初出する以前から、脱毛剤は存在していたのだ。[24]

正確な化学組成は製造者にさえも漠然としたままだったが、これらの市販脱毛剤への関心は、都市における市場とともに急激に拡大した。一九世紀の前半には、小規模な製造業者が数十社ほど、〈トレンツ・デピラトリー〉や〈ユベールの薔薇色のパウダー〉、〈ドクター・グーローズ・プードル・スブティル〉といった名前入りのラベルをつけて、脱毛効果のある粉末や軟膏を調合して売りはじめた。〈コリーの脱毛剤〉は「生石灰と硫化カリウム」を混ぜたものを含むと言われた。〈デヴェローの脱毛パウダー〉はニューヨーク・シティで卸売りされていた。ディリンガム・アンド・ビックネル社は、「中国風の体毛根絶・除去パウダー」をメイン州オーガスタで売っていた。

こういった品の販売は、処方箋の必要がないほかの特許医薬品のように、のちに石鹼やタバコ、その他の日用品の製造業者がまねるようなマーケティングや流通ネットワークを確立した。[25] 南北戦争以前の時代における「patent」という語は――それが実際に特許権《パテント》を有するかどうかは関係なく――広告を通じて入手できる調合薬すべてを指すものだった。この時代、特許脱毛剤は、薬剤師のような卸売業者（品物を大量注文して中間業者に再分配する）や、利用者に直接販売する薬局や医師、理髪師、香水商を通じて広く出回っていた。[26] 南北戦争以前のチラシやカタログ、広告を見れば、製造業者がさまざまな方法で特許脱毛剤を消費者に届けていたことがよくわかる。歴史家のジェームズ・ハーヴェイ・ヤングによれば、こういった日用品の国内市場が発展した最大の要因のひとつは、その輸送が比較的容易だった点だという。もっと重くてかさばる日用品に比べると、処方箋のいらない売薬では、売価の総額に占める輸送費の割合が小さかった。[27] 輸送路としての幹線道路や鉄道網の発達は産業の成長を促したが、それ以前でも、超軽量の粉末やペーストは川舟や鉄道、徒歩、荷馬車でも運ぶことができた。製造者大手は激しくしのぎを削り、それぞれが特定の地域を担当する代理店を一〇カ所以上持っていた。そして、そういった努力は実を結んでいたようだ。南北戦争が終結するころには、脱毛剤を自分で作る調合法を載せている家事指南書はほとんどなくなった。顔のムダ毛に悩む人は代わりに、前述のトレンツやデヴェローズ、グーローズといった市販の調合物に頼るようになった。[28]

正確な規模を数値化するのは不可能だが、市販の脱毛剤の市場が、たとえば、加工された布地や製粉された小麦粉、あるいはブーツや靴の市場規模に達したことは一度もなかった。例を挙げると、一八四九年には家庭用の洗面化粧品（脱毛剤を含むが、それに限らず）すべての製品の価値はおよそ三五万五〇〇〇ドルだったが、一八五〇年の綿と羊毛の織物の生産総額は六五〇〇万ドルを超えていた。確かに、工業生産の道筋をつけることにおいて市販の脱毛剤が果たした役割を誇張してはいけない。だがそれでも、そういった日用品がアメリカの製造業に及ぼした影響は過小評価されるべきではない。脱毛剤生産のように、職人的な技が必要とされる小規模な形態が一八三〇年代～四〇年代の日用品製造の大半を占めていたことは、思い出されてしかるべきだろう。イギリスにおいてさえも、平均的な織物工場一カ所が雇っていた従業員数は一〇〇人以下だった。[29] 布地の生産が、家庭での足踏み織り機からニューイングランド地方の河川に点在する水力利用の工場へと徐々に、しかし一様にではなく移っていったように、個別包装された市販脱毛剤の人気が高まったことは、工場で生産された品――あらたな化学技術や機械技術の応用を通して可能となったもの――への信頼が生まれつつあったことを示している。

当時、いちばん人気があった脱毛剤のひとつ、〈アトキンソンズ〉は、そういった目新しい製品のいい例だ。[30] 自身を「[英国] 王室お抱えの香料製造者」と称する起業家によって開発されたもので、雄黄《ゆうおう》（ごく普通の硫化鉱物）と生石灰を一対六の割合で混ぜ、少量の小麦粉をさらに加えてある。[31] 通

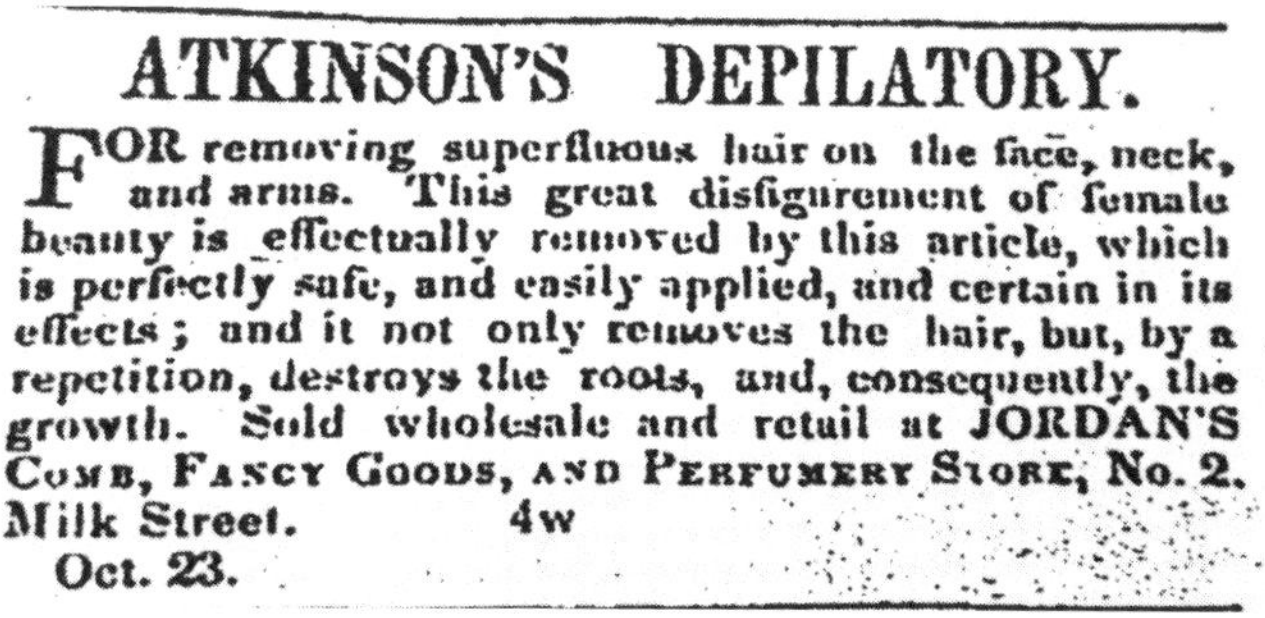
ATKINSON'S DEPILATORY.

FOR removing superfluous hair on the face, neck, and arms. This great disfigurement of female beauty is effectually removed by this article, which is perfectly safe, and easily applied, and certain in its effects; and it not only removes the hair, but, by a repetition, destroys the roots, and, consequently, the growth. Sold wholesale and retail at JORDAN'S COMB, FANCY GOODS, AND PERFUMERY STORE, No. 2, Milk Street. 4w

Oct. 23.

図2·1　アトキンソンズ脱毛剤を宣伝する1840年の広告。ウィリアム・ロイド・ガリソンが発行していた奴隷制度廃止主義の新聞『リベレーター』紙に掲載されたもの。

常、顔や首に塗り、「ムダな」毛——女性にとって最大の欠点と広告で常に言われているもの——を取り除くのを目的としている。『リベレーター』紙に掲載されたある広告は、「女性の美を大いに損なうものが」、「まったく安全で使い方も簡単、効果も抜群のこの商品で適切に取り除かれる」と述べている[32]【図2・1】。〈アトキンソンズ〉の広告は黒人と白人の双方を読者に持つ新聞に掲載されたものの、白くて毛のない肌が望ましいと仮定している。「ムダな毛」を取り除くだけではなく「塗布前よりも肌を白く、柔らかくする」と謳っている広告もあった[33]。

〈アトキンソンズ〉は、別の点でも典型的だった。自家製の脱毛剤は長らく女性が技量を発揮してきた分野なのに、市販脱毛剤の製造業者はたいてい男性だったという点だ。この事実は驚きに値する。より広く目を向けると、一九世紀はじめのアメリカにおいて化粧品製造業は、並外れた機会を女性起業家に与えた。美容業やかつら製作、理容業といった男性優位で職種別同業組合《ギルド》指向の職業では得られない将来性が、そこにはあったのだ[34]。一九世紀後半になるころには、エレン・デモレスト（一八二四年生まれ）やマダム・C・J・ウォーカー（一八六七年生まれ）、ヘレナ・ルビンスタイン（一八七〇年生まれ）、エリザベス・アーデン（一八八四年生まれ）などの女性起業家が、アメリカの化粧品製造業の第一線に躍り出てきた[35]。しかし、南北戦争以前のアメリカに出回っていた市販の脱毛剤の製造や市場での売買にも同様に女性が関わっていたことを裏づける証拠は、ほとんどない[36]。

個別包装された脱毛剤の製造・販売に関わる女性が比較的少ないのは、民間療法と、あらたに集中化された食肉生産――ひどく男性に偏った産業――が合流して生まれたという、この製品の独特な立ち位置を示している。一八世紀のあいだは、都市で生活するのは国の人口全体のごく一部にすぎず、たいていのアメリカ人は自分たちで動物を育て、屠《ほふ》ってきた。第一回国勢調査がおこなわれた一七九〇年には、国内の都市はわずか二四カ所で、そのうち人口が二万五〇〇〇人を超えているのはわずかふたつだった。しかし一八四〇年までには、都市で暮らすアメリカ人の割合は二倍以上になり、都市の数も一三一へと急増した。ニューヨーク市だけでも、人口は二五万人を超えた[37]。入植地が拡大し、個人や家庭が自分たちで家畜を育てられないほど混み合うにしたがって、集中化された肥育場や屠殺場が増大し、人間と家畜化された動物との隔離はますます進んだ。

集中化された食肉生産が広がると、脱毛にもあらたな資本や手間が投下された。食肉の大量生産において、屠殺という行為自体はそれほどコツが要るものではない。機械化された冷凍技術の登場以前は、屠ってからできるだけ速やかに肉を分配することのほうがより困難だった。殺した豚が吊るされた巨大なチェーン・レーンは、腐敗しやすい動物を運ぶ「解体」ラインとなり——ヘンリー・フォードが、工場での一連化された生産ラインを思いつくもとになったとされている。自動車の組み立てと同じく、大きな動物を解体する複雑な作業は細かいタスクに分けられる。ひとつのタスクをひとりが受け持ち、ひたすら肉をぶつ切りにして骨を折り、皮を剝ぎ、梱包する。妨げられることのない効率的な解体作業を目指すには、皮から体毛を除去するのが実に厄介な問題だった。[38]

屠殺が機械化される以前は、多くの時間と労力を要する血みどろの手作業により、一頭ずつ動物の皮膚から体毛を取り除いていた。土や血にまみれた皮は通常、それをごしごし落としてから、未処理の肉とは別に分けられる。次いで尿や石灰、あるいは塩に浸して体毛を柔らかくほぐしてから、表面に手を「走らせて」こすり落とす。生皮を腐らない革へと変えるには、家畜などの糞を軟化剤にして叩いたり揉んだりしてから、伸ばして乾燥させるという工程が必要だ。[39] 尿や糞便、腐敗分解する肉の放つ悪臭が入り混じるため、こういった鞣《なめ》しの作業場は町のはずれ、それも、不要物を投棄できる河川が近くにあるところへ追いやられるのが常だった。システマティックな解体過程によって動物の加工処理が増加すると、実業家たちは、「毛皮の粗毛を抜く」ために人手や時間をあまり必要としないあらたな技術を求めて、試行錯誤を重ねた【図2・2】。生きた動物を、交換可能なパーツの集積物に効率よく変換するあらたな方法を、多くの発明家たちが探究した。そして、人間がおこなっていた手作業を人間以外にさせるべく、コンベヤチェーンが頭上を流れる解体プロセスが導入された。[40]

影響力の大きかった科学者、アンドリュー・ユアが、機械技術を事典的に網羅して広く読まれた著

図2·2　熱湯に浸けて、豚の皮から体毛を除去する。食肉の大量生産が盛んになるにつれて、化学的な体毛除去の革新が促された。(『*Douglas's Encyclopedia*』1902年)

書で述べたように、こと体毛に関するかぎり、省力化につながるもっとも効果的な技術の大半は化学作用によるものだった。(41) 発明家たちは何世紀も前に遡る脱毛技術を転用しながら、毛むくじゃらの生きた動物を肉や革、毛などに変換する作業規模を拡大し、その過程で工業化学の知識を深めていった。石灰（水酸化カルシウム）やソーダ灰（炭酸ナトリウム）といったアルカリはもっとも一般的だが、硫化物やシアン化物、アミンのさまざまな化合物も開発され、体毛を軟化させて除去するのに用いられた。(42) 公共の水域は、化学分解されてどろどろになった体毛や有害な物質を流すのに好都合な容器となった。分解された体毛は、用いられた硫化物によって凄まじさを増した悪臭を放つ。ばらばらになった毛や固まった石灰が排水管内部を覆って排水溝を詰まらせるため、水路への影響はいっそう深刻化した。(43) 有毒ではあるものの、革新的な化学技術が成功を収めたのは明白だった。ある農業専門誌によれば生皮の国内生産は、一八三〇年には少なくとも年間三〇〇〇万ドルにのぼった――綿の総輸出高より三五〇万ドルも多かったという。(44)

これらの工業化学物質が、現在で言う「美容」「医療」そして「農業」への応用とされるものにおいてどれほどの範囲で、また、どういう方向で影響を与えたかを正確に示す資料は現存しない。みずからを美化する作業《ビューティフィケーション》における技術革新が農業への応用を促進したのか、それともその逆なのかは、今もってはっきりしない。だが、動物の大規模な食肉加工を進歩させたのと同じ技術革新が、南北戦争以前の化粧品製造業者のあいだで広まっていたのは確かだ。アンドリュー・ユアが記したように、食用の豚から体毛を除去するのに役立つとわかった化合物は「人間の肌」からも毛を取り除く可能性があるし、その逆もまた真だった(45)。鼻の下の毛が「美を損なう」と考える「淑女たち」のための化学的な脱毛剤は、生皮や獣皮を整える「鞣し業者や毛皮商」にも役立つ、と当時の代表的な技術指南書のひとつ、『芳香の技術(*The Art of Perfumery*)』でも提唱されていた(46)。

しかし、集中化された大規模な食肉処理場でおこなわれていた牛や豚の脱毛とはまったく違い、脱毛剤を人間の身体に用いるのは、地理的には分散しておこなわれていた。南北戦争以前、女性の脱毛は依然として個人の住宅、あるいは診療所でひっそりおこなわれることだった。そこでは硫化物やアンモニアの有害な臭い、そして処理された汚い体毛は世間の目に触れることはほとんどない。一方、苛性《かせい》の脱毛剤を使用して起こるけがはそれと見てわかり、簡単には隠せない。結果として、変わりつつある脱毛技術に関する懸念は、不快な臭気あるいは水の汚染ではなく、肌への差し迫ったリスクへと移っていった(47)。

毛の根元にまで届き、それを破壊するほど「激しい」溶剤は、女性の肌にも危険なのではないか。そう懸念する人たちは大勢いた(毛皮商たちも、「有害な」化学的脱毛剤は生皮の商品価値を損なうのではないか、と関連した不安を抱えていた)(48)。個別包装して売られている脱毛剤の安全性——とにかく悪臭を放って痛みをもたらし、最悪の場合は死を招く——は、南北戦争以前の出版物では常に重大な関心事だった。市販品の原材料が、自家製でも使われていたなじみ深いものの範囲を超え、工業生産された化学物質まで含むようになってからは特に、購入者は自分の顔に何を塗りたくっているのか確信が持てなくなった。[49] 市販の脱毛剤で損傷を負う可能性が、笑いを提供するものとして扱われることもあった。一八〇四年、「脱毛剤、あるいはそう謳っている品」の広告に従った「未亡人」の「愉快な」事例を、ボストンのある週刊誌が伝えている。彼女が口の周りに脱毛剤を擦りつけたところ、「毛とともに肌も一緒にとれてしまった」というのだ。「目にも影響が出た」ため（繰り返しになるが、脱毛剤の成分には全身性作用を持つものもある）、「しばらくのあいだ、サングラスをかけなければならなくなった。彼女は口が大きかったので、まるで仮面をかぶってパントマイムをする道化のように見えた」という。[50]

だが他の描写では、女性に降りかかるあらたな危険を揶揄するものはなかった。大衆紙の『サタデー・イブニング・ポスト』では、生石灰から作られる脱毛剤「東洋風のラスマ」の調合法の横に、これは「とても強力」なので「最大限に注意して」使うべしという警告を載せていた（この調合法に含まれているヒ素がリスクをさらに悪化させた）。[51] 一八三一年発行の『ゴーディズ・レディズ・ブック』のある記事では、市販の脱毛剤には「生石灰あるいはほかのアルカリ性物質、もしくは腐食作用のある物質」が含まれていると説明している。そういった腐食作用のある物質は「相当の」損傷を肌にもたらすことがしばしばあり、「対処しようとした欠陥よりもずっと醜い」傷を残すことがある、と記事は警告している。特にヒ素化合物は、「生命の危険とまではいかなくとも、健康に極度のリスク」を及ぼす。この記事では、同年はじめの『ジャーナル・オブ・ヘルス』誌で紹介された結論を繰り返している。「ゆえに、いかなる場合でも、余計な毛を根こそぎなくそうとしてさらに大きな禍いを生じさせるより、余計な毛がもたらす不格好さを受け入れるほうがずっとましだと思う」[52]。

市販の脱毛剤の売買は規制がないままだったので、腐食作用あるいは中毒性のある脱毛剤がもたらす「禍い」に対する懸念は、一九世紀のあいだずっと言われ続けた。一九世紀もなかばを過ぎるころには、公衆衛生の観点から、市販の脱毛剤を規制する必要性を明白に訴える医療関係者が現れた。一八七〇年には『メディカル・アンド・サージカル・レポーター』誌が、化学反応を用いた脱毛剤には特に監視の目が必要だと述べた。

毒性が非常に高い薬物や化学物質にこそ美を授ける力があると高い評価を受けているのに、製造と販売は秘密裏におこなわれ、年間で何百万ドルもの資本が必要とされていることを思うと、文明国ならばどこでも、国家医療の一部門としてこの審問をおこなう重要性は極めて明白だ[53]。

しかし実際には、そういった製品に対する法的規制はなかなかなされなかった。米国郵政公社と連邦取引委員会は、郵便による明らかな詐欺行為を禁じていたが、いわゆる化粧品の規制は限定的なものだった。市販の脱毛剤による負傷や死亡事故が医学雑誌でますます報じられていたにもかかわらず、「詐欺まがいで事実に反する効能を売薬のラベルに謳うこと」を禁じた純正食品・薬品法が一九〇六年に成立し、それに関するシャーリー修正条項が一九一二年に通過するまで、アメリカの立法を担う議員は、脱毛剤の製造や販売に関する連邦規制には手をつけなかった[54]。しかも、その修正条項は特定の表示を禁じただけで、製品の中身の検査や保証をおこなうものではなかった。

工業生産された化粧品の安全性や有効性を強く規制する法案がないまま、漠然とした不安が募っていった。どれを信用してどれを避ければいいのか、市販の脱毛剤を購入した人は外部に助言を求めるしかなかった。身体はどう手入れすればいいのか、かつては親戚や地域でつながりのある人に教えてもらえばよかったのだが、都市で生活するアメリカ人にはそういった存在もなく、大衆向けの新聞や雑誌がその役割を担うようになった。とりわけ広告主は、読者を導く任務を担い、工場から次々生み出される製品をいつどのように使えばいいのか、拡大しつつある都市を思わせぶりな宣伝文句で覆い尽くした[55]。この点で典型的だったのは脱毛剤の製造業者で、自分たちの製品は「確実に効き、かつ安全だ」と強調し、苦労して獲得した評判を乗っ取ろうとする「紛いもの」は使わないようにという警告を発していた[56]。

T・フェリックス・グーローがたどった足跡を見ると、新興の産業秩序における宣伝の重要性がよくわかる。ある化粧品業界紙によれば、グーローがこの世界に足を踏み入れたのは一八三九年、ニューヨークでのことだった。顔色を整えるクリームを売り出して成功を収め、名声を得ると彼はすぐ、粉末の脱毛剤に手を広げた。〈ドクター・フェリックス・グーローの体毛を根こそぎにするパウダー〉は、「狭い額や鼻の下、腕や手に一度ふりかけただけでたちどころに、そして肌への損傷をまったく引き起こすことなく」毛を除去するという触れ込みだった。価格はひと瓶一ドル――二一世紀の貨幣価値に換算すると、およそ二六ドル。この脱毛剤のおかげで、グーローの事業はアメリカやヨーロッパ中で、一八八〇年代を通じて成長を続けた。[57]

南北戦争以前の脱毛剤市場におけるグーローの成功は、今ならば「ブランド戦略」と呼ばれる巧みな情報操作と結びついている（消費者「ブランド」という概念は、一九世紀末になってようやく現れた。畜牛に焼印を押すように、出荷する樽に他とは違う印を工場が焼きつけるようになったころだ）。彼は、ラベルに製品の原材料を並べて安全性と効能のイメージを作り出すなど、化学的脱毛剤という、急成長を遂げる市場において他との差別化に長けていたようだ。ドクター・グーローというでっちあげた名前をしつこく売り込む広告が――出生時の彼に与えられた名前はフェリックス・トラストだという――一九世紀なかばになるまでずっと、都市の新聞に掲載された。彼はまた、名の知れた女優やオペラ歌手からのお墨つきを含め、有名人の推薦の言葉を用いた先駆者でもあった。問題となっている製品、つまり苛性の脱毛剤は、いいかげんな製造方法では使用者に回復不可能な損傷を与えるかもしれないことを思うと、人々の信用を集めるグーローの能力は、特に重要な意味合いを持っていた。一八七二年には、グーローの脱毛剤は市販品のなかで「もっとも一般的なもののひとつだ」と大勢の医師が伝えた。グーロー・ブランドがあまりにも成功を収めたため、「グーロー」という名前の権利をめぐる争いが彼の親戚のあいだで長引き、訴訟はニューヨーク州最高裁まで争われた。[58]

〈プードル・スブティル〔グーローの微粒子パウダーの意〕〉と、洗練されたフランス風の名前をつけただけではなく、東方の夢のような魅惑というイメージも植えつけたのが、フェリックス・トラストの決定的なところだった。この製品は「シバの女王ご自身」の処方に由来していると宣伝することで、グーローは初期の脱毛剤製造業において、あるトレンドを打ち立てた。つまり、脱毛作用のあるパウダーやペーストを、ヨーロッパ人――そしてヨーロッパ系アメリカ人――が連想する東方《オリエント》のイメージと関連づけたのだ。[59] シバは、古代イスラエルの第三代の王ソロモンとの伝説的な邂逅がヘブライ語聖書とコーランの両方に現れる女性だが、東洋を想起させるような心象風景における中心的な人物だった。レヴァント地方を旅したジェラール・ド・ネルヴァルの『東方旅行記（*Voyage en Orient*）』（一八四三－五一年）が人気を博したのもまだ人々の記憶に新しく、シバの女王は、グーローが作る製品にとって格好のイメージを提供した。古代の伝説のなかには、ソロモンは悪魔を召喚して作らせた脱毛剤をヌラ（nūra）と呼び、それをシバの毛深い脚に塗ったと伝えるものもある。[60]

このように「東洋の」脱毛剤の処方につきまとう特別な、そしておそらく神秘的な影響を引き合いに出すのは、上流階級向けか大衆向けかを問わず、一九世紀に書かれたものにはよくあることだった。サラ・ベリーなどが言及したように、これは以前から言い伝えられてきた「東洋風ファンタジー」の一部で、「一八世紀以降の化粧品や自己装飾のマーケティングには不可欠なもの」だった。[61] 植民地時代や、連邦共和国となった当初のアメリカでは、人々は東方の行動様式や慣習にますます魅了されていった。英仏の兵士や商人、外交官が中東や極東への関与を深めるとともに、当該地域へのアメリカの軍事派遣も増大したからだ。港湾都市ダーネを砲撃する米国海軍の軍艦ノーチラスや砲艦ホーネット、アーガスに合流するため、米国海兵隊は現在のリビア砂漠と呼ばれる地域を五〇〇マイルも行進した。その後、一般大衆のイメージのなかで東方の地が果たす役割はますます膨れあがり、海兵隊讃歌（Marines' hymn）のリフレインでも「トリポリの海岸まで」と歌われている。[62]

オリエンタリズムにかぶれた人たちは機会あるごとに、東方《オリエント》での脱毛の慣習に興味を示したが、それは男性旅行者に特に顕著だった。[63] ジェームス・アトキンソンが英訳して一八三二年に出版されたナーナー・クルサムの著書、『ペルシアの女性の慣習と身だしなみ（*Customs and Manners of the Women of Persia*）』にも、その一端がうかがえる。[64] クルサムが短くふれたヌラについて、アトキンソンは特別に脚註を設けて触れている。「東方の国々では」、「腋の毛は必ず除去される。ヌラは生石灰、あるいはそれとヒ素から成るもので、体毛を毛根から取り除く」。アトキンソンの翻訳には、若い娘が脱毛剤を用いたり女性が自分の手でそれを塗布するのはふさわしくないことや、ヌラを使いたい場合は女友達に頼んで塗ってもらうというクルサムの報告も収録されている。[65] 他の文筆家も、東方の気だるい雰囲気の浴場でおこなわれる脱毛に焦点を当てている。リチャード・バートンが注釈をつけた『千夜一夜物語』の翻訳版でも、エドワード・レインの『エジプト風俗誌：古代と近代の奇妙な混淆』や、アレクサンダー・ラッセルの『アレッポの自然史（*Natural History of Aleppo*）』と同じく、脱毛剤の使い方の詳しい描写がある。[66] ロンドンの文芸雑誌『ザ・キャスケット』に掲載された評論では、身体にこってり塗られる「脱毛用の香油《ポマード》」について雰囲気たっぷりに描かれている。利用者は身体を丹念に洗ってそれをこすり落とされたのち、熱いタオルで包まれたまま、浴場内部の小部屋まで曲がりくねった通路を案内されるそうだ。[67]アンドリュー・ユアも自著の事典のなかで「東洋の脱毛剤」について説明し、その「脱毛の効力は何ものにも負けない」と記している[68]【図2・3】。

これらの描写がアメリカでの慣習を変えるのにどれほど影響があったのか、それを確かめるのは難しい。「オリエンタルな」脱毛剤について繰り返し言及されたことで、以前は脱毛されていなかった身体の部分から女性が毛を抜くようになったと示す証拠も、もちろんない。しかし、ほとんどとは言わずとも、ドクター・グーローのように市販の脱毛用パウダーやクリームの多くが「東方の」あるいは「オリエンタルな」由来を謳っていたのは確かだ。こういった宣伝文句は、脱毛剤の製造が家庭内から工場へ移っていくにつれて、(前述の)ヌラやラスマを官能的と伝えた旅行者や文筆家の言葉とともに急激に増えていった。つまり、セクシーで誘惑的、神秘的で、ときに危ういといったオリエントに対する幻想は、(食肉生産のような)経済活動が工場の厳しい時間管理の枷にはめられるようになるにつれて、影響力を増していった。単調で繰り返しの多い出来高払いの仕事や、工場での製造業につきものの退屈な時の流れに直面する当時の読者にしてみれば、脱毛用の香油を塗って甘やかしてくれるトルコ風の浴場のイメージは、魅力いっぱいできらめいて見えたのだろう。広告主はオリエントの奥義をほのめかすことで、「西洋の当世的な思想や物ごとの処理のしかた、その価値感などにまだ汚されていない精神性、あるいは溌剌《はつらつ》とした生命力」に近づけると思わせた。[69]また、時代を超越したオリエントの浴場描写も、個別包装された市販品を不安に思う消費者に、これは有害な可能性のある新

図2·3　ジャン・オーギュスト・ドミニク・アングルの手による『トルコ風呂』（1862）は、「オリエンタルな」脱毛の慣習に対する西洋人の関心を示唆している。（ルーヴル美術館の厚意により）

奇な産業グレードの化学物質ではなく、古代から伝わる実証ずみの知恵でできたものだと信じさせた。南北戦争以前に「東洋の」脱毛剤が盛んに引き合いに出されたのは、身体に用いる商品の製造が家庭内から工場へ移るのとちょうど時を同じくしており、こういう象徴的な意味での仲立ちを物語っている。つまり、ヌラやラスマの話題を出せば、産業革命以前の異国情緒あふれる趣を、工場生産された物珍しい品物につけ加えるのに役立ったのだ。[70]

実際、東方の地《オリエント》の神秘的なイメージを広告主が用いることで、脱毛剤に含まれる潜在的に有害な化学物質に対する意識がかき消されるのではないかと懸念する人もいた。『ザ・ワーキング・マンズ・アドヴォケート』紙でも、一八三〇年にこう訴えている。「疑うことを知らぬ嫋《たお》やかな女性は」いつの間にか、「これら［ヒ素を含み、真珠のようにつややかな乳白色をした脱毛剤］は無害だと」騙されている。「なにしろ、東洋風やイタリア風、フランス風のすてきな名前がつけられているのだから」。だが実際には、こういった「化粧品に使用されている化学物質は……死を招く使者に力を貸しているだけだ。身体に有害で健康を破壊する毒物ではない化粧品など、ほぼ皆無だ」[71]。市販の脱毛剤に対する激しい批判はほかにもあり、女性は調合法の載っている指南書を見て自分で作ったほうがよほどいいと結論づけている。そのほうが「ずっと安全で、インチキな売薬よりずっと役に立つ」からだ。[72] 一八三四年発行の『健康、美容、ファッションを踏まえた身繕い（*Toilette of Health, Beauty, and Fashion*）』でも同様に、パセリ水とアカシア属の樹液、キヅタ属の樹液あるいはマリアアザミに油を混ぜたものを自作するのを推奨していた。[73] アンドリュー・ユアは市販の脱毛用香油の「苛性度」を緩和するため、台所にある「でんぷん、あるいはライ麦粉」を少し混ぜるよう勧めていた[74]。

こういった知恵や助言は、なじみ深い自家製の調合物の使用から、どこか遠いところで作られた日用品の購買へとシフトするのをアメリカ人が受容する際の相反する感情を示している。流通革命のおかげで、手に取ってすぐ買える品が並ぶ棚はあっという間に拡大を続け、購入者は無防備なまま、規制もなくわかりにくい製造の過程にあらたにさらされるのだから、その逡巡もまた無理からぬことだった。国の基本とする思想を農業から工業生産へ移すという激しい動きのなかでは、自作の脱毛剤から遠方の工場で調合されたものへのシフトはそれほど目立つものではない。だが、より大きく激烈な変化を、頭ではなく体の芯で吸収することが求められた。つまり、工場で作られたものを自分の顔にそのまま塗るのだ。この点において、脱毛という一見して陳腐な事柄は、新興の経済システムに女性が進んで組み込まれていったという変革の重要性を覆い隠すのに、一役買った。日常生活のほかの要素と同じく、身体の手入れという問題も、あらたに登場した産業秩序と密接に絡み合っていた[75]。

第3章　ひげ面の女と犬面の男
――ダーウィンが明らかにした史上最大の露出とは

産業の構造変化や地政学的変化のせいで、個別包装された市販の脱毛パウダーに対する関心が高まったとはいえ、目に見える体毛を忌み嫌うのは、一九世紀なかばまでは比較的限定されていた。アメリカの「インディアン」にのみ特異な態度と思われていたのだ。体毛の成長における人種的な違いを立証しようと躍起になる科学者や、額や頬に生えた毛は手入れせよと押しつけてくる薬剤師や調香師、そして、特に毛深い人を見世物にして利益をあげようとする客引きのほかには、体毛について考える人はあまりいなかった。

しかしそういった態度は、一八七一年を境に変わりはじめた。チャールズ・ダーウィンの『人間の由来』の出版とともに、「人間」と「獣《けだもの》」の関係に対する見方は大きく揺さぶられることとなった。(1)ダーウィンが提唱した説の枠組みや語彙は、科学や医療の専門家、大衆紙によって広められ、体毛や毛皮、毛髪、そして――たいしたものではないが――人による違いをアメリカ人がどう考えるかという点に多大な影響を及ぼした。『人間の由来』が世に出て以降、体毛に関して目で見てわかる違いを、神の摂理、あるいは胆汁や血液、体液の相対的なバランスに求めるアメリカ人は徐々に減少していった。それどころか、毛髪のタイプや量の違いは進化力の影響だと説明されるようになった。競争によって決まる選択の結果が具体的に現れたものだ、というのだ。さらには、進化論を世に送り出す手助けとなった比較解剖学の教えが、体毛を科学的に解析しようという関心の継続につながった。このような多岐にわたる専門家は、体毛の重要性について声をそろえて発言したわけではなかったが、全体としては体毛の「過剰な」成長を病的なものと見なすことに首尾よく成功していた。二〇世紀の幕が開けるころには、毛深いことは性的・精神的な面で平均から外れ、逸脱行動を起こす兆候としてすっかり定着していた。

一八五九年に出版された『種の起源』〔渡辺政隆訳、光文社、二〇〇九年〕の序論でダーウィンは、「人類とその起源」という物議を醸す問題に解明の光を当てるとほのめかしていたものの、一八七一年に出版された『人間の由来』でようやく、人類は「以前より存在する種からどのように進化したのか」、そして、身体特性における変異はどのように明らかになるのかを説明した。要するに、ほかと比べて色が黒かったり、毛がふわふわだったり、小さかったりするのはなぜかという問題だ。[2]

どちらの問題の説明においても、体毛は極めて重要な（そして正当に評価されない）役割を果たした。進化論はダーウィンによって「発見された」と言われがちだが、実際にはさまざまな根拠をつなぎあわせたもので、その中心をなすのは、それ以前におこなわれていた毛髪の比較研究だ。[3]ダーウィンが『人間の由来』に含めた、百科事典並みに詳細な注釈には次のようなものがある。

南米やアフリカでは眉毛はすっかり取り除かれること。アングロ・サクソンの法律における、あごひげを失った場合と等価の金銭価値（二〇シリング）。そして、ティエラ・デル・フエゴ諸島では、ある若い宣教師（「毛深さとはほど遠い男」）を「裸にして、顔や身体から毛を毟り取る」という脅しがあったことなど。[4]彼はこういった例の多くを、アメリカのふたつの資料から採った。北米インディアンの風俗習慣をカトリンが集めた一八四一年出版の民族誌上下二巻本と、南北戦争の兵士に関するグールドの膨大な調査結果だ。[5]

ダーウィンが述べたかったのが、ヒトの進化における美の原理――ジェームズ・カウルズ・プリチャードがかつて言及した「美」の役割――の影響のみであれば、目の大きさや、肩まわりと腰まわりの比率、四肢の長さなど、取りあげるべき特徴は山ほどあった（これらはもちろん、さらにはほかの特質についても、二一世紀の進化生物学者が分析対象としている）。しかし霊長類の祖先とヒトとの関係において、毛深いという特質がとりわけ困難な問題を突きつけてくることを、以前の博物学者と同じくダーウィンもよく承知していた。体毛の存在自体は確かに、ヒトは「サルのような生き物から進化した」という主張を裏づけているように思われた。[6]ダーウィンが推論したように「羊毛に似た毛があることから……ヒトは全身を体毛で覆われて生まれ、一生それを保持していた動物から進化したと考えられる」[7]。にもかかわらず、まさにその薄くまばらな体毛が、自然選択説に都合の悪い真実を突きつけてきた。じっとり湿って寒いイギリスの冬を耐えた人間なら誰しも、他の動物に比べてヒトには体毛が少ないという不利益を身にしみてわかっているはずだ。ダーウィンが解説したように「体毛がないのは不都合で、暑い気候においてさえ、身体にとって害になることもある。特に雨天のときなどは、ふいに肌寒さに襲われるからだ」[8]。彼は、「程度の差こそあれ、体毛がないこと」は、『種の起源』で展開した論旨の限界を表していると結論づけた[9]。「むき出しの肌がヒトにとって直接的な利益になると考える人はいない。ゆえに、ヒトの身体から体毛がなくなったのが自然選択によるとは、とても考えられない」[10]。

有益な変異を示す個体はほかのものよりも生き残る、という自然選択説全体を貫く主張を考えると、『人間の由来』でダーウィンが直面したのは、せいぜいが役立たずで、最悪の場合は有害で死をもたらすような特質をどう理解するかという問題だった。このジレンマが如実に表れているのは、「人類にとって最大の露出」と彼が呼んだもの――全身を覆う毛むくじゃらの覆いをヒトが失ったこと――だ[11]。このジレンマを解消するため、ダーウィンは自然選択説と対になる説を展開した。つまり、何かにつけ異論を呼んだ性選択説がそれだ。『人間の由来』の終わりのほうのセクションでは不都合な形質の遺伝について論じているが、その目的は、そういった「多くの世代にわたって続く」選択が、肉体としての形や外見に影響を及ぼしうると示すことだった[12]。最終的にダーウィンは、一九世紀の読者が関心を持つ差異――ほかよりも強かったり大きかったり、色鮮やかだったりする動物がいるのはなぜかという問題――の大半を、性選択によるものとした。『人間の由来』で結論づけたように、「ヒトの人種間、そしてヒトと下等動物とのあいだについてもある程度までは、外見の違いをもたらす要因すべてのなかでもっとも大きな影響を与えたのは性選択だ[13]」とした。

性選択説――とりわけ、ほかの動物に比べてヒトには体毛が少ない理由を説明する際の性選択説の役割――をダーウィンが提唱したことで、長年の協力者、アルフレッド・ラッセル・ウォレスとのあいだに亀裂が生じた[14]。ダーウィンの『人間の由来』でもそうだったように、人類の進化について一八七〇年に出版されたウォレスの主著『自然選択説への寄与(*Contributions to the Theory of Natural Selection*)』でも、一見すると無用だったり不利益な特質を性選択説の枠組みのなかにどう取り込むかに苦労している。この厄介な特質のうちもっとも重要なのは、ヒトにおける「毛むくじゃらの覆い」の欠如とウォレスが呼んだものだ。ほかの特質も同じく説明しがたいが、おそらく「これほどではない」と彼は考えた[15]。同様に理解しにくいほかの現象を踏まえて考察したウォレスは、ヒトに毛皮がないのは「適者生存の法則以外の力がはたらいた結果だ」と結論づけた。彼の見解では、それ以外には体毛がないことを説明できなかった。「われわれが精通しているよりもさらに繊細な作用」によって、「超然たる知能が特別な目的のために、ある方向へとヒトの進化を導いた」のだ[16]。

より強固な信念を持つ進化論者たちはすぐさま、この点に食ってかかった。イギリス・デヴォンシャーの博物学者であり神学者だったT・R・R・ステビングは一八七〇年のある講演で、生存に向けての争いにおける「実用性」が持つ大きな意味をウォレスは認識できずにいる、とこき下ろした。「ある方向で役に立つと選ばれたものが、別の方向でたまたま役立つということもある」と異を唱えたのだ。「毛がないヒトの肌について、〔ウォレスが〕いつもの独創的な考えを発揮していたら、超然たる美あるいは超然たる清潔さに伴う頑健さを通じて選択されたものだという可能性に気づいただろうに」[17]。ステビングはさらに、ウォレスは神を原始からの美容家か何かだと思っているのかと言って、彼の主張を嘲った。

人智を超えた知が、未開人の背中から毛を毟っている、それも……毛を刈られた気の毒な者たちの末裔が、何世代にもわたって寒さと湿気で死ぬことになりながらも、さまざまな技術を利用して、しまいには服を仕立てたり、家のなかで水をばしゃばしゃかけるようになるために……と彼〔ウォレス〕が想像していたとは驚きだ[18]。

そういった礼儀正しさの証しとなるものは、「自然選択の本質的な部分であり、それ以上でも以下でもない」とステビングは強調した[19]。

体毛が論争のキーポイントだと認識したダーウィンは、ウォレスの主張とステビングの批評の双方に狙いを定めた。『人間の由来』では、ウォレスの説を一笑に付したステビングの言を繰り返した。そして、体毛がないのは、「さまざまな技を実践することで文明の階段をのぼる」よう初期の人類に神が押しつけた手段だ、と考えるのはばかげているとふたたび断言した[20]。もちろん体毛がないことについてはもっともな解釈があったが、それは神によるのではなく、世俗に由来したものだった。「超然たる美と清潔さ」をヒトが選択した、というのだ。人類の進化に関してもっとも重要な主張のなかでダーウィンは、体毛の起源とその目的についてウォレスとは意見が違うと言い、別の道を進むと語った。神が下した決定だとウォレスがとらえた点を、ダーウィンは個々の選択と見立てたのだ。

ダーウィンの言う「選択」は必ずしも、選んだ側の判断や熟考を含んでいるわけではない。「性選択に関するかぎり」、「必要なのは、選択がなされたという現象だけだ」と彼は記している[21]。たとえ、ある種に属する個体が、時空を超えたみずからの遠い子孫の身体に影響を及ぼそうと思わなくとも、やはり影響は現れる。ダーウィンが言うように、「ある女性をほかの女性よりも好む男性側の期待や願望とはまったく無関係に、その影響はもたらされる」のだ[22]。彼は強調のため、「無意識の選択が作動しはじめる」と繰り返し述べた[23]。無意識な選択の可能性が極めて重要なのは、ふたたびダーウィンの言葉を借りるなら、体毛のない状態のように、動物の「ふだんの生活習慣」には「何の役にも立たない」特性を説明するためにこの理論が展開されているからだ[24]。したがって、ヒトに「部分的に体毛がない」のは「性選択によって修正された……無数にある奇妙な特質」のひとつだ、とダーウィンは論駁した。体毛がない状態のように有害な特質がこんなふうに獲得された、と信じるのは難くない。というのもダーウィンによれば、「鳥の羽飾りや牡鹿の角はこれに当てはまるとわれわれは知っている」からだ。大きすぎる角や羽飾りは、ものを食べたり捕食者から逃げたりという主な活動の邪魔になるかもしれないものの、メスはそれを魅力的と感じ、変異したその形質も、時間とともにそのうち浸透していくのには有効かもしれない[25]。

だが、ここに問題がある。ヒトの身体に体毛がない状態は、ギガンテウスオオツノシカの派手な角やアズマヤドリのきらびやかな羽飾りとはまったく異なり、ダーウィンが挙げた例によれば、細心の注意をはらった手入れの賜物という培われた特質だ。「ひげのない人種の男性は」、「顔からすべての毛を抜くという、まことに不快な作業を苦労しておこなう一方、ひげのある人種の男性は立派なあごひげに多大なる自負心を覚え」、それにふさわしい手入れをする、とダーウィン自身が記している[26]。性選択は、進化上の他の利点をまったく与えないと思われる特質についてはうまく説明できるかもしれない。だが、身体の装飾的な部分の手入れをする効力を子孫にどう伝えるのか、それについては謎のままだ。

では、後天的に獲得された形質が遺伝で伝わった――フランスの博物学者、ジャン＝バティスト・ラマルクによって提唱されたこの考え方は、ダーウィンに論駁されたと広く信じられている――のでなければ、初期の人類は毛むくじゃらの覆いをどのようにして失ったのだろう？　この『人間の由来』の重要な岐路においてダーウィンは主語をぼやかし、ラマルク的な言葉の含みを避けている。

このテーマが持つ並みはずれた複雑さのなかで許される範囲で判断するなら、類人猿に似たわれわれの祖先のオスは、異性を魅了したり興奮させたりする装飾としてひげを獲得し、現在のヒトの男性にそれが受け継がれているように思われる。メスは同様に、性的な装飾の一部としての体毛を最初に失ったようだ[27]。

その「体毛が最初に失われた」のはいかにして起こったのか――そのときは特に何の役にも立たなかったようだが――は、今も曖昧なままだ。

この説明の不明瞭なところは批判を避けられなかった。リチャード・グラント・ホワイト――シェイクスピア研究家でありジャーナリスト、そして建築家スタンフォード・ホワイトの父――による機知に富んだ一八七一年の風刺は、ゴリラの視点から人間の由来を語り直し、人類最大の裸出（great denundation）に関してダーウィンの理論がもたらした問題に光を当てた[28]【図3・1】。ゴリラの語り手により、『人類の堕落（*The Fall of Man*）』はこんなふうにはじまる。「昔々」、「嘆かわしく異常な自然現象」により、一匹の雄ゴリラが奇形で生まれた。ほぼ全身に毛がなかったのだ。しかし、その雄ゴリラは仲間はずれにはならなかった。それどころか、若い雌ゴリラの多くが「説明できないほど酔狂な性的本能」を示し、「この雄ゴリラへの憧れ」を募らせた。だが雄ゴリラは、自分は「結婚には向いていない」と言い、「自身よりも体毛が柔らかくまばらな雌が見つかるまでは独り身でいる」と、せつない思いを抱く雌の群れに向かって宣言した[29]。だが、とりわけ恋心を募らせてい

THE FALL OF MAN:

OR,

THE LOVES OF THE GORILLAS.

A POPULAR SCIENTIFIC LECTURE UPON THE

Darwinian Theory of Development by Sexual Selection.

BY A LEARNED GORILLA.

Edited by the Author of

"THE NEW GOSPEL OF PEACE."

NEW YORK:

G. W. Carleton & Co., Publishers.

LONDON: S. LOW & CO.

M.DCCC.LXXI.

図3·1　リチャード・グラント・ホワイトは、「人間」の皮膚には相対的に毛がないことを説明するダーウィンを風刺した。(1871年)

た雌ゴリラは、彼のハートを射止めようと心に決め、「びっしりと生えたごわごわで気持ち悪い体毛」を厄介払いするにはどうしたらいいか、昼も夜も悩み続けた(30)。

運命のある日、恋煩《わずら》いの雌ゴリラは木にもたれてあれこれ考えていて、木肌を覆うどろりとした樹液が乾きかけていることにも気づかずにいた。座ったまま物思いにふけっていると、「腕の外側の体毛が樹液に埋もれ、それが乾いて彼女をがっちり捕らえてしまった(31)」。近くには、助けてくれるほかのゴリラもいない。雌ゴリラは、自力でなんとかするしかないと心に決めた。「勇気を奮い起こし、ありったけの力で地面に身を投げ出した。その叫び声は遠くまで聞こえたことだろう。木に触れていたところの毛が毛根からごっそり抜けたからだ(32)」。いったん痛みがおさまると雌ゴリラは、毛がまだらに抜けてむき出しになった部分のある腕が、片思いの相手に嫌われてしまうのではないかと心配になった。しかし、とゴリラの語り手は続ける。

人間が道理と呼ぶであろう不可思議な考え方により、彼女は落胆から希望へと引きあげられた……愛おしい相手が、彼のものよりも柔らかく、まばらで細い体毛をした雌を求めているのなら、彼は……それゆえに（この〝それゆえに〟が何を意味するか、わかる者がわれわれのなかにいるだろうか?）、まったく毛のない雌のほうをより好むかもしれない、と彼女は思った(33)。

というわけで、その雌ゴリラはすぐさま取りかかった。毎週毎週、樹液の出る木のところにこっそり戻り、この「あらたな脱毛剤」を使って全身の肌から体毛を取り除いたのだ。「献身的な変身」がようやく終わって彼女が雄ゴリラの前に姿を現すと、彼はすべすべした手足にすっかり魅了された。「今まで知らなかったなめらかさと、彼の喜ぶ顔が見たくてこれほどの苦痛を耐えたことに感動したのだ」[34]。雌ゴリラは樹液の出る木で自己治療を続けるとともに、体毛のない肌を可能にしてくれた企みについても秘密にしておいた[35]。のちに、比較的体毛の少ない男の子が生まれると、その子は「母親からこの不可思議な考えを引き継いだ。『それゆえ』『私は恥ずかしく思った』」とゴリラの語り手は締めくくっている[36]。

『人類の堕落』はダーウィンやウォレス、ステビングがほのめかすだけに留めておいたものを茶化しながらも、あからさまにしてみせた。体毛についての物語は、苦痛や選択、そして「人間」をほかの動物と根源的に分けているものは何かという、より大きな仮説をむき出しにしたのだ。「人智を超えた知」が未開人から毛を毟って彼らを仕立て作業やレンガ積みに駆り立てたにせよ、初期の類人猿がこの「自分の身を犠牲にする変質」の道を行こうと決めたにせよ、ヒトには体毛が比較的少ないことの解釈には、言外の社会的価値が内在していた。

アメリカの神学者たちは、ダーウィンの思想の重大な意味をじゅうぶん承知し、『人間の由来』で示された主張については一九世紀のあいだずっと取り合わないか、まったく無視していた。だが一八七〇年代なかばには、アメリカの植物学者や地質学者、民族学者たちは進化論の枠組みを受け入れ、自分たちの研究に応用しつつあった。競争力が持つ歴史的意義に社会学者たちが関心を抱いたのと同時に、ダーウィンの進化論はより広く、アメリカの思想にも取り入れられた[37]。

進化論で用いられた語彙の影響は、異常に毛深い人々が『人間の由来』以降どう描写されたかを見れば、一目瞭然だ。彼らの多くは、一九世紀のサーカスや見世物小屋で「犬面をした男」とか「ひげ面のレディ」としてさらされていた[38]。一九世紀なかばに評判をとった芸人、ジュリア・パストラーナがいい例だ【図3・2】。非常に毛深いパストラーナは、南北戦争以前の見世物のビラでは、女性と「オランウータン」との「交配種」、メキシコからやってきた「未開人」、あるいはインディアンとクマのあいだに生まれたこどもなどと紹介されていた。高い道徳性や繊細で優美な気質を持っているとされたパストラーナは、「人間の野蛮な特性が絶えて……清らかな特質が発生した」ところを象徴するとされた[39]。しかし、一八六八年出版の『家畜・栽培植物の変異』でダーウィンがパス

図3·2　19世紀なかばの芸人、ジュリア・パストラーナを描いた年代不詳の似顔絵。『*The Living Races of Mankind*』(1900年)より。

トラーナに関心を示して（「ゴリラのような見た目をした」「驚くほどすばらしい女性」だと彼女を表した）以降は、彼女や同様の毛むくじゃらの人々は「ダーウィン氏の理論を表す格好の例」と表現を改められた。[40]ある週刊誌は、「ほかの何よりも毛皮に似た皮膚」をしたウィーンの一三歳の少女の写真が、ダーウィンの研究を解説するよい例として新しい版で用いられるかもしれないと記している。[41]先に挙げたクラオという少女も同様に、人間と類人猿の祖先がつながっていることを示す「生ける標本」として展示されていた。[42]ある医師は「犬面の少年」の事例を論じるとき、そういった患者は「人類に属するのかどうか」という疑念を抱いたと語っている。[43]

進化論的な考え方による体毛の理解の対象は、「フリーク」と表現・考察された特に毛深い人たちだけにとどまらなかった。毛むくじゃらの猿の姿を通してダーウィンの説（あるいはダーウィン自身【図3・3】）を伝える大衆向けの大量の風刺画とともに、体毛に関するより日常的な表現さえ、進化論的な枠組みを反映するようになってきた。[44]ある人気の高い文芸雑誌でも、われわれの「体毛」は「皮膚の付属器官（appendages）で、外界から皮膚を守るのに貢献し」、その厚さは「自然の法則によって決まる」と報じている。髪は「装飾的だからといって有用性が低い」わけではない。[45]選択圧（selective pressures）の結果を伝えるものとしての体毛の立場は、人間と四足獣の類似点をさりげなくほのめかすことによっても肯定されている。「蹄《ひづめ》や体毛は相同的な付属器官だ」という、かつては物議を醸した主張も、一九世紀の最後の二五年のあいだには当然のこととして広く受け入れられるようになった。[46]たとえば、「身づくろいのきちんとした（well-groomed）」という表現がはじめて作られたのは一八八六年だが、馬にも人間にも等しく用いられていた。

体毛に関する進化論的な考え方が日常会話に浸透していくにつれて、科学や医療の専門家たちは「過剰な」体毛の発育として知られるようになったものに、より大きな関心を寄せた。美醜という観点はやがて、進化的な適応度へと変化した。『人間の由来』刊行の七年後、そしてあらたに結成されたアメリカ皮膚科学会（American Dermatological Association）の最初の会合から一年後という一八七八年に、デンマークのある医師が、過剰な体毛に悩む人、「ホモ・ヒルストゥス（homo hirsutus）」のためにあらたな疾患のカテゴリーを提唱した。体質的多毛症（hypertrichosis）がそれだ[47]。それに続く医師たちは、体毛が生えている部位や量、質において異常な状態を多毛症と診断するようになった。この問題に取り組むある医師は、簡潔にこう述べている。「多毛症とは、体毛の不自然な成長

図3·3『人間の由来』出版後のダーウィンが気高いオランウータンとして描かれている、人気の高い風刺画。初出は『*Hornet*』誌。

のことである」[48]。

しかし、いったいどんな体毛が異常と見なされるのだろう？　予見できたことだが、あらたな疾患カテゴリーのせいで、臨床医療の場にジレンマが頻発した。ごく当たり前の体毛の成長と、病理学レベルの毛深さとを区別する難しさだ。女子色情症《ニンフォマニア》（過剰な性欲）やアルコール依存症（いきすぎた酩酊状態）、そして一九世紀にはじめて名称がついたほかの疾病のように、多毛症と診断するための基準はどうにでもできて、異論も多いものだった[49]。たとえば、産毛（lanugo）とされる柔らかなふわふわの毳毛《ぜいもう》（広く「正常」とされる）と、黒々と伸びた「硬い」ひげとをどう区別するのか、専門家のあいだでも意見は分かれていた。ある医師の言葉によると「産毛とひげのいずれかが、いつの間にかもう一方へと変わっている」のだ[50]。事態をさらに困難にするように、過剰な体毛というひとつの定義を突きとめようとする専門家たちは、体毛の成長とその成長をどう認識しているかは人種による、と考えた。多毛症は「ユダヤやケルトの血統の」患者に多いと報告する人もいれば、ロシアやイタリアの血統の患者に見られるという人もいた[51]。さらには「コーカソイドと比べて、彼らには毳毛の欠如が頻繁に見られる」と主張して、「黒人《ニグロ》」を研究から除外するのを正当化しようとする人までいた[52]。かと思えば、「モンゴル人、アメリカン・インディアン、そしてマレー人」の顔の毛は細くまばらなので、彼らは「ヨーロッパ人の顔に通常見られる」並外れた量のひげをグロテスクと思うかもしれない、と指摘する専門家もいた[53]。

そんな診断上の混乱をよそに、過剰な体毛と通常のそれとをより分けるのが、一九世紀の専門家にとって差し迫った関心事となった。彼らは、目に見える体毛、特に女性の顔で目立つ体毛について、不健康を表す、極めて重要だが混乱させられることも多い印ととらえた。ダーウィン以降の医学書は、医師の診断を助けようとする詳細な分類スキーマであふれていた。ある皮膚科医は、治療を求めてやってきた毛深い患者を六つのタイプに分けて詳しく描写した。たとえば、「鼻の下と両方の頬にとても細く白い産毛」のある女性（これは「本人の目にしかつかず、処置する必要はない」）から、細く短い口ひげがある焦げ茶色《ブルネット》の髪の女性（「こういうタイプには自然な、趣きのある外見」で、これもまた未治療のままにしておくべきだ）、そして「硬くごわごわして長いひげ」が「男性のあごひげと同じような部分に生えている」患者（「これは、確かに治療が必要と思われる」）まで、いろいろだった。[54]特に複雑な症例では、「ひげの生え方や硬さとともに顔つきによって」「男性の二次性徴」が現れているのがわかる女性患者もいる、とその皮膚科医は記している。[55]『人間の由来』が出版されたのちの専門家は、自然の力が正常に機能したら、男性には体毛があっても女性にはないものだと見なしていた。

もっと正確に言えば、若い女性には体毛などないと見なしていた。性選択に関する進化論的議論とも矛盾していないが、医師は、多毛が医学的に問題となるのは閉経前の女性についてのみだと主張するのが普通だった。目的は、生殖するために番《つが》うことだった。医師のアドルフ・ブランドが述べたように、多毛症を訴えて診察を求めるのは、一八歳から三五歳の女性が多かった。「女性の一生において身体的な魅力がもっとも注目を浴びる時期」だ。[56]多毛症に悩む「大多数」は二〇歳から三〇歳の女性だとする専門家もいた。[57]患者の年齢は、診断だけではなく治療の内容も左右した。ある医師は、同僚の治療上の主義信条をこう記している。「二五歳以下の女性患者に対する指示は思いやりにあふれて親切でさえあったが、既婚女性の嘆願に屈してはいけないと言っていた」。そして四五歳以上の患者には、すべての治療を諦めるよう促していた[58]。

性的な、そして生殖的な意味での適切な年齢層における体毛の役割は、患者自身が毛深さにまつわる体験をどうとらえているかという医学的報告でも、さらに強調された。関連する文献で触れられている数少ない女性医師のひとり、ヘンリエッタ・ジョンソン博士は、「ある美しく魅力的な女性」について語っている。彼女は「結婚しようとしない。彼女の人生をみじめなものにし、ありとあらゆる手立てを使って隠そうとしてきた毛深い性質が、自分の産んだ娘に遺伝するのではないかと怖れているからだ[59]」（その女性の「毛深い性質」について、ジョンソンはこれ以上詳しくは記していない）。皮膚科医のアーネスト・マキューーアンも、体毛のない状態を求める若い女性たちの本能に根ざした深い欲求を強調しながら、女性自身が効果的な治療を求めてやまないのだと主張した。

苦しんでいる女性は、自分が異性の嫌悪の的であり、そのせいで正常な同性とは違うと感じている。おまえは男性だという烙印を押され、女性としては規格外だと認識している。ゆえに、自分をほかの女性とは違うものにしている事柄は取り除かれるべきだ、と女性としてのあらゆる本能が要求するのだ[60]。

「普通の」毛深さの明確な基準については一致を見なかったが、若い女性にとっては普通でない体毛の生育は「女性の本能」に反するものだ、と医師は信じて疑わなかった。

この時点でも、体毛の成長を数量化・分類しようとする試みは続いていて、「過剰な」体毛がその人のまさに何を示しているのか識別しようとする、より広い取り組みを反映していた。比較計測したものを考察するという、遺伝的多様性に関するダーウィンの理論誕生にも寄与した人体計測の伝統から生じたもので、より広範な社会的・政治的な関心事を引きつけるための手段として、多岐な分野にわたる人々が体毛を数えはじめた。彼らの分析は、一九世紀後半に起こりつつあった重大な意味を持つ文化的変革の一部をなしていた。つまり、それまで刑事上の法律の範疇にとどまっていた「逸脱」が、医学の領域へと移動してきたのだ。[61]

この点で特に影響が大きかったのは、「性科学」として知られる発展途上の研究分野だった。この学問は、いわゆる性的異常の大半を、(のちの同性愛の概念がそう暗示したように)個人の欲望の対象の倒錯としてとらえるのではなく、自身の性役割の混同あるいは反転だと見なした。性的逸脱とは主に、女性に見られる「雄々しい」特性や習慣、あるいは男性に見られる「軟弱な」特性や習慣によって定義された。ヨーロッパや北米の初期の性科学者たちはそれゆえに、個人におけるそういった特性や習慣の観察に専念して、得られた症例を列挙し、さまざまなタイプの性的「倒錯」に類別した。[62] 一九世紀後半でもっとも影響力のあった性科学者たち――ハヴロック・エリス、マグヌス・ヒルシュフェルト、リヒャルト・フォン・クラフト＝エビング、そしてアルベルト・モル——は、「二次性徴」の観察に力を注いだ。二次性徴とは、ひげあるいは乳房のように「思春期にのみ」発達し、「男女を区別するのに」役立つ「身体や精神面での」特徴のことだとクラフト＝エビングは述べている[63]。

もちろん二次性徴という概念そのものには、「一次」と「二次」の識別のあいだにずれがある可能性を示唆している。性科学者も、このふたつをひとつの線上で語る難しさがごまんとあることを認めている。彼らはさらに、性的逸脱の表れである倒錯はすぐにはわからないほど微妙かつ複雑で、時に矛盾すると断定している。「観察によれば、純種の男性あるいは女性は自然によって見逃されていることが多い」とクラフト＝エビングは記している。「つまり、男性の二次性徴が女性に見つかったり、その逆もまたあるということだ」。たとえば「（刺繡やきれいに着飾ることなど）女らしい娯楽を好む男性」や「男らしい気晴らしを強く好む女性」が、その例だ[64]。男女の分類の複雑さは二次性徴における人種差によって拡大される、と性科学者たちは考えていた。「人種の人類学的な発達が高いほど男女間の相違は強くなり、そのまた逆も真なり[65]」。刺繡やボクシングが少しばかり得意だということと真に「病理的な」倒錯を区別しよう、と性科学者たちが躍起になるにつれ、純粋に「女らしい」特徴と「男らしい」特徴を選り分けるのが最重要となった。

その最重要事項に対して、二次性徴のなかでも主要なひとつと考えられる体毛が特に大きな難題を突きつけた。そもそも、体毛の成長は厄介なほど予測不可能で、個人によっても、人間の一生におけるそれぞれの時期によっても、また季節ごとにも大きく異なる。さらに言えば、性科学者たちは「異常な」体毛の成長の兆候を求めて患者の身体を丹念に診察していたが、体毛と性的倒錯との関連は不透明なままだった。[66]内科医で、同性愛の権利の擁護者でもあったマグヌス・ヒルシュフェルトは、五〇〇人を超える男性の体毛を分析し、性的役割と体毛の相対量には関連があると主張した。調査した「性的倒錯の（inverted）」男性一三二人のひげは「平均的な男性よりもまばら」で、別の九八人には「体毛がまったくなく、七八人は尋常ではないほど体毛が細く、一七六人は平均的な男性よりもずっと薄い体毛をしている」のを突きとめた。[67]だが、この所見にクラフト＝エビングが異を唱えた。顔や体幹部、陰部、そして四肢について精密な調査をしたが、毛深さと性的倒錯のあいだに同様の関連は見出せなかったというのだ。[68]クラフト＝エビングにとっては、体毛の少なさそのものより、体毛に対する態度のほうが性的異常の指標だった。この点を明らかにするため彼は、「口数も少なく引っ込み思案、人づき合いが悪くて気難しい」男性の症例を挙げた。この男性は二三歳で精神医療施設にやってきたが、施設で過ごすうちに「人格が完全に女性特有のものになっていった」という。[69]この患者は女性の衣服を求め、施設の女子棟（「彼を汚《けが》そうとする男性」からの保護が得られる）への移送を依頼したのに加え、真の性別を「誰にも疑われないよう」、「『オリエンタル脱毛剤』」を利用したいと強く要求した。クラフト＝エビングにとっては、患者の相対的な有毛度より自身の体毛を明らかに嫌悪していることが、「逸脱」を実際に示すものだった。[70]

初期の性科学者たちは、体毛と男性の性的倒錯との関係についてどっちつかずの態度をとっていただけではなく、女性の性的倒錯についても同様に当惑していた。体毛の「男性的な」成長パターンは性役割のより深刻な取り違えを示すものだと言う人もいれば、長く伸びたひげがあごにある女性でもほかのあらゆる点でいかにも「女性らしい」特徴を示す傾向にある、と報告する人もいた。一八九〇年代のアメリカでもっとも影響力と権威を持っていた性科学者、イギリス人医師のハヴロック・エリスは、体毛の意味に対する、より広範囲にわたるこの相反する感情《アンビバレンス》について考えた。シカゴ医学アカデミーの名誉会員、ニューヨーク法医学学会特別会員、そして国際法医学会の副会長でもあったエリスは、一八九五年にアメリカで出版された最初の著書において、毛深さと女性のセクシュアリティの関係に正面から向き合い、「ひげのある女性が男らしさの典型に近づいていると判断するのは誤りだ」と明言した。特に、女性の性的倒錯者には「あごひげや口ひげらしきもの」がない場合もあるからだ。[71] しかし、エリスはその二年後、研究対象だった女性の性的倒錯者のひとりに実際、「尋常ではない体毛が脚に生えていた」のを認め、確信していた自説を再検討した。性倒錯というテーマではじめて英語で刊行された医学書においてエリスはさらに、「同性の性的倒錯者を大勢知っているアメリカ合衆国のある女性医師も、脚にそういう体毛の成長が見られたと話してくれた」と記した。[72] しかし、目に見えてわかるほど毛深い脚あるいは鼻の下が女性の性的逸脱を表すものかどうか、それは議論の余地を残したままだった。

体毛と性的倒錯の因果関係については意見の一致を見られなかったものの、性科学者たちは一九世

図3·4　ウィリアム・ブレイクの手によるネブカドネザルの肖像（1795年）。気の狂った王はもじゃもじゃの体毛で覆われている。（テート・ブリテンの厚意により）

紀後半の犯罪学者や精神鑑定医、皮膚科医にすぐさま同調し、並外れた量の体毛と精神疾患には関連性があると強く主張した。だが、それは特にめずらしいことではなかった。毛深さは長らく、精神錯乱の表れと考えられてきたからだ。たとえば中世の図像学《イコノグラフィー》では、聖なる狂気に駆られる悔悛《かいしゅん》者の精神的な動揺を表すのに、身体を毛むくじゃらに描くのが常だった。一二世紀初頭、聖書にも登場するネブカドネザル——新バビロニア王国の国王で、屈辱的なまでに落ちぶれたために正気を失い、荒野のなかで獣のような生活を送ったという——は、全身を体毛で覆われているように描かれている[73]【図3・4】。

　それでも、セクシュアリティと同じように、精神錯乱が神学や犯罪の調査研究ではなく科学的調査の対象となるにつれ、体毛の違いを観察することは、医学的分類において人気の手法としてもてはやされた。(74) 一八四〇年代にはすでに、弁護士で奴隷制度擁護派だったピーター・ブラウンが精神病院から毛髪の標本を集め、精神異常に特有の外見や形状を割り出そうとしていた。

フィラデルフィア州のクエーカー教徒、ウォーダー・クレソンは、割礼を受けてユダヤ教に改宗したことを理由に家族から心神喪失状態と宣告された。一八五一年に彼の精神状態を問う裁判がおこなわれて世間を騒がせたが、ブラウンはここで証人として、「精神病院から採取した何百本もの毛髪の標本」を陪審団の前に並べてみせた。彼はクレソンから採った毛根の顕微分析に基づき（向こう側が透けるほど白く、終端も通常の形で、「気が狂った人の特質」と言われる黒く不規則に歪んだ形とはまったく違う、と述べた）、クレソンの正気を支持すると結論づけた。(75) ブラウンの調査結果は世に広く出回り、影響力の大きなドイツ人医師ルドルフ・フィルヒョウが、体毛の成長と神経症のあいだには関連があると自身の観察に基づいて断定すると、他の研究者たちもすぐに、感情や精神、そして「神経」の乱れた状態と並外れた体毛の成長には関係があると主張しはじめた。(76) 一八七二年のある学術論文では数多くの例を挙げて、女性の異常な体毛と社会病理とを関連づけている。たとえば、口ひげやあごひげが目立つ若い女性患者は「母親が精神障害」で、姉が「癲狂院《てんきょういん》（lunatic asylum）に入っていて」、また別の姉が「神経痛のために訳のわからないことをわめいている」。(77) 白人女性における精神異常の症例二七二件を取りあげた一八九三年の研究では、精神錯乱を起こした女性は正常な女性よりも顔に過剰な体毛がある場合が多いだけではなく、その毛が「さらに黒々と濃くて硬く」、「知性の劣った人種のものと非常によく似ている」と記されている。[78]犯罪性に関する書籍一冊ほどの長さの研究論文においてエリスは、五人の専門家の意見を引用し、罪を犯した女性、特に「幼児を殺害して有罪となった女性」にもっとも顕著な身体的特徴をひとつ挙げるとしたら、「体毛が驚くほど生えている点だ」と断言した。多すぎる体毛は犯罪的暴力や「強い性的本能」と同じく、並外れた「獣《けだもの》のような激しさ」と相関性があるのは自明のことだと述べたのだ。[79]

今さら言うまでもなく、慣習に逆らう女性は動物のような魂に取り憑かれている、と何世紀にもわたって非難されてきた。[80]しかしダーウィン以降、〝動物であること〟の意味合いが変化した。そして、多種多様な女性の集団が既存の性役割にいよいよ猛烈に異議を申し立てる――教育を受ける機会や参政権を強く求めたり、かつては男性が独占していた職種に参入したり、自身の賃金を自身で決める権利を求めて議員に働きかけたりする――につれて、生まれつきのものと言われてきた性差による不平等に科学の目を向けようとする動きが、急に盛んになった。性的倒錯に潜む危険な兆候は『人間の由来』の出版によって伝えられたが、二次性徴の意味に対する専門家の関心が高まったこともあいまって、体毛にはあらたな文化的重要性が与えられることとなった。一九二〇年代には体毛への嫌悪感がかつてない激しいレベルに達し、過剰な体毛は「先祖返り」の傾向を示すものだと強く主張する書籍が軒並みベストセラーとなった。この先祖返りによって「自然なる造物主は、毛むくじゃらの獣を比較的体毛が少ない人類へ変貌させようと最初に試みたときに似せた状況を、何らかの不可思議な理由でまた持ち出してきた」[81]。体毛、特に女性の顔にある毛が、先祖返りや個人の病理、性的倒錯、そして精神異常とあらたに結びつけられるにつれて、体毛を除去しようとする取り組みは急激に発展した。ムダ毛という「害悪に対処する」べく、専門家だけではなく素人もあらためて力を注ぎはじめたのだ[82]。

第4章 「白く、なめらかで、ビロードのような肌」
——X線脱毛サロンと社会的地位の変化

体毛に対する関心は、性選択に関する数々の理論によって火がつき、二〇世紀の到来とともに一気に花開いた。なかでも、女性の体毛は注目を集めた。密な体毛——特に顔の体毛——に「悩んでいる」女性によく見られるうつ病や引きこもり、吐き気がするほど強い自己嫌悪感について、医師はこぞって記した。一九一三年には、ある典型的な患者の症例が紹介された。彼女は毛深さのせいで「とても実入りのいい職を捨て、人づき合いをすべて敬遠し、すっぽりとベールを被らないかぎり外出するのを嫌がるうち、徐々に真性のうつ病性障害《メランコリー》に陥ったという。[1]「過剰な体毛に悩む患者は著しく神経過敏で、ふさぎこんでいる」ばかりではなく、「つらさと物悲しさを覚え、憤りを感じている」と、別の医師が『ジャーナル・オブ・ザ・アメリカン・メディカル・アソシエーション』に記している。しかも患者たちは、「恥辱の人生を送らなければならないのなら、むしろ死を選ぶと主張する」

ことがしばしばだと続けられている[2]。ほかの医師たちも同様に、みずからの命を絶つことで苦痛のもとから逃れようと考える（あるいは、それを成し遂げてしまう）患者について語っている[3]。

医師たちは、女性の苦悩の深さを誇張していたわけではない。アメリカ人女性が体毛についてますます不安を覚えていたのは、大衆誌の編集者や美容の専門家、健康に関する助言者に宛てられた手紙を見れば明らかだ。ピッツバーグ在住の二六歳の女性の手紙は悲痛な訴えではじまっている。「私はよく、美人だと言われます」。ところが、「最近は顔じゅうに濃い毛が生えてきました。あまりに恥ずかしいので、誰とも親しくつき合うのが嫌になりはじめています[4]」。顔や首――身体のなかでも隠すのがもっとも難しい部分――の体毛は相変わらず最大の懸念ではあったが、ほかの部分についても、女性は困惑や恥ずかしさを表すようになった。ペンシルベニア州フランクリン在住のある未婚女性は、「顔や身体に」体毛があるせいで「不利な立場にある」と述べている[5]。一方、サウス・カロライナ州ペリオンに住む医師の妻は、自分の腕や脚が「あまりに毛深くて見た目が悪い」と書いている[6]。彼女たちの言葉には、体毛のない状態がますます期待される風潮に従うしかないという、せつない悩みがにじんでいる。

こういった世間の期待が形作られたのは、活字広告の急激な成長や、露出度の高いあらたなファッションの流行だけではなく、変わりつつある性役割（gender roles）・性別役割（sexual roles）、そして人種的な観点から語られた理想の衛生状態など、いくつかの社会変化が集約されたためだ。いつものことながら体毛は、より広い社会的・政治的関心事を知ることができるアイテムだった。しかし、体毛を管理せよという常識があらたに出現したのと同様に決定的だったのは、ニードル脱毛やジアテルミー、X線照射などを含む、サロンでおこなわれる「最新の」セラピーの普及だった。こういった斬新な脱毛技術をとりまく科学的なオーラ――医療とは関係ない美容の専門家だけではなく、本職の医師によってでも醸し出されたもの――のおかげで、このあらたな脱毛習慣は大衆に広く受け入れられていった。

二〇世紀を迎えようかというころ、女性の地位、特にアメリカ生まれの白人女性の地位は、専門家はもちろん一般人にとっても大きな関心事だった。ますます勢いを増す参政権運動、公の場で率直に交わされるようになった避妊をめぐるやりとり、大学教育を受けた女性における出産率の低下、さらには、働いて収入を得る女性が目に見えて増えたことなどが一体となり、「新しい女性《ニューウーマン》」像や、性役割に異議を申し立てる女たちへの当惑や怒り、期待などが入り混じった一触即発の空気感が作り出された。[7] この混乱の真っ只中で、女性の体毛はさまざまな意味を持つ象徴となった。変化しつつある性別役割を批判する人にとって、それとわかる女性の体毛は、過剰な男性性を示す紛れもない証拠だった。参政権、そして労働や教育の機会を求める女性は性的に倒錯しているとされ、それゆえ体毛も多いと描写された。一九一四年、ニューヨークの医師ハーバート・クレイボーンは、過剰な体毛や女性同性愛、そして婦人参政権論者や女性実業家の「猛烈で不道徳な」活動を説明する唯一のものは、彼女たちには「身体的あるいは精神的な本質において」「男性的な特性」が強すぎることだと言った。[8]

はっきりと目立つ体毛は、女性の喫煙や飲酒、家庭外での賃金労働と同じく、新しい女性が性的にも政治的にも経済的にも自立を過度に求めることをわかりやすく伝える印となった。[9] その一方で体毛は、女性がみずからを形作る実験のためのツールという意味合いもあった。好奇心の強い若い女性が一時的な反抗として脱毛しても、必要に応じてまた伸ばすことができる。うわべを飾り立てる道具としてだけではなく、最新の流行を一時的に試すものとして、脱毛というあらたな習慣を取り入れるのも可能だった。[10] 今までになかった社会的役割を求める女性と、その役割を批判する人という正反対の方向から圧をかけられ、女性の体毛に対する嫌悪感は急速に広がった。

その嫌悪感は、衛生観念を向上させようという運動の影響力が増すとともに強まっていった。清潔にして健康を保つことに焦点を当てたこの運動は、人種差別的な意識を隠そうともしなかった。つまり、白さは社会的な「ふさわしさ」と関連づけられたのだ。後発の移民集団(それほど白くないと見られていた)は人種的に「どっちつかず」だという懸念は、性行為や家事、個人の身体の手入れといった他の領域における汚れや不道徳を反映したものだった。クリーンリネス・インスティチュートなどといった業界団体は、身体を清潔に保つためにすべきことの事細かな予定表も含め、衛生的な行動について大量のアドバイスをおこなった。公衆衛生に関するこの時代の専門家たちは、日々の習慣に科学的かつ医学的な権威を積極的に振るおうと、有機飼育・栽培された生物やそれに付随する汚染された微生物と距離を置くのが大切だと強調した。シミひとつない清潔さにこれほど拘泥するのは、この時代の広告にも如実に現れている。肉感的な身体や目にはっきりと見える体毛より、清潔で引き締まった体つきのほうがもてはやされ、不適切なものを取り去ったなめらかな白さが必要不可欠な美点とされた[11]。

清潔な状態をよりいっそう保とうとする動きは、服装の変化ともうまく嚙み合った。あまり制約のない衣服を求める女たちの要望に促され、また、安く大量生産できる布の流通が広く可能になったことで、中流階級の女性の衣服は、以前ならば隠されていた身体の部位に人々の関心を向けさせた。スカート丈が目に見えて短くなりだしたのは一九一〇年ころ。一九一五年にはふくらはぎの真ん中あたりに、そして一九二七年にはひざのすぐ下あたりまで裾が上がった。袖丈も、これと同じ二〇年間に肩のほうへと短くなっていき、女性の身体の線を徐々に「あらわにしていった[12]」。こういったファッションの流行は時代思想のより大きな流れを反映しているようだ、と多くの評論家が言及している。『レディース・ホーム・ジャーナル』誌で影響力を振るった編集長のエドワード・ボクは、新しい女性たちは「衣服だけではなく、考え方においても男らしさを身にまとっている」と、この時代に特有の不安を表した[13]。

自分の身体のことは自分で決めるというあらたな習慣を進歩的な女性たちが強く主張し、女性の衣服のデザインが、体毛の生えている身体部分をますますあらわにしていくにつれて、アメリカの女性は腕や腋で目立つ体毛をなおいっそう除去するようになった。かつては、先住民ではない女性の多くが脱毛するのは鼻の下や額、手に限られていたが、腕や腋の下、胸、そして脚までもがターゲットとなった（短くなったスカート丈のせいであらわになるふくらはぎや足首の体毛を隠すため、厚いストッキングは依然として広く用いられていた）。以前なら、処理をしていない肌は衣服に覆われていたが、今や、先祖返りの微妙な証拠をあらわにする恐れがある。ちょうど、T・S・エリオットの一九一七年の有名な詩で〔主人公の〕プルフロックがこのように嘆き悲しんでいる。

僕は腕を知っている、知り尽くしている
ブレスレットをした、むき出しの白い腕
（だがランプの光を浴びると、薄茶色の産毛が見える！）[14]

次々に創刊される女性向けの雑誌でも、体毛のない手足の重要性が強調されていた。[15]『ハーパーズ・バザー』誌だけでも、一九一五年から一九年までのあいだに脱毛剤の広告数は五倍の伸びを見せた。身体をケアするためのほかの製品も同様に増えたが、それをしのぐ勢いだった。[16]白人女性を対象にしたほかの雑誌――『スクリーン・シークレッツ』『スタイル・マガジン』『ヴォーグ』など――も同様に、毛のない腋の下や腕、顔、首筋は女性美に不可欠だと書きたてるようになった。〈デラトーン〉という脱毛剤の一連の広告では、「ノースリーブや、袖が薄い生地のドレスを着るときには必需品だ」と謳っている。[17]ドゥ・ミラクル・ケミカル・カンパニー製造の脱毛剤の宣伝では、消費者がすぐに行動に移さないと、アメリカは「ひげ面の女性ばかりの国になるかもしれない」と、より深刻な警告を発している。[18]人生相談のコラムや一般大衆向けの美容書でも、脱毛というあらたな行為の必要性が強調された[19]。

このように、ファッションや慣習によってかつてないほど自由な動きができるようになった女性もいたというのに、あらたな形の自己規制や抑制が存在するようになった[20]。歴史学者のピーター・スターンズが概括したように、驚くほど短いあいだに、中産階級のアメリカ人女性にとって「体毛は嫌悪すべきもの」となり、その除去は「下層階級や移民、粗野な人々と自身を区別するための」手段となった[21]。この変化を、心理学者のナイト・ダンラップは一九一七年のスピーチで振り返っている。最初は「腋の下の脱毛をする女性はほんのわずかで、ほかの人たちはしなかった。だがしばらく経つと、体毛除去の習慣はほぼ一般的になり、今や、目に見えるところに体毛はほとんど存在しない[22]」。一九三八年にはある専門家が、女性の頭皮以外で人の目に触れる毛は「余計なもの」と見なされて当然だ、と皮肉を交えることなく語った[23]。

一九二〇年代から三〇年代、体毛を除去しようという女性が自由に使える解決策は、効果も一時的で、不備のあるものばかりだった。粒子の細かい軽石などの研磨剤、砂糖を溶かしてペースト状にしたもの、あるいは紙やすりでできたベルベット・ミトンと呼ばれるものなど、どれも肌の表面の毛を抜くことはできるものの、高価で、皮膚の炎症やかさぶたにつながりがちだった[24]。毛抜きで一本ずつ体毛を抜くのは、密に生えている部分を処置するには時間がかかりすぎるので、靴職人が使うような蠟を改良したものを用いて、広い部分の絡み合った毛をひと剝ぎで抜き取ることもあった。しかし、そういう蠟は大量に手に入れるのが難しく、塗るのも困難で、毛を抜くのはつらく耐え難いことだった。[25]

二〇世紀初頭には、効果のない過酸化物から、刺激性で悪臭のする硫化物、はては即座に死にいたるタリウム化合物まで、処方箋なしで買える市販の脱毛剤もいろいろあった。[26]硫化ナトリウムを用いた脱毛剤で潰瘍ができて痕が残った若い女性は、こう嘆いている。「生きていく張り合いがありません。顔や両腕にできた痕はずっと消えないでしょう。今はもう、眠りに落ちて二度と目覚めたくありません」[27]。こういった製品のなかでもっとも人気があった――しかも死を招く――のは、酢酸タリウムを用いた〈コレムル〉だ。製造費はひと瓶当たりわずか三五セントだが、売価は五～一〇ドルだった。画期的な連邦食品・医薬品・化粧品法が一九三八年に可決されるまで（脱毛剤による被害が出たことも立法府の関心を喚ぶ一因となった）、そして、損害賠償の申し立てでコレムルの製造会社が破産に追い込まれるまで、何千人もの利用者が命を落としたり、筋萎縮や失明、四肢の麻痺などで不治の障害を負ったりすることとなった。[28]比較的安全とされた市販の脱毛剤でも、使用中に著しい不快感を生じることがよくあった。H・L・ベアという医師は、市販の脱毛剤に関係する痛みは脱毛を狙った箇所だけにとどまらず、「顔面神経を通じて歯や舌にまで」伝えられ、金属の詰め物や矯正治具のせいで「神経に痛みが流れる」のではないかと考えた。ベアは「この神経の流れの伝達」を阻止するため、化学的な脱毛処置をする場合は歯のあいだに木製の障害物を置くよう推奨した。[29]

皮膚表面の体毛の除去には、さまざまな種類の刃物も用いられた。流れる血は多かったかもしれないが、これは、ほかの多くの手段より痛みもずっと少なかった。しかし、刃物と聞けばやはり男らしさを連想したり、剃毛を繰り返すと体毛の伸びを逆に早めるのではないかという懸念もあってか、女性は自分で刃物を手にして剃るのを嫌がると言われた（自然人類学者のミルドレッド・トロッターが、剃毛は体毛の成長を早めるものではない、と歴史に残る著名な論文で一九二八年に発表してもなお、女性の不安を鎮めることはできなかった）[30]。その時代の専門家の少なくともひとりは、一時的な体毛除去の最終手段として「パンチング」と言われる処置を推奨した。これは、毛幹を取り囲むような細長い円筒形のメスを皮膚に突き刺してすぐに抜くと、その円筒形に断たれた皮膚が毛根ごと取れるというものだが、パンチングが特に人気の脱毛法になることはなかった[31]。

いかに効果的でも、これらの方法は厄介な体毛を一時的に除去するだけだった。なぜなら毛包そのものは無傷で、体毛をふたたび生成することが可能だからだ。より長続きする効果を求め、金銭的に余裕のある女性は電気分解脱毛〔ニードル脱毛〕を試してみた。これは一八七〇年代後半に医師によって考案された方法で、持ち運び可能なバッテリー装置が広く利用できるようになったのと歩を合わせるように普及した[32]。この脱毛法では、直流電流を帯びた細長いニードルを毛穴に直接挿入する。そこで通電すると、毛根と周辺組織が熱で破壊され、肌の表面にわずかな気泡が生まれる。すると、毛は「抜毛鉗子《かんし》（一般的には毛抜きと呼ばれている）」で簡単に取り除けるようになる。直流電流のニードル脱毛と、のちに開発された同様のジアテルミー法（こちらは交流電流を流す）は、どちらも複雑で金のかかる処置で、通常、経験豊富な専門家によって家庭外でおこなわれていた[33]。かみそりやワックス、脱毛剤とは違い、ジアテルミーやニードル脱毛には特殊技能を要する操作者と、高機能で電気を発する装置が必要だ。また、細心の注意と技術が技術者の側に求められるだけではなく、処置を受ける側にも、非常な忍耐力と痛みに対する耐性が求められる。広範囲の皮膚から体毛を除去したいと思うなら、なおさらだ。ニードルを挿される側が処置にどこまで関与するかというレベル――彼女の「抵抗力」――があってはじめて、電気機器が稼働する。つまり、処置を受ける人が機器の電極を握るか、器に入った水に手をつけることで電気回路が閉じるのだ。[34] ある医師は、ニードル脱毛の処置の様子をこう記している。

ニードルが挿入されると、患者は電極に触れるよう指示される。彼女は当然、最初は一本の指先で、それからまた別の指をというようにして、五本の指すべてでハンドルに触れていき、必要ならば手のひらでしっかり摑めるようになると、流れる電流の強さを彼女自身の行動でコントロールすることができる。[35]

電流が最大強度になるよう保証し、処置の有効性が最大になるよう、ニードル脱毛の専門家は多くの場合、患者に麻酔を勧めた。女性の気持ちを「強くして」、するべきことを間違いなくできるよう、コカインとラノリンを混ぜたものを処置すべき部分に塗布するよう推奨する人もいたぐらいだ[36]【図4・1】。

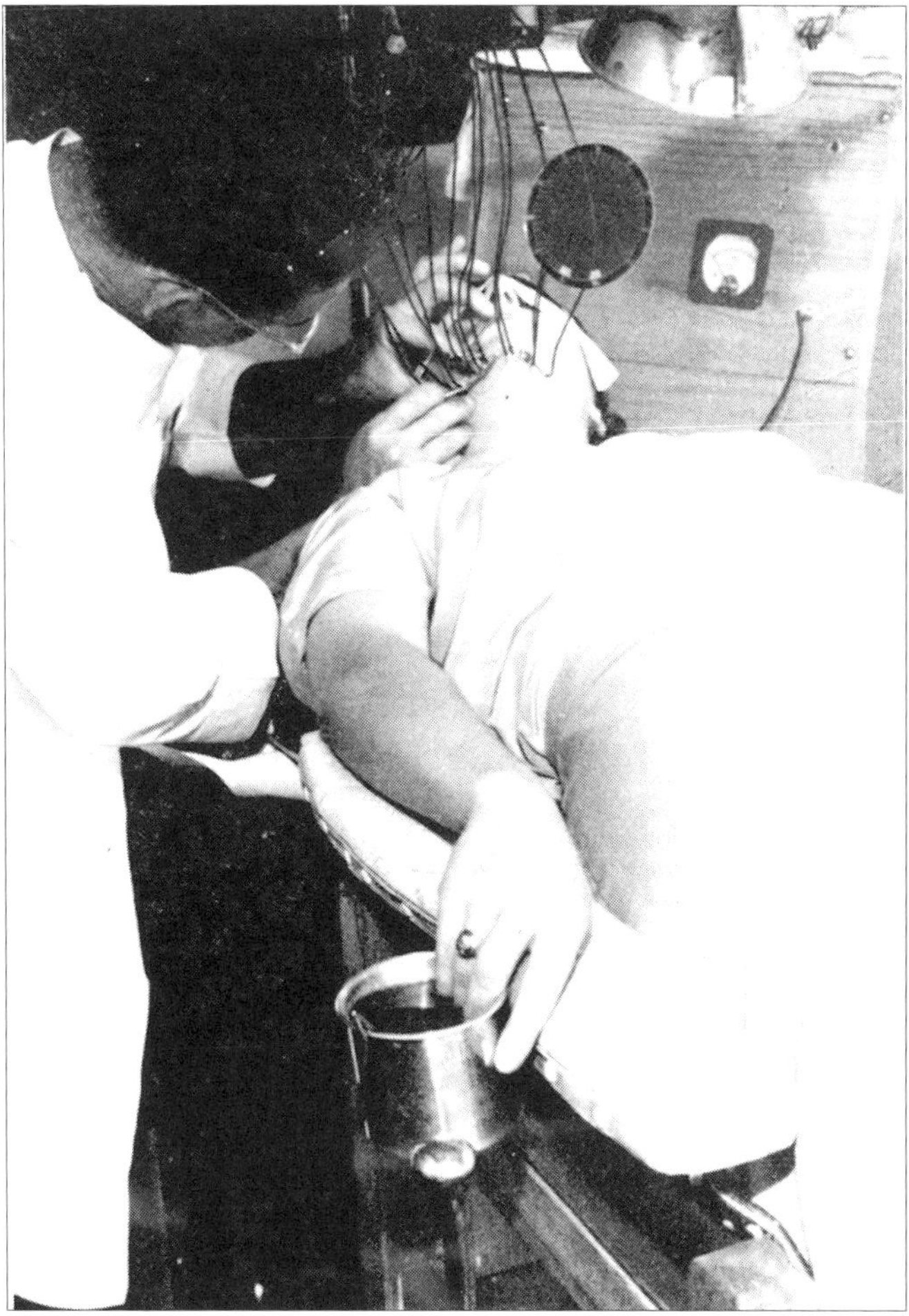

図4·1　複数のニードルを用いた電気分解脱毛：処置を受けている女性は、手を水に浸けることで電気回路を閉路し、電流の強度や処置の相対的な速度（と痛み）をコントロールする。（ボルドー著『*Superfluous Hair, Its Causes and Removal*』1942年。米国医師会の厚意により転載）

ここに挙げた方法にも限界があったことを思えば、長時間にわたる放射線照射での体毛除去という可能性に多くの女性が飛びついたのも理解できる。X線を用いた脱毛は、一八九〇年代後半に医師たちによって導入されたが、ほかの技術よりも明らかに優れている利点があった。まず第一に、頑固に批評する人も認めざるを得ないほどの脱毛効果だ。[37] さらに重要なことに、X線は他の脱毛法すべてに付随する汚《けが》れた物性を超越していた。謎を秘めた性質を称えて、発見者のヴィルヘルム・コンラート・レントゲンによっていみじくも「X」線と名づけられた放射線は、五官で感知できない点が魅力的だった。つんと鼻を突く脱毛剤の臭いも、毛根を引っ剝がす熱いワックスの痛みも、通電した何本ものニードルという怖い外観もない。人気のあった脱毛サロンチェーン、アルバート・C・ガイザー率いるトリコ・システムの施術では、顧客は、X線の機器を収めた大きなマホガニーの箱の前に座る。[38] 箱の前部にある小窓には、処置される部分の形とサイズに合わせた金属製のアプリケーターがついていて、スイッチを入れると処置がはじまる。X線の機器自体は、顧客には箱の前部の小窓を通してしか見えないし、適切な時間――たいてい三、四分――の照射が終われば、機械は自動的にとまる。[39] 発電の際のピシッあるいはカーンという音や、オゾンの特異な臭いがするかもしれないが、脱毛してくれる光線そのものはクリーンで音を発せず、目にも見えず、謎めいていた【図4・2】。

まさにそういう属性について、ニードル脱毛の専門家は懸念を示した。一九二五年、クリーブランドを拠点とするメアリー・P・サールズは、X線機材のセールスマンから渡されたリースのオプションに関する情報を同封し、新奇な機械についての確かな情報に基づくセカンドオピニオンを求めて、

図4·2　1925年ころの、使用中のX線脱毛機器。（デトロイトの「トリコ」サロンの宣伝用小冊子より。米国医師会の厚意により転載）

米国医師会シカゴ支部宛てにこんな手紙を書いた。

私は二七年間にわたり、電気針を使ってムダ毛を取り除いてきました。人のあごからひげをすっかり取り除くのに必要な、つらい作業をしなくてもすむかもしれないことを思えば、諸手を挙げて歓迎すべきなのかもしれません。でも、実際に使用する前にもっと詳しく知りたいのです。関心はとてもあります。ですが、汗腺が干上がる様子を同封の写真で見て以来、疑いが晴れないのです。(40)

別のニードル脱毛の専門家は、X線を

用いた脱毛法がほかより優れていると請け合っているのは「ばかげているように思う」と言い、「もし、これが毛乳頭［毛包の基部に存在する大きな構造］を壊すほど深くまで到達できるのなら、周辺組織をすべて壊してしまうのをどうやって防ぐのだろう？　毛乳頭だけを選んで壊すことなど、できるはずがない」と語っている。[41]

ほかの美容専門家たちはX線の生理学的影響よりも、新しい機械を導入したあとに経済的に立ち行かなくなることを心配していた。ニードル脱毛の専門家たちはずっと、実入りのいい自営の立場にいたため、トリコ・システム社のような大手企業を相手に、入会金三〇〇〇ドルに加えて一〇パーセントの使用料を一〇年間にわたって支払うという長期の債務契約を負うのを警戒していた。[42]さらに言えば、この機械は忍耐が必要とされるニードル操作がいらないので、看板を掲げられるだけの元手があって美容専門家になりたい人なら、誰でも商売をはじめることができた。二〇年の経験があり、オレゴンで営業しているニードル脱毛専門家、ミセス・ジェニー・ステッドマン・ファレルは米国医師会に宛てた手紙で、巷で宣伝されている機械の「法外ともいえる」コストを嘆き、みずからの職業――「こどもたちと私が生きていく」ための唯一の手段――の将来について懸念を記した。[43]

しかし美容専門家の大半は、あらたに出現したX線を拒絶できるような立場にはなかった。それぞれが地理的に離れてサロンを自営し、特殊な脱毛法に経済的に依存しながらも、専従の広報を備えた本部組織などはなかったので、ますます勢力を拡大するトリコ社に対抗しようと団結できる態勢にはなかったのだ。X線を用いる企業が言うような、外傷のない脱毛という「不当で疑わしい主張」を阻止するために医療従事者に接触を試みた人は、何度も門前払いされた。[44]といってニードル脱毛の専門家がみな、X線を用いた脱毛の仕事にやむなく引きずり込まれたわけではない。ほかの脱毛専門家を出し抜こうとX線を受け入れた人もいた一方、苦労や痛みのない脱毛法を個人的にも利用したいという理由で機械を導入した人もいたようだ。[45]

その一方で営利目的のサロンは、身体では感知できないというX線の性質をもっとも重要なセールスポイントとしてとらえ、X線脱毛をすればたやすく変身できるという希望を広く喧伝した。あるパンフレットでは「処置を受ける女性がX線の作用を感じたり、見たり、耳にしたりすることは絶対にありません」と請け合った。[46]また、数々の広告に集約されているように、X線脱毛では「ひと筋の光のほかには、あなたに触れるものはない」と謳った。[47]今まで見たことのない柔らかな光は体毛を根絶やしにするだけではなく、臭くて手間もかかるかつての脱毛の労苦をも駆逐すると広告は語っていた。毛抜きや紙やすりのような手工具は原始的な「時代遅れのやり方」で、痛みを伴う厄介な過去は幸いにも凌駕された、と書かれていたのだ。[48]ボストンの新聞に掲載されたある広告は、X線が可能にする「脱毛剤あるいはかみそりから自由になれるという喜び」を考えてみよ、と顧客になりそうな人たちをけしかけた。[49]毎日のように繰り返さなければならない面倒な作業から女性が自由になれるというテーマは、デトロイトにあったトリコ・サロンのパンフレットでも繰り返された。曰く、「どんな女性も、昔からのその場しのぎの方法で我慢する必要はもうないのだ。科学が、申し分のない方法を示したのだから」。[50]

X線は五官では感知できないということが、その人気の決定的な側面をさらに増強した。すなわち、「科学」と関連があるという点だ。二〇世紀初頭における他の多くの商売と同じく脱毛サロンも、「科学」を引き合いに出すことが顧客の興味関心をそそり、サロン側にも正当性があるという雰囲気を出すと学んだ。[51] サロンの経営者たちはこの雰囲気を独り占めしようと、自分たちの手法や使用している機器が科学的で、脱毛プロセスは「科学的に正しい原理」に基づいていることを頻繁に言及した。しかも、その言及は単なるまやかしではなかった。X線を用いた脱毛は実際、一九世紀の物理的研究から生じたものだった。

X線の脱毛作用という特質は、ヴァンダービルト大学のふたりの研究者によって一八九六年に偶然、発見された。「あらたな種類の光線」をレントゲンがはじめて公表してから数週間後のことだ。[52] その年の三月、ジョン・ダニエル教授とウィリアム・L・ダドリー博士は、負傷したこどもの頭部内の銃弾の位置を突きとめるよう依頼された。のちにダニエル教授が一連のできごとを回想しているが、ダドリーは「科学の大義にはすべてを捧げるという持ち前の熱意とともに」みずからの頭部をX線で撮影することに同意した。頭皮から一センチのところに据えられた管で一時間ほど頭部を照射されてから二一日後、管にいちばん近かった部分の毛がすべて抜けたという報告があった。[53] 研究者の頭にハゲができたという知らせは、ルース・ブレッチャーとエドワード・ブレッチャーが述べたように、「編集部に相当な笑い」をもたらした。「X線のおかげで、日々のひげ剃りも時代遅れなものになるかもしれない。そう示唆する新聞や学術雑誌もあったぐらいだ[54]」。

この「愉快な笑い」の噂が流れたのち、医師たちによる体質的多毛症（hypertrichosis）の治療にX線を用いる実験がはじまった。一八九八年、エドゥアルド・シフとレオポルド・フロイントというウィーンの皮膚科医ふたりが、この治療を施した結果で最初の良好なものを発表した[55]。彼らの成功を受け、ヨーロッパや北米の皮膚科医や放射線科医、その他の医師たちが効果てきめんのあらたなこの治療を導入していった[56]。一九一〇年までには、「電気針はかつてはとても普及していたが、操作するのが面倒で忍耐力が必要とされ、大部分はX線に取って代わられた[57]」。

だが実際には、医学的用途に用いられる電気針は決して、X線の脱毛にその座を譲ったわけではなかった。ヨーロッパや北米の医師のなかには、一九二〇年代になっても移植用の皮膚や白癬に罹った皮膚の脱毛にX線を用いていた人がいたが、第一次大戦前にはすでに、アメリカの医師の大半はその他の脱毛には使用を控えるようになっていた[58]。彼らがX線脱毛を断念した理由のひとつには、放射線の危険性に関する認識の高まりがあった。時間の経過とともに、放射線被曝の潜在的な影響についてさらなる証拠が明らかにされたからだ[59]。X線による脱毛実験が広まる以前、科学者や技師、医師は放射線による「やけど」を警戒していたものの、X線に殉じた人たちの身体にできた組織破壊の証拠を目撃してもなお、X線に対する彼らの支持や専門技法がそこで絶えることはなかった[60]。したがって、ムダな体毛をX線で治療するのを医師たちがさらに躊躇するようになったのはひとえに、人体組織への照射の影響を急激に意識するようになったからだとするのには無理がある。

医療の現場でX線を用いた脱毛が結果的に減少したのは、放射線の危険性に対する意識の高まりだけではなく、あらたに発見された信頼感の高い電磁波を体毛処理に応用するのに医師が不賛成だったことを反映していた。過剰な体毛の定義はあきれるほど不安定で変わりやすい。しかも、どこからが体毛過剰かという診断のどうしようもない曖昧さが、多毛症を、「見た目の」悩みと「医学的な」関心事のあいだという、議論を呼ぶ境界へ押しやることとなった。医師も、多くの女性にとって体毛が非常に強い懸念のもとだということは一も二もなく認めていたが、多毛症は医学で治療すべきものかどうか判断しかねるというところにとどまっていた。がんや結核のように、より深刻な懸念材料に比べると、さして重きを置かなくてもいい問題にしか見えなかったのだ。

一方、X線は、医学が達しうる最高の地位を間違いなく享受していた。エイブラハム・フレクスナーが一九一〇年に発表したアメリカの医学教育に関する報告書は、アメリカ国内の一五五校のメディカル・スクールの大半における不十分な教育・研修や緩い規制を厳しく批判し、改革の波を導いた。フレクスナーの報告書の余波を受けて、専門職としてのみずからの権威を補強するためにあらたな手段を見つけようと躍起になるアメリカ人医師もいた。そういう人々にとってX線は、医学的診断や治療だけではなく医療界そのもののステータスを高めるのにも、決定的な役割を果たした。結果として医師は、象徴的な意味においても実際にも強力な療法であるX線を、みずからの社会的地位を危うくするかもしれない問題に利用するのをますますためらうようになった。[61]

放射線治療の科学的な権威をなんとか保とうと、毛深い患者からX線脱毛を求められても応じるな、と同職者に圧力をかける医師が大勢いた。ある開業医は、X線照射を懇願してくる患者の要望に応えたくなっても、それに従ってはいけないと同業者に強く言った。体毛が気になっても、それは「見た目の欠陥」であって、「重大な疾病」ではないからだ[62]。別の医師もまとめたように、「大砲でスズメを撃つのは普通じゃない。だって、見目麗しきレディの顔に生えた無駄な毛を処置するとして、悪性の腫瘍に用いるような強力な手段に訴えるか?[63]」そういう警告を受けてX線の専門家は、目に見える体毛は「単なる外見上の欠陥」で、医学的治療という適切な領域にとってはどうでもよいものだと位置づけた[64]。

一九一〇年代後半にはX線脱毛から医療専門者たちが手を引いていったが、市井の開業医たちがすぐさま、その穴を埋めた[65]。あらたにX線脱毛のサロンをオープンさせたなかには、医療とは関係ない美容専門家のほかに、医師や科学者も混じっていた。X線脱毛に引き続き関心を示したせいで、信頼に足る医学界や専門の学術雑誌といった、同僚からの正当な評価を重んじるシステムから締め出された人々だ。彼らはきちんとした学位記や査読論文の類を顧客に嬉々として見せ、脱毛法の科学的な発祥を示唆するようなサロン名をつけた(「ハモマー協会《インスティテュート》」、「ケルン研究所《ラボラトリーズ》」、「多毛症研究所《ラボラトリーズ》」など)。要するに市井の開業医たちは、医師たちがX線の利用を否定することで定義し、守り、規制しようとした科学的な趣《オーラ》そのものを逆に利用したのだ。専門の科学者や医師たちはX線脱毛を禁止しようとしたが、意図せずにその科学的な威信を高めるのに手を貸すこととなった。X線脱毛の人気が高まるにつれ、その後三〇年のあいだに何百軒ものサロンがアメリカ中に新規に開業した。

サロンのオーナーや経営者は、利用可能な脱毛法のなかでもっとも科学的なものだとX線を売り込んだが、科学的とはどういう意味か、実際に定義したことはなかった。つまり、「科学」という語の曖昧さこそが、最大のセールスポイントだったのだ。脱毛広告における科学は大まかであやふやにしか定義されていなかったが、どこも共通して、進歩という概念に結びつけられていた。いずれにせよ、科学が絶えず、弛まぬ歩みを続けていたのは間違いなかった[66]。ボルチモアのヴァージニア・ラボラトリーズのパンフレットでは、科学の絶え間ない進歩が強調されていた。曰く、X線はレントゲンに発見されて以来、三〇年にわたって改善されてきたが、「ゆっくりでも確かな知識の発展においては、ほんの数分にすぎないと言われるだろう」と説明している。科学の振興は、おずおずとぎこちない若造が大人になるのになぞらえられ、さらに新しい環境への適合を図られた。先述のボルチモアのサロンの言を借りるなら、「偉大な発見は、しばらくはあまり注目されないものだが、いずれ必ず、当然の評価を受けるものだ[67]」。

脱毛サロンの広告は、科学をその不可避の進歩と結びつけたが、その進歩が、こんどはX線の「不可思議な力」と結びつけられた[68]。あらたに発見された謎めいた光線を通じて利用可能となった科学は、今ようやく「欠点のない完璧な肌という夢」をかなえることができた[69]。一九三三年のあるパンフレットでは「ほんとうの自分を見つけなさい。その方法は、私たちが教えてあげましょう」と矛盾した言葉が見出しに躍っているが、「フィルター処理された光線を用いた最新の科学手法」は『ありふれた』脱毛法ではなく」、黒ずんだ陰を「消し去る」唯一のものだと断言し、「陰から陽の光のなかに踏み出すのはほんの一歩だ」と謳っている。[70] 利益を追求する脱毛サロンは、体毛を根絶やしにすることが、人種を表す「厄介な」標識《マーカー》の根絶につながるとして、「白く、なめらかで、ビロードのような肌」の価値を始終、広告で強調した。[71] あるサロンが潜在的な顧客に送った手紙では、科学的知識で啓蒙されることと、女性自身が身体的に目に見える形で「明るくなること」がさらに一緒くたにされている。「科学の進歩のおかげで女性はもう、身体にある汚点によって引き起こされる苦悩や自意識過剰に耐えなくてもいいのです」。手紙はさらに「何をしようと――どこへ行こうと――あなたはこの暗い陰を肌から取り除かなければならない」と、より不気味な口調で続けている。[72] こういった広告が示唆するように、科学の必然的な進歩は、行く手に立ちはだかる陰を撲滅する。科学の発展が、個人の身体的な変貌をもたらすのだ【図4・3】。

科学の進歩という概念が、身体的にも肌から陰を払うことと結びつけられたのと同じく、どちらのナラティブもまた、上の社会階級を目指す夢と結びついている。宣伝主は贅《ぜい》を凝らした診察室や、しゃれた処置室の豊富な写真を潜在的な顧客に見せて、最上の贅沢と清潔さを備えた空間を約束した。[73] サロンに一歩足を踏み入れただけで、「ふかふかの絨毯や美しい彩色の家具、シェードランプの柔らかな光に優美なカーテン、そして……きびきびとした振る舞いや洗練されたセンスにあふれる……静かでくつろげる雰囲気を味わうことができる」とある推薦文句は語っていた。[74] 広告の多くは、女性にとっての脱毛の経済的重要性をもっとあけすけに主張した。身なりのいい白人カップルが制帽をかぶった接客係に近づいていく線画を前置きに、シカゴのマルヴォー・ラボラトリーズの広告

図4·3　1935年ころのピッツバーグの脱毛サロン「ヴィロゲン」の広告。目に見える体毛は暗い陰を落とすものとされている。（米国医師会の厚意により掲載）

は「社会進出や経済的に上を目指すことにおいて容姿が重要視されるこの時代に、これ以上、身なりにかまわずにいられるんですか?」と問いただした。[75] サンフランシスコとロサンゼルスのダーミック・ラボラトリーズは、体毛のない、女らしい肌の性的な（ひいては経済的な）利点を同様に強調し、「ムダ毛から自由になることが、苦しめられている者には永遠に閉ざされてきた社会的な喜びへの門戸を開く」と支持した[76]【図4・4】。

図4·4　大恐慌時代のX線脱毛サロン「ダーミック・ラボラトリーズ」の広告。社会的地位の向上には体毛のない肌が重要だと強調している。（米国医師会の厚意により掲載）

どんな人が顧客なのか、サロンのほうはよくわかっていた。都会に住み、英語を話さない層をターゲットに、X線脱毛サロンは宣伝広報をおこなった。この事実には、脱毛サロンの営業について一般に警告しようとした公衆衛生の当局者も注目していた。[77] 医療記録や法定記録でも、X線脱毛の顧客の大半が低所得あるいは中所得の仕事——電話交換手や秘書、事務員など——に就くワーキングウーマンだと示されていた。（顔や耳、首から体毛を取り除くためにX線に頼る男性もいないわけではなかったが、やはり大半は女性だった[78]。友人や同僚などを大勢、脱毛サロンに引き連れていけば、特別にグループ割引を受けられたこともあったようだ[79]。アメリカが経験した最悪の経済不況のさなかでも、一〇～四〇回で一クールという施術の一回ごとに五～三〇ドルを請求される脱毛サロンでは、そういった割引は魅力的だったに違いない[80]。これほど高額の価格設定でも、何万もの——何十万は言い過ぎだが——アメリカ人女性は、体毛除去のために放射線照射を受けた[81]。

そういう施術を受けるために何万人ものワーキングウーマンが苦労して相当な額のお金を貯めたことは、X線脱毛の広告が謳う、より大きなものへの共鳴を表している。つまり、個人の身体的な変貌が、新しい経済的な機会——「洗練されたセンス」の世界——への道につながるという期待だ。サロンの広告では、霞に包まれた「科学」が、身体的にも社会的にも明るく晴れやかな状態をもたらしてくれる——どちらにも通じる道がX線で買える——と約束していた。

X線脱毛を利用する機会を得ようとする個人の人生において、人種的にも社会的にも上の階層に移れるとほのめかす広告がどんな役割を果たしたか。それは推測するしかないが、「社会生活における喜び」を享受できる世界へのアクセスを阻んできた「暗い陰」を取り除くのは、大戦間のアメリカではあらたな緊急性を帯びていたようだ。この時代は移民法の閉鎖性や制限が強まり、優生学への関心が高まり、経済不況がますます逼迫していた[82]。体毛についての手紙のなかで女性が人種問題について言及することは少なかったが、自分たちの「苦痛」は、より大きな経済的・社会的問題につながっていると考えていた。たとえば、米国医師会に宛てられたある若い女性の手紙には、金銭的な不満と過剰な体毛についての憂鬱がないまぜになって綴られている。フィラデルフィア在住のこの速記者は、X線脱毛の費用へのいら立ちをあらわにして、こう結んでいる。「この苦痛の原因を取り除く方法が、どうにか見つからないものでしょうか。私にとっては大きな不幸であり、現実の苦しみとなっているのです」[83]。すでにX線脱毛に費やした「相当額のお金」にも悩んでいるであろうブルックリン在住のアン・スタイマン（二五歳）は、一九三三年に同様の不安を吐露している。

私の仕事は薄給ですが、同年代の女性なら誰もが好む贅沢を我慢して、この無駄な毛を始末するためにできるだけお金を貯めています。でも、実家のほうの状況がかなり悪いので、このお金を貯めるのはすごく大変なことなんです。

だけど、ありのままの私ではいられません。何もしなかったら、醜い化け物も同然でみじめだし、この不幸な状態を終わらせるために死んでしまおうかと思ったことも、一度ではありません。[84]

スタイマンやほかの若い女性たちのように、アメリカの都市に住む貧しい労働者にとっては、経済的に楽になる状態を「白くつややかな肌」が運んでくるように見えて、それを無視することはとてもできなかったのだ。[85]

X線脱毛に対する女性のじかの反応がうかがえるものを少し見ただけでも、消費者は実際、生活が向上するという宣伝の趣旨に感じ入っていたようだ。X線についての助言を求めて美容や医療の専門家に宛てて手紙を書く女性たちはたいてい、切り抜いて同封した広告を引き合いにしていた。一九三一年に米国医師会に宛ててキャサリン・ムーアが書いた手紙がそのいい例だ。フィラデルフィアのコスミック・ラボラトリーズのパンフレットの見出しの下に、彼女はひと言つけ加えた。「これって、なかなかいいと思いませんか?」[86]。

確かに、X線脱毛はよさそうな感じがした――それはキャサリン・ムーアやアン・スタイマンだけではなく、当局から営業が禁止されたのちも「闇でおこなわれている」X線脱毛をこっそりと利用する女性たちにとっても、そうだった。サンフランシスコ殺人課のある刑事は一九四〇年に、こう報告している。ジャクソン・ストリート一二六番地の古びた下宿屋に入っていく女性たちの姿が目撃されており、「時間が決まっているわけではなく、一日のうちに何度も人が入ってはやがて……建物裏口から路地へとこっそり出ていく」という。女性たちが入ったあとには車が一台とまり、「医師の往診鞄……のようなものを持った男性が乗っている。彼らもまた、建物に入っても短時間で出てきて、すぐに立ち去る」[87]。医療用具一式、人目をはばかる立ち去り方、老朽化した建物など、一見すると「闇中絶クリニック」が新しくできたのかと刑事は思った[88]。彼の困惑はある意味、参考になるところが多い。少なくとも、ある女性にとって体毛除去はまさに生死に関わる重大問題で、人気のある女性誌で

X線の使用が非難されたり、医療や法律の当局によって糾弾されたのちもなお追い求めるべきものだということを表しているからだ。[89]「根っこを抜き取る」行為にはいろいろな意味が含まれているようだ。

その意味も、時間の経過とともに変わる。一九四〇年代後半には、X線脱毛はその大半が――すべてではないにしても――終焉を迎えた。その理由にはいろいろなものが考えられる。いちばん大きなものはと言えば、白さの理想を追い求める動きに変化が生じたことが考えられる。特にナチスの優生政策の残虐な行為が知れ渡ったあとでは、アメリカに住む白人は、民族的な純度をありがたがるみずからの気持ちを振り返ることを余儀なくされた。[90]広島と長崎に核兵器が投下された余波で放射線のリスクが見直されたのも、X線による脱毛サロンの魅力をさらに損なうこととなった。[91]

そういった大きな出来事がX線脱毛の衰退に加担したが、とどめを刺したのは、一般市民の地道な活動だった。X線脱毛を利用していた顧客自身がその先頭に立って訴訟を起こしたり、サロンに対してより厳しい行動を取るよう、規制取り締まりをおこなう部局や医師などの専門家団体に圧力をかけたりした。オハイオ在住のある人は一九三一年にいくつかの機関に手紙を書き、トリコ社が営業を続けることを許されている理由を知りたいと訴えた。「この国の国民の健康を守らないのなら、米国保健省はいったいなんのためにあるのでしょうか。これに対処してほしいと具体的に求められているというのに[92]」。人々の不満に応えて、米国商事改善協会の本部はもちろん各地の支部、地元の保健所や州の保健局、検視官部局、女性誌の編集者や警察官などが一九三〇年代を通してずっと、さまざまな方面からX線脱毛に攻撃の矛先を向けた。ムダ毛の処置に無認可の電気機器を使用するのを見逃してきた、既存の医療に関する法律を改正すべきだと陳情をおこなった医師もいた。一方、X線を用いた商業的な脱毛機器の製造を阻止しようと、企業を揺さぶった者もいた。[93] 米国商事改善協会の各支部は、X線脱毛の広告を拒絶するよう日刊紙に圧力をかけ、大都市の衛生当局の職員は、文字が読めない消費者にX線脱毛の危険を知らせようと、ラジオを通じて公告を流した。[94] X線照射のせいでひどく外見が醜くなったり命を落としたりした人が増えて、サロンのオーナーや従業員に対する損害賠償の例が目立つようになったのも、この脱毛法の人気に影響を与えたに違いない。[95] 医学専門誌や大衆向けの雑誌には一九二〇年代はじめから、死を招く危険のある施術を攻撃する記事がしばしば掲載されてきたが、年月が経つにつれて、瘢痕《はんこん》や潰瘍、悪性腫瘍や死亡例など、身の毛もよだつような生々しい記述が増えていった。X線照射を受けたなかには、筋萎縮やその他の急性放射線症候群の症状に動揺するあまり、自殺を試みる人もいた。そもそもの毛深さの程度が「軽かった」場合は、それも無理のないことだ。[96] X線脱毛は四〇年以上ずっとおこなわれてきたが、一九四〇年にはアメリカ経済の表舞台から退場を余儀なくされ、生き残ったのは主に、ジャクソン・ストリート一二六番地の古びた下宿屋のような、人目をしのぶ場所だけとなった。[97]

痕が残ったり形が変わったりした身体とはなんとか折り合いをつけられても、X線脱毛を受けていた人の多くは、科学の進歩の特別な恩恵が個人的に約束されるという期待を持ち続けた。トリコ社の顧客だった若い女性が一九五四年に書いたつたない文面にも、それがよく表れている（文法的なミスは原文ママ）。

保障されているはずの施術を受けたのに、この二、三年のあいだに「白い斑点」があごに出てきました。これは私にとって、とても胸が壊れます。顔だったので、特に。もしかして、私を救ってくれる新しい医学的な発見がないだろうかと思っています。このころは、すばらしいことがたくさん起こっています。[98]

体毛に対するアメリカ人の闘いが斬新な戦術を取るようになっても、「あらたな発見」に対するこういった信頼が消えることはなかった。

第5章　腺によるトラブル
――性ホルモンと常軌を逸した発毛

最新の発見を一般に広く知らせるのを目的としたアメリカの学術雑誌、『サイエンス・ニュース・レター』は一九四六年に、「ひげ女と呼ばれるタイプ」の若い女性を対象にした斬新な移植手術について報じた。女性の治療にあたったふたりの医師によると、彼女は「副腎（adrenal gland）の機能が活発すぎるせいで」顔の体毛が過剰になり、自分の見た目を気にして「うつ状態」になったという。発毛のスピードを遅らせるため副腎を外科的に取り除くよう、医師たちは彼女を説得した。

こうして摘出された副腎を、こんどはアジソン病の若い女性に移植した。アジソン病とは副腎に関する慢性疾患で、この女性の場合、胃の不調や精神抑うつ、肌の黒ずみといった症状が見られた。一四カ月後、移植を受けたアジソン病の女性は症状がすっかり消えた。対照的に、副腎を提供した側の女性には予想外の合併症が表れた。それまでのこういった手術で医師たちが体験したこととは違って、彼女の精神状態は悪化し、幻覚を見るまでになった。精神科的治療を追加した結果、ようやく回復したという——が、「顔は少し、毛深くなったままだった」[1]。

体毛の成長における腺（gland）の影響にこのような関心が向けられたことで、人間の差異に対する認識にも必然的に変化が見られた。一九世紀～二〇世紀初頭の体毛の評価は、どう分類するかという問題に苦しんではいたが、男女間には本質的な相違があると仮定しがちだった。つまり、人間は男か女かどちらか一方であって、男と女両方にはなれないとされていた。比較解剖学の研究者は、体毛の量やタイプは動物の種ごとに、そして人種によって異なると考えていたものの、男女の性別を二形性のカテゴリーに分けることには躊躇しなかった。対照的に、毛深さを腺やそのさまざまな「内分泌物」に基づいて説明する解釈は、より相対的で柔軟な言葉で性差を表していた。一九四六年の実験的な副腎移植について『サイエンス・ニュース・レター』が報じるころには生化学者たちも、男性に「女性的な」ホルモンが、そして女性に「男性的な」ホルモンが存在することを突きとめていた。雄と雌は根本的にはっきりと異なる身体を持つものとして取り組むよりも、「ひとつの有機体における男性らしさと女性らしさの割合」——特定の介入を通じて微調整が可能な割合——という考え方に、専門家も関心を向けはじめた[2]。

このように、男らしさや女らしさの概念を見直す過程において、体毛に対する医学的・科学的な関心の中心もシフトした。ジェファソンからダーウィンにいたる思想家たちは、男性のひげに関する比較研究に精を出していたが、体毛の生え方が腺と結びつけられると、専門家の関心は女性へと一気に振り向けられた。内分泌学の広がりとともに、女性の「過剰な」体毛はみるみるうちに、「アンドロゲンの過剰」によるものだとされた[3]（アンドロゲンは雄性ホルモン作用を持つ物質の総称）。そういったホルモンの過剰をなんとか管理しようとする動きが、あらたな薬物的治療につながった。しかし、このような全身性の介入の可能性は、治療に値する毛深さとはどれほどのものでなければならないのか見極めるべきだというジレンマに、追い打ちをかけただけだった[4]。

外見や行動に影響を与えるために卵巣や精巣（生殖腺）に手を加えることには、多彩な歴史がある。アリストテレスは、肉の量を増やして質を高めるために雌豚から卵巣を摘出するのはどうかと考察した。古代の世界では軍の荷役用に雌ラクダが使われていたが、発情周期をなくすために卵巣を除去していた[5]。だが生殖器に手を加える――卵巣や精巣の除去――が身体のほかの部分にどう影響を与えるか、その研究がはじまったのは一九世紀になってからだった。一八五五年、フランスの生理学者クロード・ベルナールは、いまだ謎に包まれた働きをするものを「内分泌物（internal secretions）」と名づけた。同時代のほかの生理学者と同じく、その物質は神経系を通じて有機体に影響を及ぼすと仮定してのことだった[6]。さらに知識を深めるため、ベルナールやほかの医師、生理学者たちはさまざまな移植や外科的摘出術を試してみた。一八七二年には早くも、南北戦争時に南部連合陸軍軍医だったロバート・バティが、女性の数々の疾患のために卵巣を摘出することを推奨しはじめた。バティが摘出した卵巣は、それ自体が罹患しているとは考えられていなかった。むしろ彼は、「緊張や不安」に由来する散在性の症状をやわらげる手段として、早発閉経を誘発しようとしたのだった。それに続く数十年のあいだに、「バティの術式」はアメリカやイギリス、ドイツの何千人もの女性に対しておこなわれた。(7)

腺を用いたさらなる実験は、フランスの生理学者、シャルル＝エドゥアール・ブラウン＝セカールが一連の実験をおこなったのちに急増した。年齢による減退に直面していた七二歳の時、ブラウン＝セカールはモルモットや犬の睾丸をすり潰したものから作った分泌液をみずからに注射した。彼は、このセルフメディケーションによって活力を取り戻したのは男性生殖腺に大きな要因がある、と考えた。(8) 同業者たちには鼻で笑われたが（睾丸を連想させるのが刺激的すぎたのだろう）、ブラウン＝セカールの発見が発表されると、一八九〇年代には治療目的の実験が一気に増加した。(9) 腺からエキスを抽出するのは、コーヒーを淹れるのと同じくらい単純で原始的なやり方だ。動物の腺をすり潰し、エタノールあるいは蒸留水に浸して凝固させたら、半透過性のフィルターにかける。細かい目を通って下の容器に落ちた液体は、すり潰された腺の特性をいくらか帯びている。そうやって濾過した液体を、アルコールやアセトン、あるいはエーテルによってさらに抽出する。化学者や薬剤師、はては一般家庭の台所で実験する人々が国中のいたるところで、さまざまな動物の組織を用いて同じような実験をした。人間の睾丸や卵巣、胎盤から材料を得た例もあったようだ(10)【図5・1】。

こういった抽出物の作成や売買を取り締まる正式な規制がないなか、実験的な薬物はじきに人間にも適用されるようになった。(11) すり潰した睾丸でたまたま運に恵まれたブラウン＝セカールが最初に結

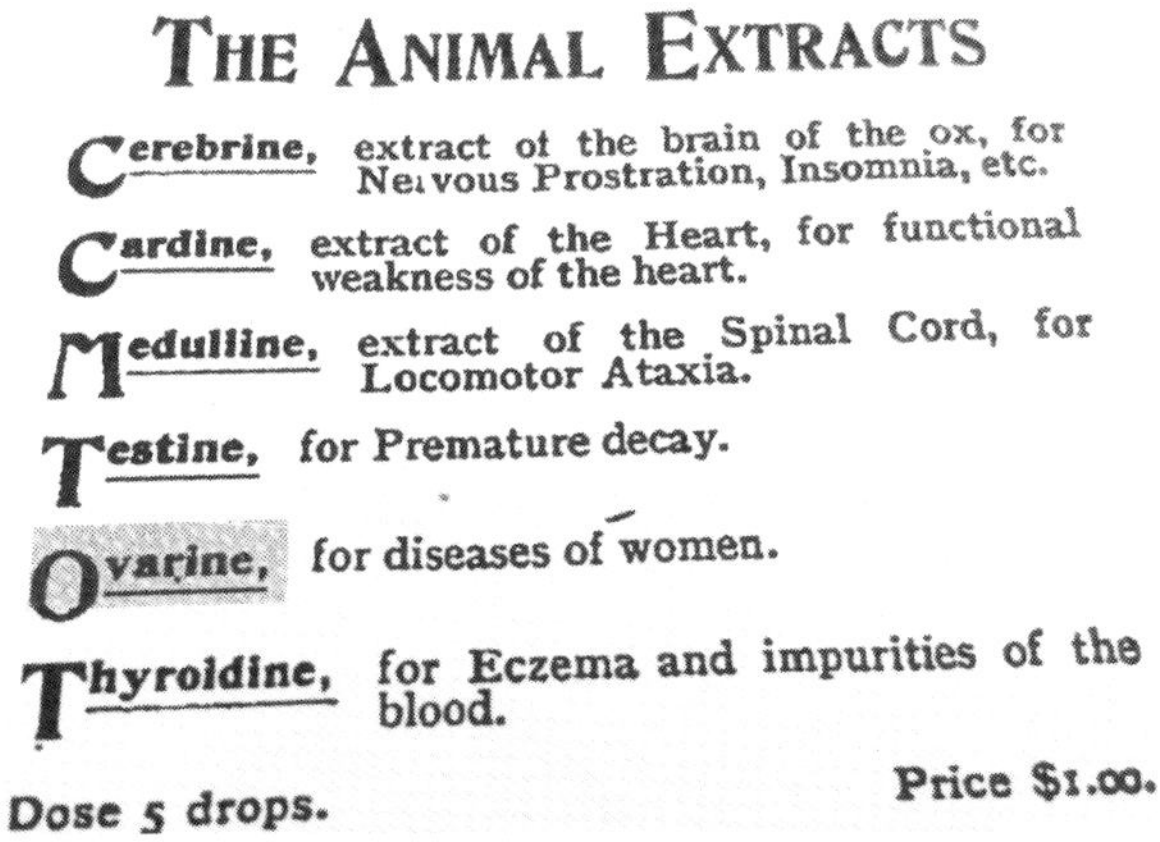
THE ANIMAL EXTRACTS
Cerebrine, extract of the brain of the ox, for Nervous Prostration, Insomnia, etc.
Cardine, extract of the Heart, for functional weakness of the heart.
Medulline, extract of the Spinal Cord, for Locomotor Ataxia.
Testine, for Premature decay.
Ovarine, for diseases of women.
Thyroidine, for Eczema and impurities of the blood.
Price $1.00.
Dose 5 drops.

図5·1　19世紀後半に多数あった、薬用の抽出物の広告。動物の生殖腺から作られ、体毛の発育を抑えるために使われた。（1895年発行の『*The Watchman*』に掲載された広告）

果を公表してから間もなく、パリ在住の助産師はモルモットの卵巣を潰したものを濾過して作った液体を自己投与し、あるアメリカ人医師は同様の混合物を使って女性たちへの治療をはじめた[12]。医師や生化学者たちは、生殖腺からの抽出物を用いた自分たちの研究をからかわれると不平をこぼしたが、そういう薬品の使用はますます盛んになっていった[13]。何カ月もしないうちに新聞や大衆向けの雑誌には、動物の腺から作られた薬の広告があふれた。オーヴァリン（Ovarine）、オーヴァリディン（Ovaridine）、オヴォジェニン（Ovogenine）、ウーフォリン（Oophorin）、バイオヴァー（Biovar）、スパーマイン（Spermine）などといった名前で市販されていた[14]〔卵巣（ovary）、精子（sperm）という語にちなんだ名称〕。

　アメリカ人はやがて、腺から調合された多様な薬を摂取するようになった。「雌ブタから摘出したばかりの卵巣をミンチにしてサンドイッチに、卵巣から抽出した物質を乾燥させて粉末やタブレットに、エキスを水やグリセリン、アルコールに溶かして」[15]。あらたな調合薬を市場にいち早く届けるには、膨大な量の材料が必要だった。動物の卵巣や睾丸が山と積まれて、ようやく一ドラム（＝一薬衡オンス）の分泌液が抽出される。牛や羊、馬、豚、犬、ウサギ、モルモット、マウスやドブネズミなどの動物から取った何千トンもの材料をすり潰して、どろどろとした状態にしなければならない。初期の実験者たちは、必要な死体を得るために食品加工工場から工場へと頻繁に往復したと回想している[16]。腺を用いた女性向け治療という、実入りのいい市場に参入するには、特に厳しい競争が繰り広げられた。ニューヨークのマウントサイナイ病院で婦人科医をしていたロバート・フランクによれば、「この問題は数え切れない人々を引きつけた。彼らはみな、いいポジションを得るために押し合いへし合いし」、「苦しむ女性を病気から」解放する調合薬を作ろうと勢い込んでいた[17]。

特定の腺の影響を判別するのは、実は難しいことだった。一九世紀の末期にかけて実験解剖学者や婦人科医、化学者、生理学者などはみな、腺から出て影響を与えている物質を特定し、その物質の製造元が特定の細胞群だと突きとめようとした[18]。二〇世紀になろうかというころ、イギリスの生理学者、ウィリアム・ベイリスとアーネスト・スターリングは、腺のどうにも不可解な影響は実は化学的なもので、それまで考えられていたように神経系を通じてではなく、血流によって体内をめぐるのではないかと思いついた。ある同僚の助言を受けてスターリングは一九〇五年に、これらの化学物質が持っている伝達する働きを電信系統になぞらえ、この化学物質を「ホルモン〔「刺激する」または「作動させる」という意味のギリシャ語より〕」と名づけた。[19] 一九二〇年代までには、下垂体や甲状腺、副腎、卵巣、精巣など、この系統に属する主な腺が明らかにされた。一九二九年には妊娠した女性の尿から「雌性」の性ホルモンが、一九三一年には男性の尿から「雄性」の性ホルモンが分離された。[20]

こういった化学的な研究がはじまった初期には、実験者たちの多くは、雌性ホルモンは女性と同定される人の身体にのみ、そして雄性ホルモンは男性と同定される人の身体にのみ存在すると考えていた。しかし一九二一年には早くも、性ホルモンのいわゆる性別的な差異に疑問が投げかけられた。男性の体も「女性の」ホルモンを、そして女性の体も「男性の」ホルモンを分泌するように見えたのだ。[21] 性ホルモンの特異性は、一九二〇年代後半から三〇年代はじめのあらたな発見によってさらに疑問視された。その発見には、精巣から抽出された成分は膣の細胞構造を変化させうることや、種馬の尿には、妊娠していない雌馬や去勢馬よりも多くのエストロゲン〔主に卵巣から分泌される雌性ホルモン〕が含まれていることなどがあった。[22] はじめのうち、内分泌学者たちはそういった結果になんとか理屈をつけようとした。尿を採取した男性について、「男らしさには疑いの余地などなかった」という注釈をつけなければ気がすまないという人もいたほどだ。[23]

しかし一九三〇年代後半には、「雄性」や「雌性」の性ホルモンの源は男性と女性どちらにおいても、その生殖腺や副腎だと考えられるようになった。一九三九年のあるレビューが結論づけたように、「すべての男性がエストロゲンを、そして女性がアンドロゲンを分泌する」という事実は「今や確立された」のだった。[24] 腺の専門家にとっては、男女の相違はもはや絶対的なものではなく、「特定の化学物質の相対量という問題」だと考えられた。[25] こんどは逆に、二次性徴は「その人の身体が男性か女性か」を表す「指標」の一部だという考え方も可能となった。[26] 医師であり、コロンビア大学で生物化学の准教授をしていたルイス・バーマンは次のように記している。「男性性や女性性というものは」、「性別の差による、とわれわれが考えているさまざまな形質の発達を刺激したり、あるいは抑制する化学物質の発現だと理解するのが、もっとも理にかなっている」。[27]

このようにして、化学物質のレベルでは性ホルモンの研究はそれまでの性科学者たちの観察結果を追認したようだった。つまり男女の特性のあいだには、状況によって変わりやすい性質を持つ連続体が存在するということだ。バーマンが提唱したように、「すると必然的に、性徴にはあらゆる組み合わせが起こりうると期待される。それは現実に生じており、『性的な中間体（sex intermediate）』という言い方のなかに大体、含まれている」。[28] バーマンはさらに、相対的な差異はひとりの人間の生涯においてさえも変動すると提唱した。「ある個人の人生のある期間において、化学的構成が雌性であっても」、別の期間には「それが雄性である」ことはありうる、[29] というのだ。一九三九年発行の教本には、この変異性に関する見方が簡潔に表現されている――「性という生物学的実体は存在しない」。[30] 雌雄の別を化学的に理解することによって、男性性と女性性の流動性が表面化した。[31]

男女の性差におけるホルモンの特徴を重要視する過程で、内分泌学は、精神分析によって示された異なる概念的枠組みに直面した。このふたつの分野は、アメリカにおいてほぼ同じ時代に拡大した。

ジグムント・フロイトが最初にアメリカを訪れたのは、一九〇九年。スターリングが「ホルモン」という語を新しく作った四年後のことだ。アメリカ精神病理学会とアメリカ精神分析学会の創立は、内分泌学が専門化されるのとほぼ同時期だった。バーマンなどが腺に関する見方を世に広めたのとともに、A・A・ブリルがフロイトの著作を英語に翻訳したことが、精神分析の概念の普及に弾みをつけた[32]。

内分泌学と同様に精神分析も、一九世紀末期の性科学のように、体毛の生え方の「病理的な」パターンや体毛に対する「逸脱した」考え方の両方を含む非規範的な性的形質（sexual traits）がどう発達するのかという問題に魅せられた。以前の専門家のように精神分析医も、体毛は性的発達における「異常」を表す窓だと見なした。だが内分泌学者と違って精神分析医は、身体に生えている毛と「それに関する行動（ブラッシングや剃毛など）」を性的葛藤（sexual conflict）と結びつけ、体毛が表している性器や肛門の象徴性のほうに重点を置いた[33]。女性性《フェミニニティ》に関する有名な一九三三年の小論文でフロイトは陰毛に着目し、女性の「虚栄心」――外見への関心――はペニス羨望（penis envy）、つまり「生まれついて性的に劣っていることに対する代償」に由来するとした。みずからの「生殖器の欠損」を無意識のうちに隠そうとして、歴史に対する女性の主要な寄与が生み出されることとなった、とフロイトは述べている。

> 文明の歴史における発見や発明に、女性はほとんど寄与していないように見える。しかし、

彼女たちが考案したと言えるかもしれない技術がひとつある――ひもなどを編み、布を織ることだ。そうだとしたら、この功績を生み出した無意識の動機はなにか、と推測したくなる。造物主自身が、この功績のお手本となるものを与えるべく、成熟したときに陰毛が生殖器を覆って伸びるようにしたと思われる。あとは、陰毛が互いに密着するよう手を加えるだけ。そうすれば、身体にくっついて絡み合ったままとなるだけだ。[34]

体毛に対する考えに対してこのように無意識で超自然的な説明をするのは、感情は内分泌物の作用によるものだという腺に関する主張に逆行していた。腺の働きを擁護する人は、一九二一年にこう述べている。「煎じ詰めると」、われわれは「まさに、ホルモンの活動が表出したものなのだ」。[35]

体毛に関する疾患も含めて、性障害を軽減するのにもっとも適しているのは、内分泌学者と精神分析医のどちらなのだろうか？[36] なかには、身体的な視点と精神的な立場からの見方のバランスをうまくとろうとした人もいた。たとえばアンドレ・トリドンは「精神が腺に、そして腺が精神に与える相互作用」を強調し、精神分析的アプローチと内分泌学的な視点からのアプローチは本質的に切り離せないと論じた。[37] しかし精神分析は、X線に厳しい制約を課したのと同じく専門医業の再編成の波に巻き込まれ、この闘いには敗れた。[38] トリドンのように比較的抑制の効いた精神分析的視点でさえ、体毛についてのアメリカ人の考え方における内分泌学の優位を鈍らせるものではなかった。一九二〇年ころには、腺の不調と女性における「男まさりの」体毛の生え方のあいだには因果関係がある、と臨床医は当たり前のように推測し、その因果関係はアメリカの大衆紙でも盛んに繰り返された。腺の働きを擁護するバーマンは、人体の機能において「体毛の質や触感、量、生え方」以上に内分泌物に影響されるものはない、と断じた。[39] この時代の一般向けのほかの書籍も同様に、「われわれの身体に生える毛の量や分布」は「ホルモンや、これらの腺が出す内分泌物」によって制御されているという説を繰り返した。[40] そういった書籍は、女性における「男まさりの」体毛の生え方が、病変した卵巣や過活動の副腎など、内分泌器に潜む不調を表すものだという説を世に知らしめるのに役立った。[41]

体毛の理解に内分泌学者が影響を与え、「男性型多毛症（hirsutism）」という診断群があらたに導入された。[42] 体質的多毛症（hypertrichosis）を最初に特定した一九世紀の医師たちは、主に「犬面の少年たち」や、並外れて毛深い血筋と関連づけてこの症状を定義したが、二〇世紀の男性型多毛症は、特に女性と結びつけられた病理だった。[43] 一九二二年版の『ドーランド図説医学大辞典』では、男性型多毛症は「特に女性における、尋常ではない毛深さ」と説明されている。[44] さらに、尋常ではない毛深さは腺の疾患に由来すると評価されるようになった。一九二一年にはある論文が、異常に毛深い女性は進化の面から見てなんらかの先祖返りを表しているという説を激しく非難し、むしろ過剰な体毛は、体内におけるホルモンの微妙な不具合によるものだと主張した。[45] 一九二一年にはまた、『ジャーナル・オブ・ザ・アメリカン・メディカル・アソシエーション』の論評記事で、「ひげ面の女性」は「疾患のある内分泌腺」のよりわかりやすい「被害者」と見なされるべきだ、と結論づけた。[46]「腺」が原因だという特異性があってもなお、真に「異常な」体毛の発育を男性型多毛症と見極めるのは、体質的多毛症の診断と同様に、いつまでも困難を極めた。やがて医療雑誌は、開業医が通常の体毛発育を異常なものと選り分ける手助けとなるチャートや図表で厚くなっていった(47)。群を抜いて影響力を発揮したのは、デヴィッド・フェリマンとJ・P・ガルウェイによって一九六一年に考案された基準だ。これは現在も「フェリマン-ガルウェイ・スコア」という名で用いられているが、患者ひとりひとりについて、身体の異なる一一カ所(のちに上唇、下顎、胸部、上背部、背下部、上腹部、下腹部、上腕、大腿の九カ所に減らされた)を観察し、それぞれ〇点(広範囲に及ぶ硬毛の発育はない)から四点(広範囲に及ぶ硬毛の発育あり)まで採点するもので、その点数を合計して最終的なスコアとする【図5・2】。この基準を利用する専門家たちは、最終的なスコアが男性型多毛症の何を表しているのかをめぐって論争を続けていたが、ほかの診断方法――一平方インチ内の毛幹の数を一本ずつ丹念に数える――に比べると容易に結果がわかることもあり、ますます普及していった(48)。

こういった診断尺度は、女性の体毛に対して揺れ動く文化的意識を考えると、実に不安定なものだった。それは、何よりも体毛の量だけを気にする医師でさえ自覚していた。ある医師が嘆いたように、「眉の形の流行は、ドレスの流行と同じように変わる」のだ(49)。ハーバード大学医学大学院の内分泌学者も同様に、「下垂体不全」のために胸部が毛深くて悩んでいる女性は「イブニングドレスを着ることができない」かもしれない、と述べている(50)。さらに面倒なことに、許容範囲にある体毛の量は部位ごとに、そして社会階層によって異なる服装の流行のように、常に変わり続ける。医師のハワード・T・バーマンが『ジャーナル・オブ・ザ・アメリカン・メディカル・アソシエーション』で

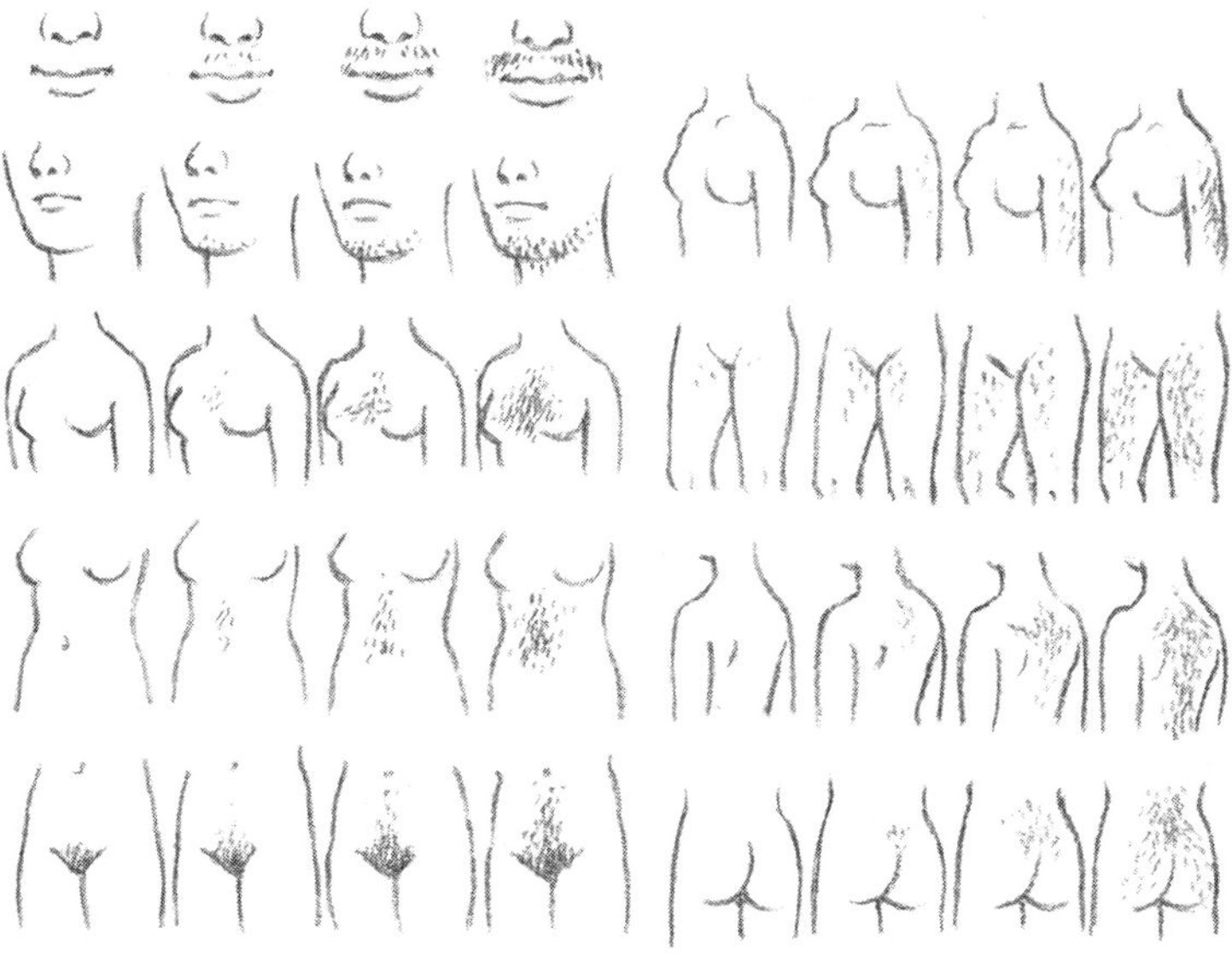

図5·2　過剰な体毛を診断するためのフェリマン－ガルウェイ・スコア。最初に出版されたのは1961年。〔原書の図を元に作成〕

結論づけたように、「男性型多毛症」という語は、「過剰で不要とされるものが個人、性別、さらには人種によって左右されるという意味で、相対的なものだ」。バーマンは「口ひげを好む男性もいるが、たいていの女性からは敬遠される。だがラテン系の国々のなかには、女性の鼻の下にうっすら産毛があるのは愛情深さの表れと考えるところもあり、女性にとっても望ましいものとされている」と説明をつけ加えている。男性型多毛症は個人の、そして集団全体の「感じ方や流行、信条」と密接に結びついているので、「医学的見地からすると……われわれは基本的に、多毛がその人の懸念材料になるほど基準から非常に強く逸脱した場合に、この問題と関わることになる」[51]。言い換えると、患者の苦悩の度合いに駆り立てられて医療的診断がなされる——そして、その苦悩自体は、すぐに変わる社会規範に左右されているのだ。

二〇世紀初頭に形作られたこれらの社会規範でもっとも重要な影響力を持っていたもののなかには、性的倒錯に対する激しい戒めがあった[52]。「倒錯（inversion）」とは、性科学者やほかの専門家たちによって、ジェンダーの規範に従わない振る舞いや態度、空想、そして外見を指すのに使われた言葉だということを思い出してほしい。毛深さは内在する性的異常を表しているのかどうか、専門家の意見はまだ割れていたものの、「倒錯」と腺の異常をすぐさま結びつける人は多かった。当時もっとも影響力の強かった性科学者、エリスとヒルシュフェルトは、性的倒錯を含めてすべての性的発達は「内分泌腺に大きく左右される」と主張した[53]。「同性愛の内分泌的側面」に関する一九三八年の報告で最初に取りあげられたケースは、「眉毛を抜き、爪にマニキュアを塗り、ほかにも女性のまねをする」若い男性だった[54]。別の報告では、「レズビアン」という語を生み出した同性愛的なテーマをほのめかしながら、レスボス島で生まれた古代ギリシャの詩人サッポーの「なんとも言えない異常な状態」はおそらく、「副腎の不調」から生じるものだろうと結論づけている[55]。ほかの報告でも、同性愛と内分泌器に関連があることは「確立されており」、「議論の余地はない」とされた[56]。

性科学者や内分泌学者が毛深さを内分泌器と、そして内分泌器と同性愛を関連づけると、大衆向けの物書きは毛深さと性的異常を一足飛びに結びつけた。すでに述べたように、西洋の思想では毛深さと女性の性的異常の相関関係には長い歴史がある。体毛と魔術や悪魔憑き、奔放さとを結びつける伝承は、何千年も前から存在する。(57) 内分泌器とホルモンの正式な研究は、昔からの偏見に斬新な科学用語を引き合わせることとなった。一九三〇年代なかばになると、美容関連の手引書や人生相談のコラムは、目に見える部位の毛深さは言葉では言い表せない「内分泌器の障害」に起因すると常に決めつけ、厄介な類いの性的な含みをもほのめかしていた。(58) このテーマを扱った英語での最初の専攻論文、『過剰な体毛とその除去（*Superfluous Hair and Its Removal*）』（一九三八年）でアルフレッド・ニーメラーは、ひとつの章をまるごと「過剰な体毛と内分泌器」の関係に当てた。ハヴロック・エリスを引用しながらニーメラーは、成人女性の体毛の分布が「男性のそれと似ている場合、性的倒錯のなんらかの証拠が高い頻度で付随して起こる」と断じた。(59) 美容専門家、デルマー・エミル・ボルドーはさらにあからさまに言い切っている。

　男性の身体に過剰に生じた体毛は、獣のような凶暴性を暗示する。しかし、女性のそれは、よりいっそう不穏な意味合いを含む。女性がたいてい苦しめられる過剰な体毛とは、男性の正常な二次性徴とわれわれが思うものに等しい。そういった体毛、特に顔に生えたものは、その女性が「普通とは異なる《クイア》」かもしれないことを示唆している。(60)

「過剰な」体毛に向けた性科学者と内分泌学者の関心の食い違いが、こういった同性愛者《クィア》をいじめるレトリックに科学的権威を与え、体毛に関する文化的な不安や、規範に従わない個人が直面する危険を増幅させた。それと見て目立つ体毛は、今や内分泌物の「不全」を反映したものと考えられ、汚名を着せられる欲望や振る舞いを暗示することとなった[61]。

内分泌学が広く受け入れられたことは、過剰な体毛に対するアメリカ人の理解を変えただけではなく、「内分泌腺の異常」から生じる合併症を修正するかもしれない新奇な方法をも提供した[62]。個人の身体の管理は、消費主義の拡大や優生学の本質とも符合していたが、より大きな社会的身体を形作る手段――あらゆる種類の退廃的な悪習を撲滅する手段――のひとつとして見られるようになった[63]。ここで重要なのは、〝修正する〟ということだ。ハーバードのある内科医は一九三三年に、「ようやく」、「個人の精神や感情の傾向も、大部分はその人のホルモンによって決定されるもので」、必要に応じてターゲットにして差し支えなくなったと記している[64]。内分泌腺は、「過激な政治思想と反社会的行動の根源」で、薬物療法を通じて再調整することが可能だ[65]。精神分析とは違い、内分泌学は個人の「化学的な仕組み」のコントロールを請け合ったように見えた。つまり、人間の――ルイス・バーマンの言葉によれば――「卑劣さを薄め、清らかさをより高める」実用的な手段だ[66]。

この時点で、女性における過剰な毛深さはおおむね男性ホルモン過多から生じるものだと描写され、修正が必要な「内分泌刺激」の重要なターゲットのひとつとなった[67]（いつものことながら、どれが

「過剰な」体毛とされるのかは融通が利くままだった。あまりにも「雄々しい」女性は、最新の外科的・化学的手法によって雌性化されることもあった[68]『サイエンス・ニュース・レター』が紹介した、実験的に副腎を取り除かれた若い女性のような外科的切除だけでなく、酢酸デスオキシコルチコステロンや副腎皮質エキス、その他のホルモン増強剤の注射など、幅広い試行に研究者は取り組んだ[69]。一九三〇年代になると、製薬会社は化学的に合成されたホルモン製剤の大規模な製造をはじめ、内分泌器のリサーチや治療の可能性を開いた[70]。ステロイド剤の製造が増大するとともに、尿や血漿《けっしょう》、血液に放出されたアンドロゲンの存在を測定するあらたなツールも開発され、一九四〇年代には注射以外の方法（タブレットやウエハース）で摂取させるホルモン療法が登場し、内分泌治療は大きく発展した[71]。

歴史学者のデイヴィッド・サーリンは腺治療への高まる関心を、二〇世紀のアメリカにおける「自己改造」という、より大きな行動様式に由来すると考えた。医療は家電製品や自家用車のように、お金を出せば買えるアメニティと見なされるようになったというのだ[72]。現存する数々の手紙からも、体毛に悩む個人が医療の介入を求めたことがわかる。たとえば、ある専門家は、「見苦しい体毛だらけの顔」に悩む、メイという若い女性のケースが記憶に残っているという。「腺の活動が過剰」だと診断され、彼女の「不全状態」は間もなく「主治医によって抑えられた[73]」。一九三一年にはオハイオ州アーバナ在住の女性が、適切な脱毛法について何度か質問している。悩みの種である過剰な体毛は「腺の異常によるものですが、それについては現在、治療を受けていています」と書いていた[74]。オハイオ州デイトンの寄宿学校の校長は、女生徒のひとりが鼻の下やあごの毛が目立つのに悩んでいて、腺の不全の被害者なのではないかと米国医師会に疑問を寄せた。この「異常」は「社会的な視点に鑑みると彼女に大きな影響を与えていて」、「彼女が感じているコンプレックスは、私が思うに、恒久的な改善法が得られないかぎりなくならないでしょう」。校長はまた、「腺の治療」が女生徒の助けになるかどうか決めるのに医師会が手助けをしてくれないだろうか、と書いている。[75] 校長に返信した医師は、「おっしゃる症状を改善するべく腺の機能に働きかけるような医療」については、米国医師会は関知していないと記した。[76]

一九三〇年代～四〇年代のほかの医師たちも同様に、腺の治療については慎重だった。「医療界は、薬物を手当たり次第に混ぜた物質がひどく乱用されている事実をはっきり認識している」と、ある内分泌器の専門家は記している。しかも、「当初の内分泌器の不備」が認められて治療されれば「二次的な異常もそれによって改善される」と「広く信じられている」。だが、医師が使える「内分泌腺のツール」は「ほとんどなく、どれも効き目が鈍いので」、そのような改善はほとんど保証されていない」。[77] その一方、厳しい規制がないため、ひどく穏やかならざる苦情も飛び交っていた。あるシカゴの医師は、顔の広い友人に愚痴をこぼした。脱毛を希望する娘が、ジャック・L・アボットなる人物が経営するサロンを訪れたのだが、「生殖腺の刺激」を目的とした「振動を生じる」治療を受けるため、顧客は衣服をすべて脱がなくてはならないとアボットが主張したというのだ。友人は、そんな「恥ずべき」状況は「容認し得ない」ものだと断言した。[78]

一九三〇年代～四〇年代に医療関係者が見せていたためらいは、一九五〇年代初頭までには消滅した。難易度の高い腺の外科的切除や腺エキスの注入から、経口的な薬物療法へと研究者が乗り換えたからだ。多くの医師にとって、毛深い女性の耐えている苦痛が初期の外科的措置や調合薬につきまとうリスクには値しないように見えたとしても、体毛を減じることは、注目されはじめたホルモン療法を応用するのにもってこいに思われた。最初に応用されたひとつが、エチニルエストラジオールだ。一〇年も経たないうちに、その利用法は確立された。プレドニゾンあるいはプロゲステロンを用いた男性型多毛症の治療も、一九六〇年代はじめには本格的にはじまった。[79] 一九七〇年代初頭には、体毛の発育を遅らせるのに二種類のホルモン性薬物を医師が処方するのが普通になった。血液中のアンドロゲン濃度を下げることを目的とした抑制療法と、毛包に対するアンドロゲンの働きを抑える抗アンドロゲン療法だ。そういった調合薬でもっともよく使用されるのは、スピロノラクトン（アルダクトンという名称で表示されることが多い）と酢酸シプロテロン（アンドロクールとして売られていることが多い）のふたつで、増大し続ける男性から女性への性転換者たちも含めて何百万人もの女性に、医療上の単純な必需品としてばら撒かれている。[80]『サイエンス・ニュース・レター』に記された実験的な副腎摘出術から三〇年後には、ホルモン治療は一般的な医療行為となった。剃毛やニードル脱毛による症状軽減から、「男性型多毛症の全身的なコントロール」へと治療は変わっていった。[81] 医師と患者の双方が、「薬理的な手段」を通じて体毛を根絶やしにしようとしたのだ。[82]

あらたな治療法が生まれたことで、以前の化学的な脱毛剤と同様に、「疾患」が引き起こす苦痛と

「治療」の相対的な重要性について議論が巻き起こった。がんや脳卒中、心臓発作などに対する全身性のホルモン治療の潜在的な副作用を考えると、これらの議論は特に緊張をはらんだものだった。さらには、第二次大戦後に開発された配合製剤のいくつかは、鼻の下や大腿部の内側、ほかの部位の体毛の発育を刺激することがわかった[83]。男性型多毛症治療のための長期的な投薬計画の有害反応は、治療を求める女性のほとんどが出産可能な年代であることを思うと特に厄介だ、とある医師は語っている[84]。妊娠によって、重要性の算定が変わるのが明らかだからだ。

さらに、医療雑誌にはアンドロゲン拮抗薬を使った男性型多毛症治療の成功例があふれていたにもかかわらず、あらたな可能性が起こりつつあった。脱毛という慣習をすっかり捨て去るというものだ。ある著名な医療雑誌が、一九七六年にこう記している。「すでに、若い女性のなかには体毛を放っておくという人が増えている。理由は現在の流行だったり、単なるものぐさだったり、あるがままの姿に対するリスペクト、女性解放運動《ウーマン・リブ》、あるいは、個人それぞれの考え方などいろいろだ。一〇年後の風習がどうなっているか、誰に予測できるだろう?[85]」体毛の問題については、さらに過激なアプローチの兆しが見えていた。

第6章　剃らざる者
――「腋毛ぼうぼうのフェミニスト」とウーマン・リブ

泥沼化するベトナム戦争から抜け出せず、苛烈な大統領選挙戦にアメリカが直面していた一九七二年の夏、雑誌『ミズ（*Ms.*）』の編集者たちは、定期刊行物としての創刊号の発売準備に取りかかっていた。この創刊号には家事の価値、レズビアンの恋愛と性、そして男女平等憲法修正条項についての評論が収められていた。表紙には、そういった問題を来たる国政選挙と結びつけ、物怖じせずに言いたいことを言うコミックスのキャラクター、ワンダーウーマンが「一九七二年には平和と正義を」というキャプションとともに躍っていた。

しかし読者の心に響いたのは、平和と正義を追い求める編集方針だけではなく、家事労働や、女性同士のセックス、あるいは男女差別を禁じる憲法の修正条項に関する考察でもなく、そういった記事に挟まれた三ページの評論『体毛――最後のフロンティア』だった。著者のハリエット・ライオンズとレベッカ・ローゼンブラットは、「女性の腋の下や脚にある体毛は余計なものだ」という考えは「女性をある種の無垢な状態に押しとどめ、彼女たちの生身の存在を否定しようと執着するわれわれの文化が具現化されたものだ」と述べた。陰毛を剃ってまで「幼い少女特有の中性性をまねしよう」とする女性もいる、とふたりは記している。脱毛もまた、アメリカの女性が不当に押しつけられた苦役のひとつと断言したのだ。しかし「男女同権的《フェミニズム》な意識の高まり」は、「われわれがありのままの自分」でいたり、においをさせたりすることに立ちはだかる社会力（social forces）をあらわにし、不平等に対抗するものだと請け合った。「時代はまだ、毛深い女性を受け入れるにはいたっていないが……個々の女性は自分たちのありのままの女性性をいっそう肯定するため、人々の視線をあえて受けとめている。そのうち、このささやかな、しかし親密で個人的な横暴は日の目を見るはずだ(1)」。

毛深い女性を受け入れる時代はまだ来ていないと感じたライオンズとローゼンブラットは、正しかった。一九七二年夏の終わりの共和党全国大会期間中、『シカゴ・サンタイムズ』紙のコラムニスト、アーヴィング・ウォレスは、ジャーナリストのウォルター・クロンカイトとマイアミのビーチを歩いているときに「新しいウーマン・リブ運動の雑誌」を見たかと尋ねられた。ウォレスは「ああ、読んだよ――女性の体毛についての記事を――脚に生えた毛はそのままにしておくべきだ、とか」と答え、さらに「私は気に入らないね。だが、なかなか鋭い意見もなかにはあったよ、ウォルター」と続けた。ウォレスの記憶によれば、クロンカイトはうなずきながら、こう返事をしたという。「そうだろうね。だが、私はどうにもなじめない(2)」。ムダ毛を剃らない女性に対するクロンカイトの幻滅は、ほかの人々にも共有されていた。(3)『ニューヨーク・タイムズ』紙に宛てられた一九七三年の手紙では、「腋毛ぼうぼうのフェミニスト、体毛に関する規範にこだわりすぎて、ほかの問題点をまったく顧みない女たち」が強く非難されている。(4)テキサス州のある議員は、ヒューストンで開催された一九七七年の全国女性会議の出席者二〇〇〇人を「毛深い脛《すね》をした、躾《しつけ》のなっていない小娘たち」と呼んだという。(5)

フェミニストを自認する人たちでさえ、体毛に関する境界を越えてフロンティアに躍り出る覚悟があるかどうか、わからずにいた。くだんの評論は、『コスモポリタン』誌に拒絶されたのを『ミズ』誌に掲載したものだが、記事を編集したスザンヌ・レヴァインでさえ、体毛を伸ばしたままにするのは「ちょっと悪趣味」と思っていたと伝えられている。(6)ベティ・フリーダン〔第二波フェミニズムの引き金となる『新しい女性の創造』を一九六三年に書いた〕は、グロリア・スタイネムやほかの『ミズ』誌の寄稿者たちが「わざわざメイクをしたり、脚のムダ毛を剃ったりする必要はない」とアメリカの女性たちをけしかけているとして、すぐさま批判をはじめた。フリーダンやほかのフェミニストたちは、専門職に就いて社会移動する女性が増えるよう注力しているのに、『ミズ』誌は「ムダ毛を剃らないままの腋の下や陰部に関する説教で……性的な刺激を煽っている」と、嘲笑を浴びせたのだ。(7)フリーダンにとって「毛深さ」は、「反男性《アンチ》、反結婚、反母性という、紛いものの急進主義者《ラディカル》」を簡潔に表すうってつけの言葉──「主流から外れている」とフリーダンが見なすすべての活動家を指す有効な手段──となった、と伝記作家は書いている。(8)

のちに第二波フェミニズムとして知られるようになる社会運動の支持者と反対者双方が、体毛を手近な代理人として争ったのはなぜだろう？　ムダ毛を剃るのをやめると表明しただけで、フェミニストにとってより重大な関心事から目をそらして性的な刺激を「煽る」ものとされたかと思えば、もう一方では、男性や結婚、母性への抵抗の表れとされたのはなぜだろうか？　体毛はなぜ、女性の政治意識に関してこれほど影響力が強く、矛盾したシンボルになったのだろう？(9)

ブルージーンズ、素足、快楽を得るための麻薬の使用、そして、服装や人前での立ち居振る舞いに関するほかの要素と同じく体毛は、第二次大戦後に起こった社会変革運動と共鳴する象徴的な意味をあらたに得た。しかし反体制文化の構成要素のなかで、脚や腋の下にくっきり見える体毛ほど、「フェミニズム」とはっきり結びつけられたものはなかった。(10)第二波フェミニズムから一世代のちの一九九九年においてさえ、アメリカの映画スター、ジュリア・ロバーツが毛の生えたままの腋の下を映画のプレミアでさらした際には、全世界的にメディアが大騒ぎした。カナダのある主要な新聞は、ロバーツの剃っていない腋の下は「無精というよりも、なんらかのフェミニズム的な意思表明みたいなものだろう」と言いだした一方、アメリカに本拠地を置く『ニューズウィーク』誌は、ロバーツに合ったキャリアは俳優よりも、「政治」や「教職」にあるかもしれないと提案した。(11)その一〇年後、二〇一〇年のゴールデングローブ賞授賞式では、〔助演女優賞を〕受賞した女優モニークの剃っていない脚をめぐって同様の騒動が起こり、ネット上や雑誌でコメントが飛び交ったが、その大半は、彼女が意図した政治的な「意思表明」を読み取ろうとするものだった。(12)アメリカ人のフェミニズムと体毛の同一化は二一世紀初頭でも深く根を張っており、アメリカの女性運動全体の複雑な歴史も、ある論評がかっこつきで言及した「腋の下の毛」というひと言で総括されるほどだ(13)。

擁護者と批判者双方にとって、剃っていないままの腋の下や脚は、女性の労苦――この場合、体毛のない肌を維持するという、反復的で金もかかり、人目につかない労苦――を思い起こさせる象徴の役割を果たした。そういった奮闘が、（ベティ・フリーダンが無愛想に言ったように）瑣末な厄介ごとなのか、それとも、（ライオンズとローゼンブラットが主張したように）女性に対する抑圧がまさに具現化されたものなのかという問題は、その後の数十年にわたり、女性の身体上の選択をめぐる論議を方向づけることとなった。毛がぼうぼうの女性の腋の下や脛は政治意識の象徴に変換され、「毛深いフェミニスト」はいつまでも変わらぬ文化的シンボルへと変貌した。

しかしながら、剃毛をやめよという呼びかけに応える前にアメリカの女性はまず、その習慣をはじめるよう説得される必要があったが、その変化は、複雑に絡み合ったさまざまな技術革新や社会的発展があってはじめて可能となった。前に述べたように、一七世紀、一八世紀、そして一九世紀のほとんどを通じて、先住民ではないアメリカ人男女の大部分は自分の体を剃るのを避けてきた。これには、鋼鉄製の直刃かみそりの状態を維持するには技能と手入れが必要なことに原因があった。だが、その苦手意識も、うっかりした切り傷を防ぐよう刃を覆うカバーをつけた安全かみそりの導入とともに、少しずつ弱まりはじめた。安全かみそりは、フランスの職人、ジャン＝ジャック・ペレによって制作のための図面が一七七〇年に引かれたが、発売されるようになったのは一九世紀後半で、アメリカでもそこその売れ行きしかなかった。(14)「カットスロート《のどを掻き切る》」かみそりにおける画期的な改良だったにもかかわらず、鍬のような形状のハンドルに装着された刃は相変わらず、砥石と革を使った手間のかかる研ぎの作業が必要だった。したがって、より重要な意味を持つ技術開発と言えるのは、今やおなじみの使い捨ての両刃がついたT字安全かみそりが一九〇三年に新しく商品化されたことだった。キング・キャンプ・ジレットが考案した刃は、マサチューセッツ工科大学で教育を受けた分析化学者で、皮鞣《かわなめ》し業者の組合で働いた経験のあるウィリアム・エメリー・ニッカーソンによって製品化された。ジレット社のあらたなかみそりのおかげで、消費者は刃のメンテナンスという面倒な作業から解放された(15)【図6・1】。

剃毛の訴求力は、「男性を連想させる」道具を使うのを恥ずかしく思うよう慣らされていた女性にとっては特に、専用のバスルームが屋内に設置されるようになったことでさらに拡大した。上水道や家庭用配管が整備される前は、かみそりや肌から石鹸を洗い落とすのに必要な水を調達するのは骨の折れる作業だった。池や川、あるいは水を運ぶ荷車からバケツで汲むか、井戸や貯水槽、天水桶から汲みあげて運ぶかするしかなかった。当然ながら、入浴は富裕層にとってさえも、たまにしかできないことだった。フィラデルフィアの裕福な貿易商の妻で有名な美人だったエリザベス・ドリンカーは、一七九八年にはじめてシャワーを浴びた体験を称して、「こんなに全身がいちどきに濡れたのは、この二八年間ではじめて」と記している。(16)都市人口が増大するにつれて、大部分の人が容認して

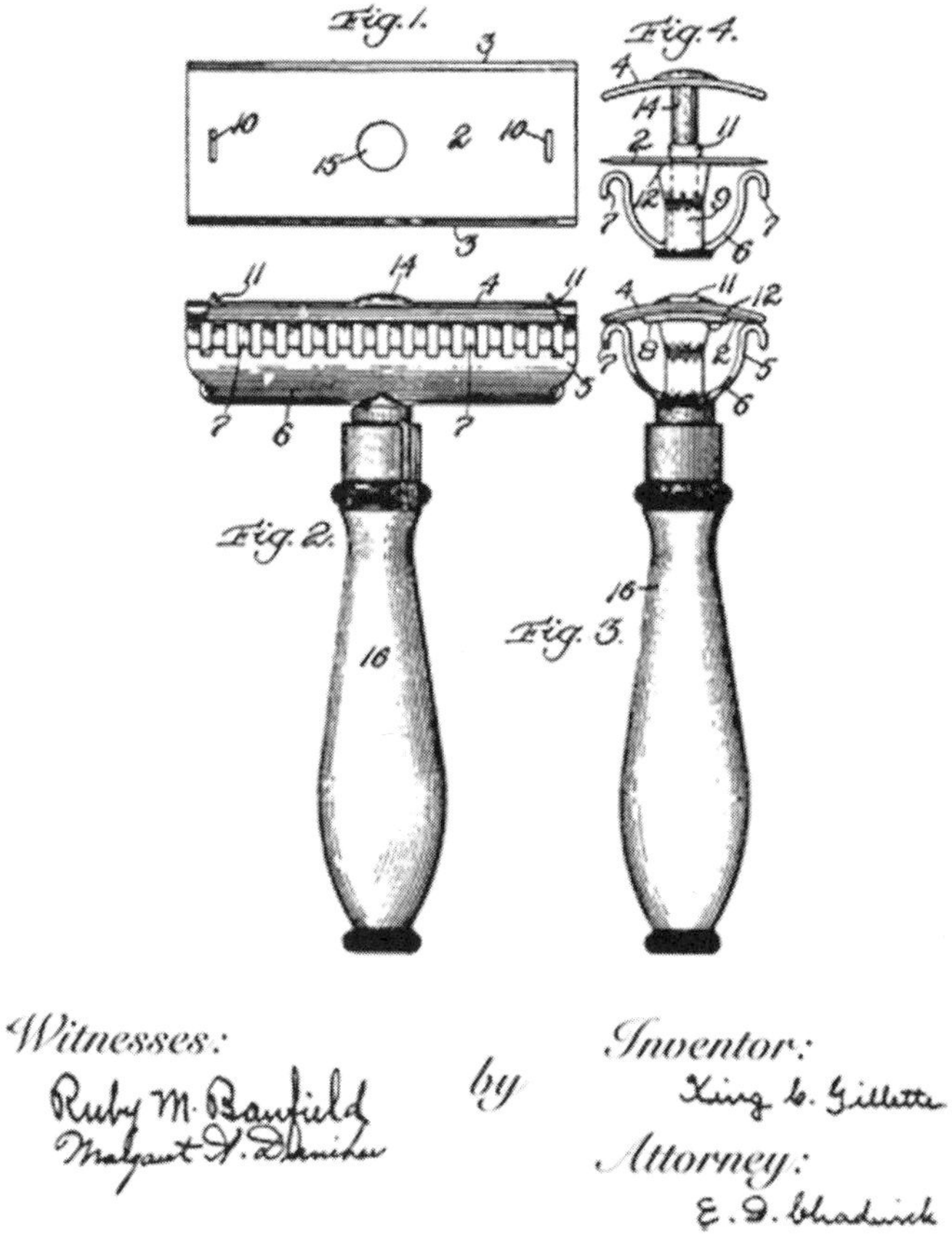

図6·1　キング・キャンプ・ジレットによる1904年の安全かみそりの特許。米国特許商標局の記録より。

きた配水と排水のあり方は支持されなくなった。疫病に対する懸念に突き動かされて、一九世紀のはじめには主要な都市も公共の給水設備を整備しはじめた。たとえばフィラデルフィアの先駆的な配水システムは、頻繁に繰り返される黄熱病の発生に対抗するため建設され、一八〇一年に稼働をはじめた。建国から一世紀もしないうちに、人口一万人以上の都市のほとんどが何らかの形で公共の給水設備を有するようになった。[17] しかし、こういう変化があったからといって、アメリカ人が日々の習慣を変更したわけではなかった。家屋の内部に給水管が通り、固定のバスタブがあるほど裕福なアメリカ人にとってさえ、入浴はたまにおこなうことだった。大多数の人にとって全身を洗う作業は、個人の寝室にある洗面器と水差しと結びついたままで、その器に入っているのは、家まで手作業で汲んできた水だった。一八八〇年でも、アメリカ人六人のうち五人は「依然として手桶とスポンジを使って体を洗っていた[18]」。

しかし一九世紀も終わりに近づいたころ、体を洗う習慣やそれに対する認識が変化した。個人や社会の清潔を保つという概念にみな夢中になり、入浴は、上流階層だけが好んでやることから、個人の健康や社会衛生の問題へと変貌した。浴室は便利で目新しいものとしてだけではなく、伝染病に対する防波堤と言われた。[19] 公共の上下水道設備を導入し、増大する移民たちにあらたな習慣を身につけるよう圧力をかける地方自治体がますます増えていった。ニューヨーク州保健局は一九一四年に「どのこどもも」「日に一回は入浴すべきだ」と強く訴えた。[20] 都市部の貧困層は、中流階級が享受していた快適性を可能にするスペースや水道設備などがまだない安アパートで暮らしており、公衆浴場に行って体を洗う人がほとんどだった。農村部ではあいかわらず、貧困層は以前と同じようにバケツで水を汲んでいた[21]。一般住宅で体を洗うためだけの独立した空間――「バスルーム」――を維持するのは、社会階層の指数のひとつとなり、アメリカの中流階級はこの贅沢品をこぞって手に入れようとした。一八七〇年代から、組み立て工場は鋳鉄ほうろう製の簡素なバスタブやその他の標準的な備品の価格を大幅に下げるようになった。一九〇八年には、消費者はシアーズのカタログを仔細に検討すれば、家庭の配管設備に取りつけ可能な形のバスルーム一式――バスタブ、シンク、便器――を、配送費込みで三三ドル九〇セントから五一ドル一〇セントで手に入れることが可能だった[22]。こういったバスルーム設備の多くには、これもまた大量生産によって手頃な価格になった鏡が含まれていて、体毛の発育状況をあらためて観察することができた[23]。新規の住宅建設や都市計画はアメリカ人の変化しつつある期待を反映しており、結果的に、公衆浴場への支持は減少した。一九三〇年代なかばまでには、ニューヨーク市におけるアパートメントのほぼ全戸に専用の浴槽かシャワーが設置された[24]。「ごく当たり前で普通にある必需品」と思われるものを維持するだけで、これまでよりさらにエネルギーや水、金属材料や石材が必要となった[25]。

さらに重要なのは、バスルームの登場は、ひげ剃りのおこなわれる場所が世間一般に開かれている理髪店から人目につかない家庭内へ移るのを促進したことだ。以前は有料あるいは無料で他人の手を借りておこなわれていたひげ剃りが、水道水や残余物を流す排水溝、明るく照らされた鏡の備えられた部屋のなかで安全に、かつ人目につかずにおこなえるようになった。かつては、男性だけが入れる公共の空間で男性が男性におこなっていたひげ剃りが、身体のメンテナンスのみを目的とした専用空間に移り、誰にも見られることなく独りで実行できるようになったのだ。体毛除去の労苦は個人の手に委ねられ、他人の目から遠ざけられた。

アメリカにおけるひげ剃りの個別化は、第一次大戦への参戦とともに続いた。キング・キャンプ・ジレットの伝記作家が記しているように、「何百万人もの男性を兵士として集め、厳しい規律のもとに組織することは」、自分のひげを剃る習慣を彼らに取り入れさせるという、前例のない機会を提供した。[26] 軍の上層部にとっても、剃毛にはさまざまな利点があったようだ。あごひげを除去することでシラミやほかの害虫を防げるだけではなく、塹壕《ざんごう》内で防毒マスクを使用する際もぴったり密着できるのが好都合だったのだ。アメリカ人兵士がヨーロッパ戦線に参戦するころには、兵士はひとりひとりが何らかのひげ剃り道具を携帯すること、とアメリカ陸軍の規定に明記された。[27]

ジレット・セーフティ・レザー・カンパニーはこの新興市場をしっかり当て込み、アメリカ海軍・陸軍の記章をエンボス加工したコンパクトな小型かみそりと替刃の特製セットの量産体制に入った。さらには、戦争遂行努力への支援としてあらたな宣伝キャンペーンを張り、外地で戦う兵士たちに「何百万個」ものかみそりと替刃を供給すると高らかに宣言した。使い捨ての替刃のある広告では「『砥石と革砥』を持ち歩く兵士など想像もできない」と吹聴した。[28] また、一九一七年の別の広告では「大戦争においてかみそりといえば、ジレットである」ことには「疑う余地もない」と謳われた。[29] 二年もしないうちに何十万ものアメリカ人男性は、定期的に自分でひげを剃るという習慣の手ほどきを

36
THE SATURDAY EVENING POST
May 19, 1917
Gillette
The Armies of the World Use the Gillette Safety Razor
WAR is the great test of any article of utility. The soldier's kit is reduced to actual necessities.
You can't imagine a soldier carrying 'round a strop and hone.
The Official Army Regulations of all Countries now call for a clean shave. And beyond all question the Gillette is the Razor of the Great War—of all the Armies, on all fronts.
Gillette Razors and Blades have gone abroad in a continuous stream of shipments from this Country—by thousands, by hundreds of thousands and by millions!
One recent shipment was 80,000 Razors and 600,000 dozen Blades.
They've gone by Atlantic Passenger Steamers—by Freight—by International Parcel Post. By first-class registered mail and they've gone as personal baggage with passengers. They've gone by Pacific Steamers to Japan and through Manchuria, then via the Trans-Siberian Railway to Russia.
Isn't there a lesson in this for every man in America who has not yet adopted the Gillette Shave?
We venture to say there is not a man living with a beard to shave but can shave better with a Gillette—if he will use it correctly.
If there is any man who is not enthusiastic over the Gillette it is probably because he has not caught the simple knack of using it.
The Gillette is so efficient that men continually take advantage of it by cheating on the lather.
Be fair to the Gillette; soften the beard with a thick lather, well rubbed in, the same as you would with any other razor.
Insert a fresh blade, screw the handle down tight. Use a light, slanting angle-stroke. You will find the beard slips off almost like magic.
Now dash the face with cool water and pat dry with a soft towel.
There are thousands of young men just coming to shaving age. The Gillette will help them to form good habits—the saving of small sums that count up to big ones—the habit of getting started on time—of doing a thing perfectly in the quickest way, with the fewest motions.
Write for the New Gillette Catalogue. See the thirty styles of Gillette Safety Razors, $5 to $50. Gillette Dealers everywhere.
If You Live in Canada—write the Gillette Safety Razor Company of Canada, Ltd., 73 St. Alexander St., Montreal, for Canadian Catalogue and Prices.
GILLETTE SAFETY RAZOR CO.
BOSTON, U. S. A.
NO STROPPING
NO HONING

図6·2　1917年のジレット製安全かみそりの広告。兵士たちに不可欠な「必需品」という位置づけに注目。（*RazorArchive.com.*のMatt Pisarcikの厚意により）

された[30]【図6・2】。

兵士たちがそうやって戦地で身につけた習慣を国内にも持ち帰るよう、ジレットは抜け目なく策をめぐらせた。戦地からの復員がはじまると、ジレット社はキャンペーンを強化した。ぜいたくな内装を施した店舗をチェーン展開し、会社のロゴをつけたぴかぴかのフランクリンのオープンカーで車団を組み、若い女性たちを製品のデモやひげ剃りに関する質問への対処に当たらせた。安全かみそりの特許が一九二一年一一月に切れるまでにジレット社は、「ある世代に属するあらゆる階層の男性が……日々ひげを剃るという概念に」適応する手助けをした。[31] アメリカ人男性にとって、ひげを剃ったばかりの顔は「ごく当たり前の文化的価値のひとつ」となった。[32]

これとはまた違った方法ではあったが、戦争は女性と剃毛との関係をも一変させた。ジレット社は、ヨーロッパで戦闘が繰り広げられていた最中に、女性用のかみそり、〈ミレディ・デコルテ〉を発売した。小型で腋の下によりよく沿うようカーブしたかみそりは、この時代に流行ったノースリーブや透けるほど薄い袖のデザインの服を着るのを補うよう設計された。しかし、腋毛を除去せよという圧力が増しても、剃毛という概念が容易に、あるいはすんなりと女性に受け入れられたわけではなかった。〔かみそり以外の手段としての〕脱毛剤はあいかわらず不快でいやな臭いがして――さらにコレルの場合は――死を招く可能性があったにもかかわらず、多くの女性はかみそりにまつわる男性的なイメージを避けるため、なおもそれらを使っていた。消費者のあいだにはまだ嫌悪感が存在すると認識したジレット社は、丁寧な装飾が施された〈ミレディ・デコルテ〉の広告では「剃毛」や「刃」という言葉を慎重に避け、最新式の「化粧室で使う備品」という言い方をした[33]。しかし、自分のひげを剃る習慣を戦地で確立したアメリカ人男性が復員してくると、家族の女性も、自分が剃毛するための道具を買うという厄介ごとや悪いイメージをあえて無視して、彼らのかみそりをこっそり使うこともあった。女性が夫や父親、兄弟からかみそりをしょっちゅう拝借するのは、女性向けのかみそりの出現に関する、ある雑誌記事にも見てとれる。「『かみそりを勝手に借りる』のは長らく、ちょっとした夫婦げんかや家庭不和のもととなってきた。女性用かみそりがより入手しやすくなるのは、家庭内の平和にとってても善きことだろう[34]」【図6・3】。

合衆国の第二次大戦への参戦で品不足が起こったのを転機として、アメリカ人女性は徐々に剃毛に宗旨替えしていった。見るからに毛深い脛に対する激しい嫌悪感は、その二〇年ほど前から定着していたが、ほとんどの女性は人前に出るときは厚手のストッキングで毛を隠し、社会規範を忠実に守っていた。ナイロン（デュポン社によって開発された合成繊維）とシルクはどちらも軍用に接収され、ストッキングの生産量は次第に減少していた[35]。日本軍の真珠湾攻撃から二カ月後、日本からの生糸の輸入が停止したのとともに、デュポン社はナイロンの製造――その九〇パーセントはストッキング生産に振り向けられていた――を軍事用途に転換した[36]。イギリスは、市民生活にとって「必要不可欠な」要素としてストッキングを優先させたが、米国戦時国家生産局は、ストッキングの生産を厳しく切り詰めた。一九四一年九月からの一年間に、純正シルクのストッキングの生産量は九九・一パーセント、ナイロン一〇〇パーセントのものは九七・一パーセント減少した[37]。結果としてストッキングが品

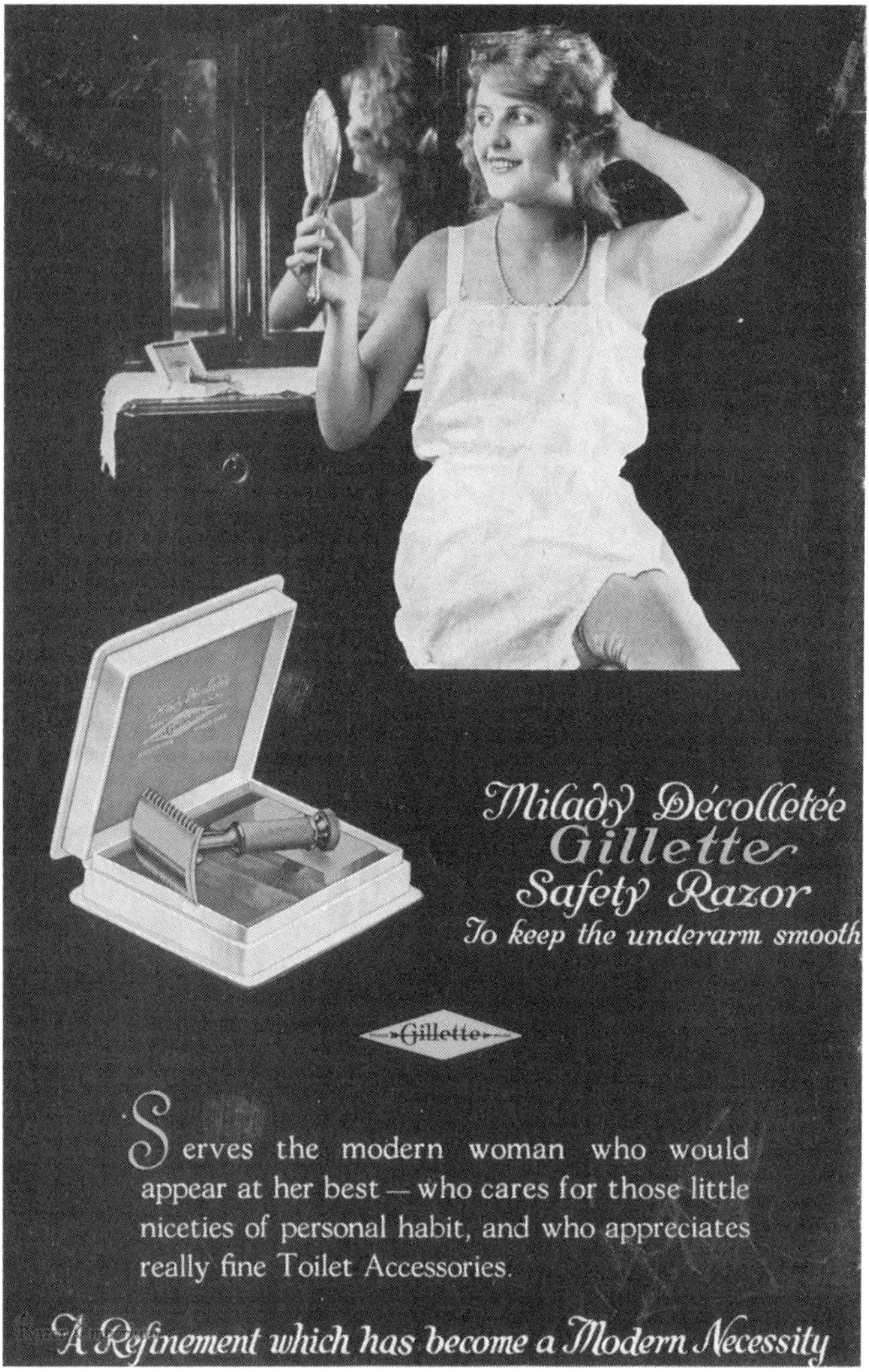

図6·3　ジレット社の女性用安全かみそりの初期の広告。「剃毛」あるいは「刃」という言葉を慎重に避けている。（*RazorArchive.com.*のMatt Pisarcikの厚意により）

不足に陥り、「リキッド・ストッキング」の消費が劇的に増加した。素足で人前に出るのはいやだという女性にストッキングを履いているような錯覚を起こさせる、色のついた脚用化粧品だ。パウダーやローション、クリームといった形状で売られ、指やパフで脚に塗る――塗るには一日五分～一五分程度かかり、さらに乾かして揉み革でこする時間が必要だった。脚の裏側にシームがあるように見せる線の転写、あるいは書き足すためのペンシルがついてくることもあり、シルクあるいはナイロン製ストッキングの価格の何分の一かですむ。ストッキングを買えば平均で月に三〇ドルかかるが、性能のいいリキッド・ストッキングなら一日に一セント、「シーム」が一二本できる転写シールは一パック二五セントだった[38]。

しかしリキッド・ストッキングが効果をあげるのは、脚から体毛がきれいさっぱり除去されたばかりのときだけ。消費者雑誌が強調したように、「入手可能ななかで最高のリキッド・ストッキングでも、脚にムダ毛や短い剃り残しがあっては、誰の目をも騙せません。体毛に脚用化粧品が固まったりこびりついたりして跡ができるため、ムラになって見えるのです[39]」。リキッドを塗って「絶妙な見た目」を目指すには、やはり剃毛が必要不可欠だった[40]。ムダ毛を剃って顔料を塗り、さらにはシームをペンシルで描くという面倒な作業だったにもかかわらず、リキッド・ストッキングは一九四〇年代はじめにかけて人気を博し、わずか数カ月のうちに、一時的な流行から習慣に移行した[41]。シルクやナイロン製のストッキングがまた入手可能になっても、リキッドストッキングの利用は「広く普及したまま続くだろう」と予見した人もいた。「費用がかからず、すてきで、膝や足首に溜まることもない」

からだ。[42]

しかし、戦時中の品不足は水性の顔料にも及んだ。ルーズベルト大統領により設置された政府機関の戦時国家生産局は一九四二年を皮切りに、軍需物資やその他の軍装備品を作るよう国の工業力を転換し、「不必要」とされたほかの製造物とともに化粧品の生産に制限を設けた。リキッド・ストッキングの人気はまた、最高で二〇パーセントもの連邦税が化粧品に課されたことで打撃を受けた。一九四五年には『コンシューマー・レポート』誌が、脚用の化粧品の売り上げは頭打ちになったと伝えている。ムダ毛を剃って、「いい感じに日焼けして、それでよしとする」ほうが安くて簡単だと思う白人女性がますます増えたのだ。[43]定期的にムダ毛を剃ることは人々の心をとらえ、戦後すぐの時期にそのまま広まっていった。一〇代や二〇代でこの習慣を身につけた女性が、娘たちにもそれを伝えたからだ。一九六四年には、一五～四四歳までのすべてのアメリカ人女性の九八パーセントは定期的に脚のムダ毛を剃っているという調査結果も報告されている。[44]

こういった社会規範の変化をしきりに煽ったのは、製造業において、より大きな戦後景気とともに拡大した「身体の手入れ《パーソナル・ケア》」産業だった。(単なる交換可能なものではなく)カートリッジ式の替刃がついた鍬形の安全かみそりは一九七〇年に販売開始され、その五年後に、鍬形の廃棄可能なかみそり――パーツの手入れや交換は一切不要――が発売された。どちらも消耗品として販売されるよう価格設定されたが、それはプラスチック射出成形という新しい製造法により、可能となった。そして、どちらのかみそりにも、石油やその他の複合材料の消費、製造や焼却過程での炭素放出、固形廃棄物の発生、都市のごみ問題、海洋汚染などを含む、戦後のプラスチック業界が抱える生態学的な影響がつきまとっていた。工業デザインの歴史家、トーマス・ハインが述べたように、「使い捨てできる世界」――活動家たちが異議を唱えはじめた世界が作り出されたのだ。[45]

脚の剃毛ほど人々に広く普及した習慣――一九四五年にはすでに大半の人に受け入れられ、一九六〇年代なかばまでには閉経前のアメリカ人女性ほぼ全員に実践されていた――はいかにして、「ウーマン・リブ」の支持者から目の敵にされるようになったのだろう？　答えの一端は、社会変革を求めてあらたに出現したほかのムーブメントにおいて体毛が果たした大きな役割にある。体毛はよく目立ち、形を変えるのが比較的容易な身体的特徴として、変容した政治意識を伝える格好の手段となった。ブラック・パワーやブラック・ナショナリズムを支援する人たちにとって頭髪の扱いを見直すのは、人種差別的な美のとらえ方への抵抗に不可欠な要素となった。アイロンで伸ばしたり化学薬品でまっすぐにした髪を拒絶するのは、非難を浴びた黒人の身体を「植民地支配から脱却させ」、黒いということに醜怪あるいは不気味という意味合いを押しつけたカラー・カーストに真っ向から挑戦するものだった。[46]加工されていない髪型は「自然なもの」とされ、外見に関するヨーロッパ中心の基準に対して、目に見える形でわかる砦を提供した。[47]

頭髪はまた、ベトナムで進行中だった戦争に対してエスカレートする若者の抗議活動において、政治的な意義を増した。男子高校生、特に白人で、髪を長く伸ばして両親や学校関係者を激怒させる者がますます増えていた。若い白人男性の切ってない髪にどんな意味があるのか、世間一般が同一の見方をしていたわけではないが、なかには、「ヒッピー」スタイルは「現代社会がエリート層に期待するような、理性を持った行動や中庸、安定や秩序の受け入れを拒否する」ことを象徴していると見なす人もいた(48)。一九六七年、ミュージカル『ヘアー』はこの世代間の対立を感じ取って、題材にした。物語は、徴兵に応じるかどうか葛藤するひとりの若者を中心に展開し、一見して実体がないように見える服装やヘアスタイルといった問題を、暴力や自由、社会的な義務といったより大きな問題と融合させた。このミュージカルの意義を観客は理解し、歓迎した。商業的にも成功したことが、毛髪と、同時代に起こっている社会運動との関連をさらに強固なものにした(49)。

頭髪があらたに政治的な意味合いを獲得するにつれて、女性たちはあらたな政治的要求に共鳴し、みずからの意見をはっきり述べるようになった。第二次大戦中、中産階級の白人女性が有給の労働力にどんどん参入したことで、戦後は単科大学《カレッジ》や総合大学《ユニバーシティ》に入る機会が増えたのと同時に、経済的な公平さへの期待が設定し直されることとなった。公民権、表現の自由、そして反戦運動が急速に発展するなかで性差別への幻滅が高まり、対立軸を煽る政治のなかで独特の位置を明確に示すよう、活動家をさらに駆り立てた。アジア系アメリカ人の「イエローパワー」団体や、チカーノ・ムーブメント、自治権を求めて闘うアメリカン・インディアンなどに関わるフェミニズム活動家たちは同様に、変化を求めるそれぞれの運動のなかで、女性にもっと進歩的な役割を任せるよう主張した(50)。

重要なのは、そういった政治的な扇動が、以前なら政治の領域の外にあるとされていた分野に目を向ける傾向にあったことだ。政治と経済における特有の自己統治権（自分の収入を管理したり、資産を所有・移動したり、契約を結んだり、選挙権を行使したりする権利）の多くを獲得してしまうと、進歩的で急進的な女性（そして男性）は、長らく「私的《プライベート》」と考えられてきた事柄にますます注意を向けるようになった。性交渉、家族の本質、家事、そして医療はすべて、永続的な不公平に満ちているものとして扱われるようになった。活動家のシャーロット・バンチが主張したように、「人間の生活の個人的な領域において政治的でないものなどなく、突き詰めていくと個人的ではない政治問題などない。古くからの障壁は崩れ落ちた」のだ[51]。フリーダンの一九六二年の著書『新しい女性の創造』（三浦冨美子訳、大和書房、二〇〇四年）を読んだのち、あるアトランタの主婦は自分の家庭生活を振り返り、大勢を代弁するように語った。曰く、自分は家庭において長らく「みずから進んで奴隷になっていた」と[52]。この隷属状態という言葉をいつも繰り返しながら、第二波フェミニズムを代表する声――中産階級の白人――は、個人の家庭という「監獄」や、性交渉という「巧妙な隷属状態」、介護やこどもを育てるという作業やほかの領域における過酷な行為にも「解放運動」を広げようとした。

自由を求めるこういった声の中心にあったのは、女性の身体だった。一世紀以上にわたり、身体に関する自己決定権を獲得することは、女性が平等を求める闘いにおける極めて重要な目的だった。それは「女性が生まれながらに持っている、みずからの身体に対する所有権と主導権」という、一九世紀の急進主義者エズラ・ヘイウッドの主張にも明らかだ[53]。一九六〇年代～七〇年代には、自分の身体に対する主導権と自己帰属の権利への支持がウーマン・リブの多くの活動を鼓舞した。この時代にもっとも広く読まれた書籍のひとつ、『からだ・私たち自身』〔ボストン女の健康の本集団著、『からだ・私たち自身』日本語版翻訳グループ訳、松香堂書店、一九八八年〕にも、それは反映されている。女性は「みずからの身体をコントロール」すべきだという概念は、女性に対する暴力から団体スポーツへの参加にまでいたる幅広い論点へのアプローチに影響を与えた。自由と平等は、誰のものでもない「自分自身の」身体をどれだけ把握しているか、そして、それを増すことのなかにこそ存在する、と活動家たちは訴えた。(54)

自己所有感と自己決定権に対して変わりつつあるこの意識を、体毛は難なく表現した。腋の下や顔、あるいは脚にあるムダ毛をどう処理するかは、反戦的なヒッピーやブラック・ナショナリストの変わりゆくヘアスタイルと同じく、「自然で」拘束されていない身体への連帯意識を変更可能かつ目に見える形で表すシンボルとして、女性解放運動家に提供したのだ。単に剃毛をやめただけで女性の権利の擁護者はたちまち、より大きな社会運動への同一化を図ることができた。習慣となっている体毛の除去が、第二波フェミニストたちが異議を唱えはじめた〝女の仕事〟と呼ばれるものに含まれる無数のほかの要素をすぐに連想させることを思うと、体毛が持っている具象的なパワーは、女性の権利の擁護者たちにとっては特に強い説得力を持っていた。たとえば、病院での出産前に女性が陰毛を剃るのは、強制的な会陰《えいん》切開や浣腸、そして新生児を母体からすぐさま引き離すことなどとともに、「自然な」分娩を提唱する人たちが疑義を呈する、出産時における型どおりの医療介入のひとつとなった。(55)アイゼンシュタット対ベアード、ロー対ウェイド、そしてドゥ対ボルトンといった画期的な訴訟（これら三件で、避妊具を用いる権利や妊娠初期に中絶する権利が確立された）での判決を通じて、女性はみずからの性と生殖に関する生活様式を決められるというあらたな権利を得るとともに、異性装の禁止など、ほかの身体的表現への制限に対しても闘いをはじめた。[56] 日課として繰り返される剃毛――「あなたの肌に……火を」つけるような――は、アメリカにおける女らしさと関連づけられる多くの「野蛮な儀式」のひとつとして標的にされた。[57] こういう状況下で体毛は、女性が個々に制御できる（あるいは制御すべき）のは自己を形成するどの要素かという問題をめぐる、より大きな論争の代役にうってつけの題材となった。「あごにある余計な体毛」を除去するのを拒んだとして解雇された、シアトルのＹＭＣＡのある女性職員が言ったように、「神が授けてくださったものならば、なぜ私がそれを取り去らなければならないのでしょう？[58]」。

高まる政治意識の印として体毛をとらえる白人フェミニストの多くは、体毛に対する反応に注ぎ込まれている、人種に基づく不正義については、それほど深く考えてはいなかった。「実のところ」、「男性のなかにも毛深い人とそうでない人がいる。女性のなかにだって、毛深い人とそうでない人がいる。人種が異なれば、体毛の生え方も異なる」とジャーメイン・グリアは一九七〇年に良心の呵責なく断言していた。「浅黒い肌をしたコーカソイドの女性は、大腿部やふくらはぎ、腕、はては頬にも濃色の体毛が豊富に生えている」が、「人間のなかでもっとも力強い黒人の男たちには、体毛というものがほとんどない[59]」。『ミズ』誌の特集記事においてライオンズとローゼンブラットは、目につく体毛は、その人がアメリカの支配的な文化に属するのではなく、「汚いよそ者」だという印になると批判ぬきで記している。[60] ふたりは読者にショックを与えるのを目的として、ある逸話を例に挙げた。「自転車事故に巻き込まれた若い女性が、毛を剃っていない負傷した脚を観察したニューヨーク市警の警官に尋ねられた。『きみは、プエルトリコ人じゃないだろうね？』[61]」この象徴的な「脚がムダ毛ぼうぼうのフェミニスト」は暗黙のうちに、あるいはあからさまに、アメリカ生まれの白人だと符号化されていたのだ。

同じく重要なのは、人種的な符号づけのされたウーマン・リブというレトリックが、収益を創出する手段へと容易に変換されたことだ。一九七〇年代においては大衆に向けて脱毛を説明する場合、衛生観念あるいは健康の規範を順守することよりも、個人の身体管理のほうが優勢なテーマだった。さらに言えば、身体を管理するというその理想は、体毛を生やし伸ばすことにおけるあらたなトレンドだけではなく、体毛の除去におけるトレンドをもすぐさま後押しした。アメリカの主だった女性向け雑誌は体毛を、抽象的な医学基準に従った定義のように「余分な」あるいは「過剰な」と言い表すことをやめ、個人にとって「ムダな」という表現に変えた。「ムダ毛を処理する六つの方法」、「素人仕事ではなく、永久にムダ毛を取り去る」、「あなたが必要としない毛」、そして「なくてもいい毛」というタイトルを通じて、消費を――具体的に言えば、特定の脱毛製品を買って使用するという選択を――介しての解放という期待を、これらの雑誌は強調した。[62]

一世代のちになっても脱毛は、女性の性の解放や政治的な自由をめぐる争いの火薬庫だった。一例を挙げると、一九九八年、運転免許の試験中に「太くてしわしわでムダ毛だらけの脚」と教習所の指導官にハラスメントを受けたと訴えた人に対して、雇用機会均等委員会の上訴審裁判官は代金の返還と、それに利子と遅延損害金をつけた賠償がなされるよう命じた。[63] しかしながら「第三波」フェミニズムの活動家たちは、一九七〇年代の先駆者よりもずっと激しく、選択と大量消費の融合を促すコーポレート・キャピタリズムに抵抗しはじめた。スポークン・ワード・アーティストのアリックス・オルソンは二〇〇一年の「腋の下のムダ毛（哺乳類の証拠）」で、そんな抗議を表現した（スポークン・ワードとは、歌詞、詩、物語を「歌う」というよりは「話す」、文学の芸術、または芸術的パフォーマンス）。

あのね、あたし、ヨーロッパへ行きたい、勇者と自由の国
女の子たちがムダ毛ぼうぼうでも、それが自然とされるところ。
ジレットが女たちを忙しくさせて、それで儲けたりできないところ
シェーバーやかみそり、毛抜きで
誰かを喜ばせるなんて、まっぴらごめん。[64]

「急進主義的なチアリーダー」を自称するグループも同様に、企業利益と脱毛の因果関係に挑み、「女神」まで持ち出して、有名メーカーの脱毛剤への反撃に出た。

女の子たち《ギャルズ》はナイールにノーを突きつける！
あたしたちは自分の腋毛が好きだ！
女神が、あたしたちの脚をつるつるにしておきたかったのなら
そこに毛を生やすはずがない！
だから、女の子たちはナイールにノーを突きつける！
女の子たちはナイールにノーと言う！
あんたの独裁的な美の基準なんて、くそ食らえ！[65]

脱毛に抵抗すること自体が危険な兆候だ、という評論家たちも現れた。二〇〇一年九月一一日のテロ事件ののちに、「あごひげを生やしたテロリスト」という表現が大手マスコミに急増すると、評論家のなかには毛深い脚の女性を激しい急進主義と結びつける人も出てきた。[66] 二〇〇六年、全米ライフル協会の資金集めのための小冊子の情報が事前に漏れた。「危機的状況にある自由」と思わせぶりなタイトルのついた小冊子は、見るからにムダ毛の生えた脚で大股に歩く女性のイラストで、「動物愛護に躍起になるテロリスト」という特徴的な脅威を表した。ネット上では、リークされた文書はでっち上げかもしれないという声もあったものの、脚のムダ毛を処理していないテロリストというイメージには特に説得力があるとも語られていた。[67] 女性の身体で目につく体毛は、政治的に過激な思想を示唆するものだった【図6・4】。

図6·4　2006年の全米ライフル協会のパンフレット「危機的状況にある自由（*Freedom in Peril*）」に掲載されたイラスト。「動物の権利を擁護するテロリスト」のムダ毛が生えたままの脚に焦点を当てたものとなっている。

こうして、女性の体毛は政治的スペクトルの両端から圧を受け、女性の政治意識を表す、簡単には拭い去れないシンボルとなった。その政治意識では、個人がみずからの身体の可能性を管理できる能力と自由とは同等と見なされる。(68)だが逆説的に、ごくありふれた身体管理は、手間と労力の巨大で曖昧なネットワークとこれまで以上に複雑に絡み合うにもかかわらず、こういった個人の選択は美徳として賞賛されることとなった。

第7章 「いちばん下《ベースメント》をきれいにする」——労苦、ポルノグラフィとブラジリアンワックス

毛むくじゃらの腋の下や脛《すね》の政治的な意味をめぐる論争は未解決のままだったが、二〇〇〇年代初頭のいわゆるブラジリアンワックスの台頭とともに、その大部分は脇へ押しやられた。「ブラジリアン」ワックスとは女性外陰部や肛門、会陰も含めて生殖器部からすべて、あるいはほぼすべての体毛を取り除くことを言う【図7・1】。有料ケーブル局HBOの人気シリーズ『セックス・アンド・ザ・シティ』〔一九九八〜二〇〇四年に放映されたテレビドラマ〕の主人公、キャリー・ブラッドショーが二〇〇〇年のあるエピソードで施術の様子を紹介してから、ブラジリアンワックスの人気は急上昇した。(1) それから一〇年もしないうちに、ある推測では、二五歳以下の女性のうち五人に一人は継続的に生殖器部を全脱毛するようになったという。二〇一〇年に発表された大規模調査によれば、一八歳から六八歳の女性のうち少なくとも四分の一は、一カ月以内に生殖器部の完全脱毛をおこなったことがわかる。(2)

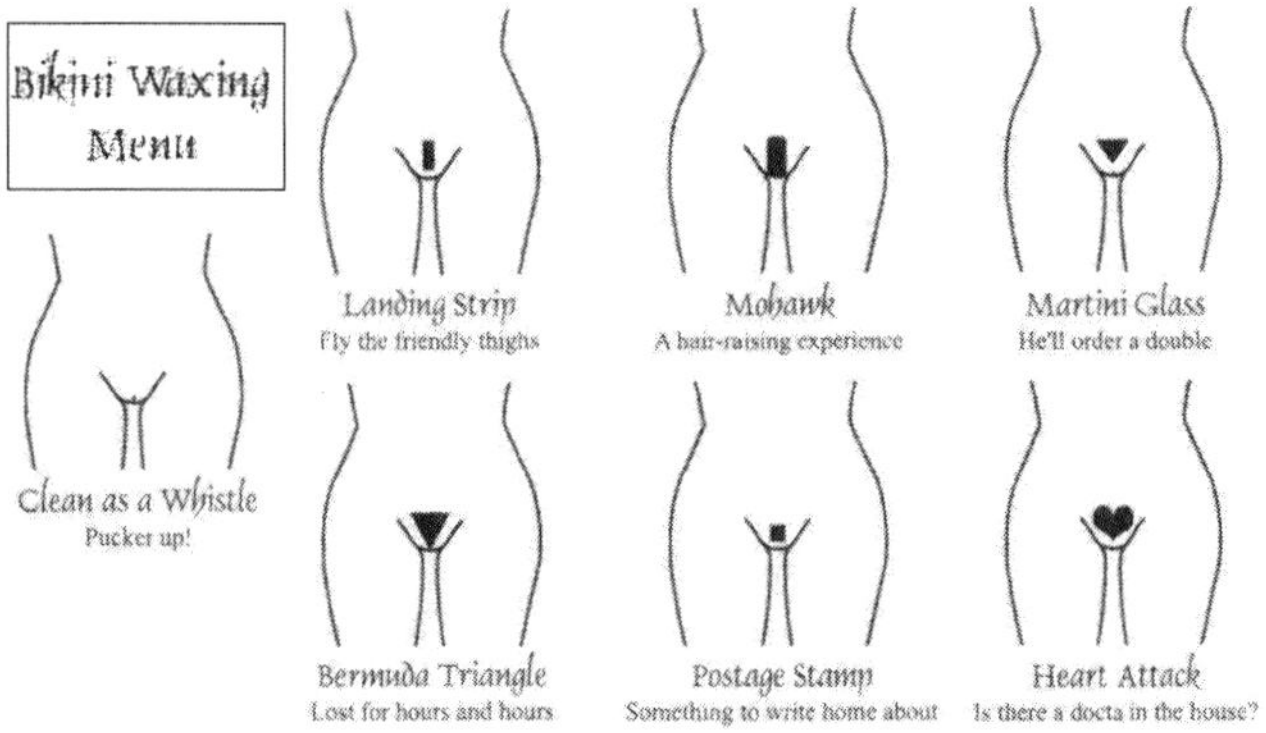

図7·1　脱毛サロンのオプション一覧。2010年初頭に繰り返しネット上に再投稿された。このバージョンは、2013年4月にあるブログに載ったもの。

男性のなかにも、この脱毛法を取り入れる人が出てきた。首から下の体毛を定期的にワックス脱毛あるいは剃毛しているというアメリカ人男性の一部ではあるが、彼らは「ブロジリアン（Brozilian）」、「ガイジリアン（guyzilian）」、「マンジリアン（manzilian）」あるいは単に「尻、割れ目、金玉（back, crack, and sack）」といった呼ばれ方をする、生殖器部分の完全脱毛を選んでおこなっている(3)。

生殖器部の完全脱毛に伴う肉体的苦痛（先駆者たるキャリー・ブラッドショーは、施術された感想を「目の玉が飛び出るほど」と称した）を思えば特に、ブラジリアンワックスの人気は驚くほど急上昇を遂げた。二〇世紀前半、アメリカ人は女性の腕や腋の下、膣にある目立つ体毛に対して懸念を示していたが、陰毛について心配する人はあまりいないように思われた。第二次大戦終結以前は、医学文献や大衆向けの雑誌に陰部脱毛についての記事が載るのも珍しかったが、それには必ず、病変に関する報告が付随していた。[4] 中産階級のアメリカ人女性が陰毛を人前にさらすようになったのは一九四六年にビキニが世に出てからだが、その当時も、陰部の脱毛は広くおこなわれてはいなかった。二〇世紀全体をとおして、陰毛には性的な魅力があると考えられていたし、陰部の脱毛は珍しいこととされてきた。[5] 大学生を対象にした非公式な調査によれば、一九七一年においてもなお、腋の下を定期的に剃るのは九八パーセントだった一方、陰毛を剃ったり、形はどうあれ整えたりする人はほとんどいなかった。そのとき調査対象となった女性の四分の三以上は、陰毛を「性的な装備のなかでも強力な武器」と表現している。[6] しかし、二〇〇〇年代後半になると臨床医たちは、三〇歳以下の女性でまだ陰毛がある人を治療するのは「珍しく」、「陰部にかみそりの剃り跡」がある一一歳あるいは一二歳の少女を診るのもごくありふれたことになっていると報告した。[7] たった一世代のうちに、女性の陰毛は余計なものと考えられるようになったのだ。

陰部の完全脱毛がいっそう広まるうちにも、それが現代のアメリカ政治、特に女性の地位について暗示するものについて懸念を示す人がいた。ミネアポリスの新聞のコラムニストは「三〇年くらい前には」「アメリカ中の」女性が「……自由恋愛やＥＲＡ〔男女平等憲法修正条項〕を訴えるプラカードを掲げていたのに」、「その孫娘の世代は」対象的に、「豊胸手術やブラジリアンワックスを受けている」と嘆いた。[8] 陰部のワックス脱毛はアメリカ人女性のより深い政治的混乱の表れだとされ、解放運動はどこかで道を誤ったという同様の論調が学術書や大衆向けの書籍にあふれた。アリエル・レヴィの二〇〇五年のベストセラー『男性優位主義のメスブタ（*Female Chauvinist Pigs*）』は、陰部を完全脱毛できるほど「社会的な力を持った」と自認する若い女性たちを嘲る一節ではじまる。[9] 別の著述家も同じ年に、習慣的な「女性の陰部の……剃毛やワックス脱毛は」結局、同意という概念全体が疑問視されるのが必須の「自傷」行為に等しいと記している。[10] 二〇〇七年には、陰部のワックス脱毛に関するオンラインの記事に反応した読者が同様の意見を述べている。

西洋にいる私たちは、みずからを自由だと思いがちだが――私たちは常に宣伝の――ピアプレッシャーや、社会ではこれが普通だという押しつけの形を取る――影響下で育っている……。確かに女たちは銃身で殴られるのではなく、みずから進んで性器を差し出しているのかもしれないが、そうしたいという欲望は、消費主義に私たちがすっかり魅了されているところに起因する。[11]

「私たちは奴隷だ」と彼女は話を結んだ。「なのに、私たちは自由だと思っている」。[12] そういう視点を政策に反映させようとニュージャージー州の州政府美容免許委員会は、施術を受けた女性ふたりが感染症で搬送されたのち、二〇〇九年に陰部のワックス脱毛を全面禁止とした。[13]

ブラジリアンワックスを禁止するという提案は、多くの擁護者によってすぐさま冷や水を浴びせられた。擁護者の目には、完全脱毛の人気はアメリカ人女性の隷属状態を示すものなどではなく、むしろ、彼女たちの特別な政治的自由を表していた。陰部のワックス脱毛は、批評家たちが不平を漏らしたような「解放運動が敗北を喫した闘い」ではなく、アメリカ人女性が身体の自己決定権に並外れた力を持った象徴だとされた。[14] ある勢力にとっては、脱毛に反対することがリアルな横暴に見えた――女性が生まれながらに持っているみずからの身体に対する所有権と、不必要な生物学的生成物を好きなように処理する権利を理不尽に制限している、というのだ。たとえ「毛を剃り、引き抜き、そしてワックス脱毛したとしても」、「フェミニズムは、あなたがどんな人間だろうとそのままでいることを望んでいる」とジェニファー・バウムガーデナーとエイミー・リチャーズは、二〇〇〇年に刊行された『マニフェスタ（*Manifesta*）』で主張した。[15] 豊かな先進工業国に見られるようなワックス脱毛への強い嗜好を、アフリカ北東部の地域社会で普通におこなわれている儀礼的な性器切除と比較する論評がネットに公開されたとき、ある読者は憤然として、アメリカやイギリスでおこなわれている女性器部の手直しと「ほかの文化圏」でおこなわれているそれとのあいだには「違いがある」と主張した。「意志」に左右される違いだ、というのだ。「西洋では、人々はみずからの意志で、伴う危険をじゅうぶんに理解したうえでおこなっている一方、［ほかの地域での］女性器切除は、家族や文化の強制ではなくとも、周囲からの圧力によってなされている」。[16] このように、脱毛を支持する人も批評する人もおおむね、自己決定権という同じような理想について熱意をもって語る。両者が異なるのは、アメリカ人女性の選択肢がいかに「自由か」――そしてばかげているか――についての見方だけだ。

これまで見てきたように、身体の自己決定に関する原則は、一九七〇年代の解放運動以降の女性の脱毛をめぐるアメリカでの論議を伝えてきた。しかしながらブラジリアンワックスの全盛については、常識あるいは特定の選択の誤りの域を超えて語られるべき事柄がほかにもある。この点で極めて重要なのは、そもそも陰部の習慣的なワックス脱毛を広く利用しやすいものにしている多様な条件――ワックス脱毛しようという個々の女性の決断を賞賛あるいは非難する陰で無視されることが多いが、物資や人、資本の地球規模での流通――だ。陰部の脱毛を指す言葉として現在用いられている言葉でさえ、より大きなこの状況を示唆している。「ブラジリアン」という言い方（アメリカでは、この一語でワックス脱毛そのものを指す名詞）自体がアメリカであらたに造られたものだ。いわゆるブラジリアンワックスはブラジルの大多数の女性によって実践されているものではない、と学者のマグダラ・ペイショット・ラブレは指摘した。陰毛の完全脱毛を指すのは「トリコトミア（tricotomia）」というより技術的な名称である。ラブレは、「ブラジリアン」という語の出処が〈J・シスターズ〉というサロンの影響にあることを突きとめた。名前がみなJではじまるブラジル人の七姉妹によって運営されているサロンだ[17]。

本章では、「アメリカン」ワックスと呼ばれるほうがふさわしいかもしれない脱毛法の圧倒的優位について、大手マスコミやポルノの影響からワックス脱毛剤の製造にいたるまで取りあげていく。こういったシンボリックかつ物質的な発展は、政治や経済におけるより広範囲の転換――労働や資本、苦痛、そして自由のあらたな構造を生み出す地球規模での変化のなかで展開された。

陰部の脱毛について問われると、たいていのアメリカ人女性は、自分たちの努力は「セルフ・エンハンスメント」――みずからをより清潔で魅力的に感じるための手段――のひとつだと表現する。性的パートナーの好み〔具体的には、パートナーにオーラルセックスをするよう促すため〕に合わせて脱毛しているという人もいるが、大半はやはり、衛生面や性的な好ましさの側面を強調する。[18] 二〇〇〇年代はじめから、大手メディアは陰部の完全ワックス脱毛を華やかなセレブと結びつけ、こういったテーマを後押しした。[19]〔俳優の〕グウィネス・パルトロウはワックスを用いた陰部の完全脱毛を比較的早くに取り入れたが、それが「人生を変えた」と広く報じられた。カースティ・アレイは「赤ちゃんのお尻みたい。お尻だけじゃなく、どこもかしこも」と感想を述べた。[20] 完全脱毛で得られるエンハンスメントは、大衆向けの人気映画でもプロットに含められる要素となった。二〇〇六年のコメディ映画『ハニーVSダーリン　2年目の駆け引き（*The Break-Up*）』では、ジェニファー・アニストン演じるあらたに独り身になったヒロインが「完全にテリー・サバラス」になり、別れたばかりの元カレとまだ同居しているコンドミニアムを裸でうろつき、彼を焦らして誘惑するシーンがある。

男性の脱毛もまた、セルフ・エンハンスメントの形態のひとつとして奨励・理解されているのは、「マンスケイピング（manscaping）」〔man と〝景観を整える〟という意味の landscaping の合成語〕という新語が作られたことでもわかる。これは、『クィア・アイ・フォー・ザ・ストレート・ガイ（*Queer Eye for the Straight Guy*）』というテレビ番組の、二〇〇三年のある放映回に由来する言葉だ。二〇〇五年のユニヴァーサル・スタジオ制作のコメディ映画『40歳の童貞男（*The 40-Year-Old Virgin*）』でのスティーヴ・

カレルが罵り言葉を吐きまくるシーン（素人がまねしたホームビデオがYouTubeにあふれる原因となった）にも見られるように、大衆文化の主流で取りあげられる男性のワックス脱毛は胸部と背中に集中していた。しかし、ローライズのジーンズのように、鼠蹊部や尻に注目する男性ファッションの流行が、これまで覆われていた身体の部分にも関心を向けさせることとなった。男性の同性愛者と異性愛者のどちらもポルノに影響を受けて、ペニスを長く見せるための手段として陰毛を除去しはじめたと考える評論家もいた。(21) 男性の陰部《プライベート》は今や、人目《パブリック》にさらされるものとなり、自分で選択するエンハンスメントの対象になった。

大衆向けの映画やテレビ番組、そしてネット上で生殖器部をさらす文化は、二〇世紀を通じてエロティックなイメージがじわじわと商業化されてきたこと、特に、一九六〇年代後半にはじまった検閲関係の法律の自由化に端を発する。(22) レッドラップ対ニューヨーク州事件（一九六七年）では、アメリカ合衆国において同意年齢に達している成人は、表面上は猥褻《わいせつ》な題材を取りあげた小説を州の干渉を受けずに所有したり読んだりする権利を有する、という判断が連邦最高裁によって下された。スタンリー対ジョージア州事件（一九六九年）では、小説とは別の「猥褻な素材」を自宅で所有することは州の規制の対象とはならない、という判決を連邦最高裁が下した。その四年後のミラー対カリフォルニア州事件では、何をもって良識とするのかは個別の州が「地域における基準」を定めよという司法判断がなされ、「ポルノ」は事実上、連邦レベルでは法的に無意味なものとされた。二、三の重要な例外（児童ポルノのように、アメリカ合衆国憲法修正第一条が保護する対象にはあたらないと裁判所が判断しているもの）はあるが、これ以降、ポルノについては個々の州が州内に適用される法律を定められることとなった。[23] こういった変化によって、性的な興奮を煽る素材へのアクセスが縮小される法的区域もあったが、より一般的な風潮としては、映画や出版物はより自由に生殖器部をあからさまにするようになった。実業家たちはより大きな売り上げと引き換えに、より露骨な素材を見せることで罰金や懲役を科されるリスクを冒すほうを選んだ。[24]

その作戦において、陰毛は重要な要素だった。一般公開された映画のなかではじめて陰毛を見せたのはミケランジェロ・アントニオーニ監督の『欲望』で、一九六六年に公開された。一九六九年八月には、アメリカのダンサーで女優のポーラ・ケリーが『プレイボーイ』誌上で、はっきり見える陰毛をあらわにした最初のモデルとなった。[25] こういった試みが利益をもたらす可能性を見出した劇場興行主たちは、性器に特化した女性の全裸を映した映画をプッシュしはじめた。いわゆる、ビーバーフィルムと呼ばれるものだ。サンフランシスコのザ・ロキシー・シアターは、「ビーバー・ピクニック」、「海辺のビーバー」、「若さ真っ盛りのビーバー」、「熱いビーバー、権利を主張する」、「ビーバーは抗議する」といったタイトルの映画の上映を続けた。描写のよりきわどい映画の人気の高さが、より小規模な小屋を生む誘因となった。客席が少なすぎて「劇場」としての基準を満たさないため、地域のゾーニングに関する規制をすり抜けることができるからだ。ポルノを見せる成人映画館やビデオ・アーケードが急増するにつれ、映画監督やプロデューサーたちは、陰唇部を広げたり（「分かれたビーバー」）や、性器を動かしたり（「アクション・ビーバー」）、音声を加えたり（「しゃべるビーバー」）と、さらに強烈なコンテンツを試しはじめた。[26]

名称が示すように、「ビーバー」フィルムとは女性の陰毛にスポットを当てたものだ。[27] しかし、競争力を維持するためにもっと露骨でどぎついコンテンツが引き続き求められるなか、ポルノ映画のプロデューサーたちはあらたな分野に進出した。一九七五年、『ハスラー』誌は、目に見える陰毛のない年端もゆかぬモデルたちの写真を「思春期のファンタジー」というタイトルとともに掲載した。この特集記事は男性読者の「熱狂的な反応」と、フェミニストの組織立った抗議を招いた。いくつかの団体がまとまって〈ウーメン・アゲインスト・ポルノグラフィ〉という政治活動団体ができたのは、その翌年だ。[28] 批判者にとって『ハスラー』誌の見開き記事の人気は、アメリカ人が脱毛を実践するのは幼い少女の「稚《いとけな》き中性性」に夢中だからだという、ハリエット・ライオンズとレベッカ・ローゼンブラットの主張を確認するものだった。[29] 性的なコンテンツ制作者を陰毛のない女性モデルに駆り立てたのが何であったにせよ、彼らはその方向へと舵を切った。コンテンツを分析してみると、雑誌中央部の見開きでヌードモデルが陰毛をあらわにしているものは急激に減少し、大陰唇や小陰唇を見せるのも最小限度に抑えられる傾向が見られた。[30] ある引退したポルノ女優は、一九八〇年代の仕事をこう振り返っている。「豊かな繁みのままでポーズをとってたわ。あのころは、成人向けエンタメ業界で働いてて剃毛している人なんていなかった。それが今や、みんなが毛を剃ってる」。[31]

こういった猥褻な画像は、一般人のグルーミングの習慣にどれくらい影響を与えるのだろう？　研究によると、ポルノを消費することはやはり脱毛行為を左右しているようだ。ポルノグラフィックな素材にあふれるむき出しの性器は、「あらわになった性器がよりエロティックだという認識」につながっている、とある論評記事は結論づけている。[32] そして二一世紀を迎えるころには、アメリカ人女性および男性の大多数はポルノを観たことがあると語った。また、エステティシャンの報告では、ポルノ女優やモデルが見せびらかしているような外見をまねてほしいと妻や恋人に頼む男性が大勢いるだけではなく、女性のほうも、結婚式や記念日あるいはバレンタインデーの前に、パートナーへの特別な「サプライズ」として、ワックスによる陰部の完全脱毛をはじめてリクエストする人が多く見受けられるということだ。[33]

体毛のない性器の魅力は、ポルノを見られる媒体や主要メディアの移り変わりに負う部分が大きいが、陰部の完全脱毛の急速な普及は、手頃な価格で効果的に脱毛できるツールが入手できなかったら可能にはならなかっただろう。それにぴったり合うのが、ワックス脱毛だ。これはもっとも古くからある脱毛法のひとつで、現在も広く使われており、天然または合成物質を温めたものをムダ毛に塗布する。べたべたしたこの物質が冷めて固くなったところに毛が固着したら、つけておいた不織布の細長い切れを引っ張るか、ワックスが「ハード」なタイプのものならば直接、一気にそれを剝がす。こういう目的で樹脂を使用した形跡は、古代エジプトにまで遡ることができる。[34] もっと最近では一六世紀のイギリス人の回想録で、靴職人が革を縫い合わせるときに用いるワックスを使って「毛むくじゃらの邪魔者」を撲滅する方法を議論している一方、一九世紀の医学論文では、「高粘度のピッチ樹脂で作った膏薬《プラスター》」を革で剝がす組み合わせを推奨していた[35]。しかし、ワックスを使った脱毛は二〇世紀以前のアメリカでは稀《まれ》で、剃り残した頰ひげを除去するのにろうそくや封蠟の先を溶かして使うぐらいに限られていた。だが、腕や腋の下、脛に生えた毛に対する嫌悪の情が第一次大戦後にみるみる加速するのにつれて、ワックスに対する関心も高まった。創造力に富んだ起業家は、脱毛ワックスの製造と、郵便制度を通じた流通をはじめ、人気のある女性雑誌に広告を掲載して顧客を募った。企業は東洋風とされる比喩（たとえば「ムーア人の脱毛ワックス」）や近代科学の名声（「ランゼット法」）といった、感情を刺激するような商品名をつけて、ありふれた封蠟を魅惑的な製品としてパッケージし直した。並外れて人気の高い〈ジップ（Zip）〉ワックスのように、脱毛ワックスに硫化物の除毛剤を混ぜた会社もあった[36]。

現代のワックスの大半は、以前の化合物とはわずかな類似点しかない。砂糖や蜂蜜、レモン、水を合わせた粘り気のある自家製ペーストもまだ使われてはいるが、広く出回っている市販のワックスはほとんどの場合、大手の石油精製所の近くに位置する小規模なバッチ蒸留業者から提供される[37]、工業化された石油精製の過程で生まれるどろどろの「スラック・ワックス」を基にしている。スラック・ワックスは石油と水が結合したもので、温めてから溶剤と混ぜて冷却すると、さらに精製されたワックスが晶出される。融点や〔硬度をはかる〕針貫通度、油含有量のようなワックスの規格は、冷却の温度や速度の管理、そして加える溶剤の種類で調節できる。脱色のために粘土層を通過させ、脱臭のた

図7·2　ある石油精製所。今日使われている脱毛ワックスは、地球規模の石油生産における副産物から成ることが多い。

めに真空脱気タワーを通すなどして、ワックスはさらに精製される。こうしてできたワックスは特定の性質を持たせるためにブレンドされ、さらに柔軟性や光沢度を増すためにポリマーや他の石油製品が加えられる[38]。石油精製過程で生まれる派生物を求める圧力の高まりを予期した天然ワックスの製造者は、すでに化粧品グレードのワックスの輸出に備えている[39]【図7・2】。

石油廃棄物を有益な副産物に変換することは、規制を受ける「薬物」と、主に規制されていない「化粧品」とに分ける現在の規制環境によって促進されてきた。アメリカでは脱毛ワックスは――口紅やネイルポリッシュのように、肌の表面に塗ることが想定される他の合成物と同じく――一九三八年制定の連邦食品・医薬品・化粧品法における「化粧品」区分の規制指令を受ける。この区分は、脱毛ワックスとそれに含まれる多種多様な構成要素はどれも、強制的な市販前検査を免除されていることを意味する[40]（対照的に、アメリカを拠点とする食肉生産および革製造業における人間以外の哺乳類の脱毛は、相対的にみれば厳しい連邦および州レベルの監視対象となっている）。「単に」「汚れを取り除いて美化する、あるいは人目をひく魅力を促進する」ために使われるテクノロジーに対する強制的な連邦レベルの規制がないなかで、さまざまな銘柄が増殖した。文字どおり、今や何千という脱毛ワックスが出回っている。アメリカでトップに君臨する製造元ジジ・ワックスは、一九七一年に設立されたアメリカン・インターナショナル・インダストリーズの登録商標で、いまや、国内屈指の美容化粧品メーカーのひとつだ[41]。国境を越えた石油生産過程で生成される余剰物が、こうして金に変えられてきた。

この兌換を可能にしたのは、一九七〇年以降の、崩壊しつつあった製造業から生産者サービスや消費者サービスへの敏速で大規模な転換だった。すでに一九七七年には、官民合わせたサービス業がアメリカにおけるすべての職の三分の二を構成し、それまでになかった健康および美容サービス業が、そのかなりの部分を占めるなどしていた[42]。米国国勢調査局によれば、「パーソナルケア産業」からの総売上高は、一九九七年から二〇〇二年のあいだに四二パーセント増大した[43]。アメリカにおけるコスメティック製品やサービスの急速な拡大は、工業生産における資本投資が同様にサービス業へと転換するのにつれて、経済的に豊かな世界のほかの地域でも見られた。ゴールドマン・サックスのアナリストによれば、地球規模の化粧品業界のスキンケア部門だけでも、二〇〇三年は年間二四〇億ドルの売り上げがあったという。高級品を扱う持株会社であるＬＶＭＨ（モエ・ヘネシー・ルイ・ヴィトン）

が、創業間もない化粧品製造会社のハード・キャンディやアーバン・ディケイを買収するのと同時に、ユニリーバやP&Gのような名の知れた複合企業体《コングロマリット》もかなりの資産を買収に投入し、美容関連ビジネスのシェアを強固なものにしようとした(44)。

そういった消費者サービスの市場が、二〇世紀の終わりにかけてセグメント化されて成熟するにつれて、投資家やサービスの提供者側は、利益の伸びが見込まれるあらたな分野を突きとめて育てようと必死になった。そして脱毛は、その問いに対して儲かる答えを与えた（ワックス脱毛するアメリカ人女性は、生涯を通じて平均で二万三〇〇〇ドル費やすことを思い出してほしい）。それまでは未開拓だった集団——ティーンエージャー、男性、高所得で比較的年齢が上の女性——も、体毛除去という新奇な習慣を採り入れるよう促されたのだ(45)。眉の手入れのように昔からある脱毛習慣のなかでも、あらたな注目を浴びたものがあった。ある調査によれば、英語での印刷物において「眉のワックス脱毛」への言及は、一九八四年から二〇〇〇年のあいだに二三二パーセント増加したという(46)。ワックス脱毛とともに、手間と労力のかかるほかの脱毛法も奨励された。もっとも人気があったのは糸脱毛《スレッディング》（バンデ・アブル（bande abru）あるいはカイト（khite）として知られる）といい、熟練した施術師が二重にしてよじった糸をムダ毛に絡めて引っ張って抜くものだ(47)。

同時に、それまでは見向きもされなかった部分——背中や肛門、あるいは会陰部など——の体毛もあらたに修正のターゲットとなった。そういった部位の脱毛にはたいていワックスが選ばれる。表面がでこぼこした部分には、抜毛《ばつもう》やスレッディング、ニードル脱毛よりもワックスのほうがより効果的

図7·3 「ワックス処理を用いた食鳥·鶏の脱羽毛」 ベレニス·アボット撮影。ジークフリート·ギーディオン著『*Mechanization Takes Command*』1948年。(『機械化の文化史：ものいわぬものの歴史（新装版）』榮久庵祥二訳、鹿島出版会、2008年）

で、費用対効果も高いからだ。工業化された家禽《かきん》生産において熱したワックスを利用することが多いのも、このような理由からだ(48)【図7·3】。

こんどは、身体のそれぞれの部位が反復的に管理されることとなった。ブラジリアンワックスは三〜六週間ごとに繰り返しても差し支えないので、消費者は費用や利用のしやすさといったさまざまな要因に応じて、あるいは、あるときは残すヘアをこの形に、またその後は別の形にといった目的のために、今月はこのサロンに、来月は別のサロンに通うということも可能だ(49)。「ティファニーの箱」と呼ばれる、陰毛を正方形に整えて脱色したうえで高級宝石店のギフトボックス特有の薄緑がかった青に染めるというデザインを最初に試して、そのあとで、そこをすっかり脱毛してハート形のクリスタルや羽を糊づけするということもできる。(50) ますます多くの体毛を「ムダ毛」と断定し、こんなふうに頻繁な変更を可能にすることで、経済活動の増大を反復的に生み出す源が提供された。(51)

そういった経済活動の増大の中心にあるのが、サービス業だ。現在、美容目的のターゲットとなっている身体部位——たとえば肛門など——は自分で脱毛するのがかなり困難なため、腕の立つ別の誰かの有給あるいは無給の労働が必要とされるのが常だ。さらに言えば、そういった労働は遠く離れたところでおこなわれるのは不可能なので（医療や教育、そして金融関連のようなほかの多くの業務と同じく）、離れた別の場所にいる労働者にアウトソーシングすることもできない。陰部のワックス脱毛というべたべたして不愉快な仕事をするサービス業従事者は、クライアントの身体が存在する場所に縛りつけられる。そういう意味で陰部のワックス脱毛は、他者の世話をするという形態——家事や子育て、老人介護など——と重要な類似点を持っている。脱工業化社会の理論家に研究されることの多い分野だ。(52) そういった労働と脱毛のあいだの類似的な関係については、エステティシャンのペギ・カーナハンの二〇〇四年の言葉にうまく要約されている。「ブラジリアンワックスをブラジリアンワックスたらしめているのは」「いちばん下《ベースメント》を綺麗にしているときね」。(53) このインタビューを受けたとき、カーナハンはシアトルのサロンで一日に少なくとも五件は「ベースメント」を綺麗にしていた。

家事や性労働、家庭内での介護とまったく同じように、体毛のワックス脱毛というどうしても機械化できない厄介な労働は、おこなわれる場所がサロンであれ家庭であれ、法的な、あるいは専門家による監督を受けることが驚くほど少ない。アメリカでは医療と美容、あるいは「エステティック」のような医療以外の有資格の専門職と美容とを分ける法律や規制と同様に、脱毛業務の衛生や殺菌消毒、感染予防に関する法律や規制は各州がそれぞれに定めている。比較的厳しい法律や規制が実際に存在するとしても、それを執行させるための費用はほとんどない。たとえば、カリフォルニア州の理容・美容局の監視部門は州全体をカバーしているのに、スタッフは一五人しかいない。彼らが超過労働になることを考慮すると、苦情の申し立てがあったときにのみ、サロンで働いている人を取り調べるのが常態となっている(54)。

そして、家事や性労働、家庭における老人やこどもの世話などと同じように、仕事としておこなうワックス脱毛を監視する機能がないに等しいがために、働く側にもある程度の自主性が認められる。たとえば、間接経費が少なく、有利な課税控除がいくつかあること、そして労働時間に融通が利くという見込みがあるため、自営業者として参入するのは比較的ハードルが低い。この分野で自営のサロンを開く魅力は明らかだ。アメリカにおいては髪やネイル、肌を対象にした美容サービス業の総収入の四〇パーセント以上が、有給の従業員がいない個人事業者によるものだ。一方、他産業の平均は三〜五パーセントだ(55)。ティファニーの箱のようなデザインを考え出したエステティシャンの例に見られるように、自営業者の場合、創造的な実験や表現の道が可能となる。また、ワックス脱毛という親密なサービスが繰り返されるうち、サービスの提供者と顧客のあいだに強い絆が生まれることもある(56)。

と同時に、陰部や会陰部、肛門などのワックス脱毛に特有の密接さは、肌に直接触れるほかの身体ケアと同じく、サービスの提供者と消費者との関係を複雑なものにすることがある。社会学者のミリアン・カンがマニキュアに関する先駆的な研究において述べたように、身体ケアに関する労働には、それを提供する側と顧客のあいだに長時間の身体接触が伴うだけではなく、それを通して誘発・反映される感情の制御もまた不可欠だ。そんな感情労働は豊かさや言語、そして・あるいは市民権を有するかどうかという問題における違いによって、さらに困難になることが多い[57]。陰部の完全脱毛の場合で言えば、感情労働は、施術に伴う痛みによってさらに張り詰めたものになる。二〇〇二年のインタビューで、あるエステティシャンが顧客について次のように語っている。

〔彼女が〕ひどく乱暴に手足をばたつかせるので、テーブルを壊したり、熱いワックスが彼女と私の両方にかかるようなことになるのではないかと心配になります。彼女は両足で蹴り、紙のテーブルカバーを引きちぎり、タオルを床に放り、「くそったれ！　今の、痛いわよ！」と叫びます。でも施術が終わると、私をぎゅっとハグして言うんです。「じゃ、また来月ね[58]」

実際、「極限までワックス脱毛」されるのはそれだけでも苦痛を伴うので、サロンは通常、アルコールか市販の鎮痛剤を施術前に摂取しておくよう顧客に勧めている。シェリー・シェパードは、全国放送されている人気の高いトークショー『ザ・ビュー』ではじめてブラジリアンワックスの施術を受け、「赤ちゃんを産むときよりもひどい」と感想を述べた。ジョニス・パディージャは、アメリカに陰部の完全脱毛を持ち込んだとして賞賛あるいは非難される女性のひとりだが、「施術している部屋のそばを通ると、叫び声が聞こえることがある」と発言していた。[59] ワックス脱毛には剝がす際に衝撃があるため、皮膚が過敏になったり紫斑ができやすくなる薬物を使用している人には禁忌となっている。つまり、レチンA、イソトレチノイン、テトラサイクリン、抗凝固薬のコーマディンやワルファリン、てんかん治療に用いられる薬物などだ。あるサロンでは痛みを明るく茶化すため、脱毛施術を受けた顧客がうめいたり悪態をついたりする様子を収めた動画をモンタージュにして、「美しく青きドナウ」のワルツの調べにのせて流している――ぶちっ、ぶちっ、痛い、痛い[60]！

　繰り返しになるが、そういった複雑な感情や身体的な接触は意外なほど、規制や監視を免れている――サービスを提供する側の保護も同様だ。二〇〇四年のある脱毛マニュアルには、「トレーニングと実習を積めば迅速なワックス脱毛を施すことができるようになり、施術時間を半分に短縮して、利益を増大させることも可能です」と調子のいいことが書いてあった。[61] 自営のエステティシャンや美容家《コスメトロジスト》にとってスピードは、より高い収益につながる。しかし、大きなフランチャイズ店あるいはオーナーが経営しているサロンに雇われている人にとっては、スピードをあげろと期待されるのは、ほかの分野の仕事に課される厳しいタイムマネジメントと同じく、自分が疲労して消耗させられることにほかならない。ワックス脱毛の施術者は筋肉の反復ストレス障害や有害な薬品に悩まされると同時に、手足をばたばたさせたり悪態をついたり、泣き言を言うような顧客を相手にしなければならない。[62]そう考えると、最近の一般大衆向けのコンテンツ――『セックス・アンド・ザ・シティ』から『ハニーVSダーリン　2年目の駆け引き』、『ザ・ビュー』内のシェリー・シェパードのビデオ・ダイアリーまで――において描写されているエステティシャンがみな、東南アジアあるいは旧ソビエト連邦構成国からの女性移住者に見えるのは興味深い。[63]ブラジリアンワックスは、ほかの女性化されたサービス業の仕事と同様に、地球規模で再編が進みつつある「下のほうのサーキット」をぐるぐる回る、流動性の高い女性労働者に大きく依存している。[64]現代のグローバル経済において孤立し、「消耗したら」使い捨てられる労働者を語るとき、社会学者のジグムント・バウマンがこれらの「発展に巻き込まれた被害者」を、脱毛という習慣になぞらえたのは実に示唆に富んでいる。[65]

それでもワックス脱毛に関する論議はまだ、施術を受ける側の体験、そして彼らが「隷属状態」にあるのか、それとも「社会的な力を得た」のかどうかという問題にほぼ終始している。女性の政治的立場や女性の身体に関する自己決定権は、こういった学説でも繰り返し取りあげられるテーマではあるが、男性の陰部の脱毛についても同様に、支配というテーマが強調されるようになってきた。二〇〇七年、ジャーナリストのクリストファー・ヒッチェンズは、ニューヨークの〈J・シスターズ〉でブラジリアンワックスを受けたとき、「持ってもいない情報を出せと拷問されているようだ」と体験をなぞらえた【図7・4】。ヒッチェンズの選択した語彙は、その翌年、グアンタナモに収容されている人間に対するアメリカ合衆国の取り扱いをめぐる議論の最中に、水で窒息させられるのはひどい苦痛を与えることなのかどうか、彼がみずから水責めを体験したことを思うと、特に印象的だ（実際に

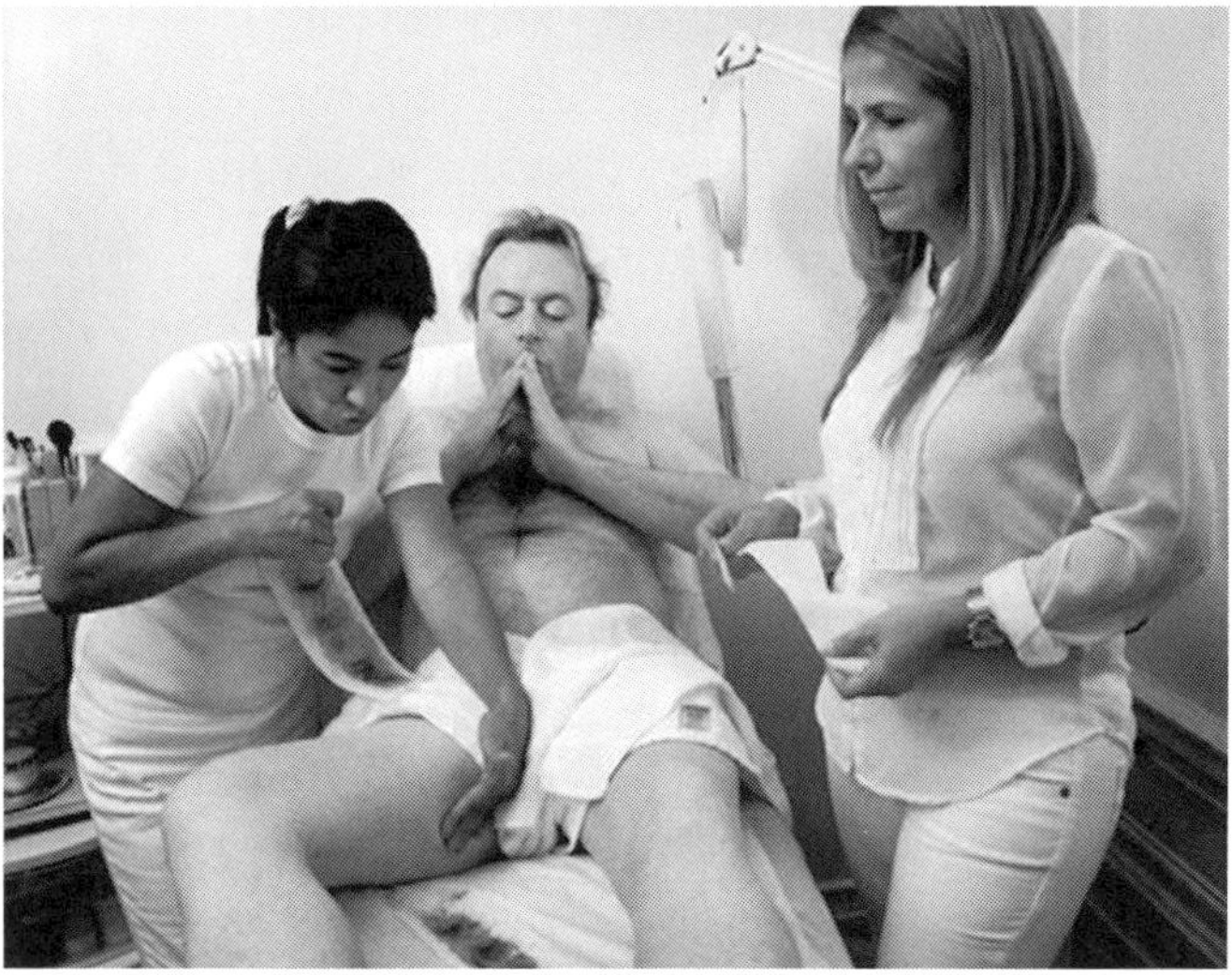

図7・4　ジャーナリストのクリストファー・ヒッチェンズは「金玉、尻、割れ目」の脱毛ワックスについて、『ヴァニティ・フェア』誌にこう記している。「いろいろな感じが綯い交ぜになり、知りもしない情報を吐けと拷問を受けているような気がした」（2007年12月号）

苦しいものだ、とヒッチェンズは判断した(66)。

陰部のワックス脱毛の本質は「解放感を与える」のか、それとも「暴虐的」なのかをめぐる近年の議論で、より大きな文脈は抹消されがちだが、この議論はまた、苦痛と同意に関する複雑に絡み合った仮定をも再生産する。ある行動がほんとうに「自発的」なものかどうかは、それを論評する者によるその暴力性の理解に影響を与え、そのまた逆も真なりと言える。アメリカ人はべたべたのワックスから、よりハイテクな解決法への移行をはじめているにもかかわらず、何が――そして誰が――苦しんでいると認定されるのかという問題が、ますます進化を重ねる脱毛の実践法に形を与え続けることとなった。

第8章　魔法の弾丸
――レーザー脱毛の規制と選択的医療

古代の世界に先例を持つ脱毛法、ワックス脱毛が二一世紀初頭に広く普及しているのを見ると、アメリカ人が体毛のない肌をますます執拗に追い求めることについて興味深い事実が浮かびあがってくる。驚くほど多くの手段を何十年ものあいだ試してきたにもかかわらず、体毛の除去は頑として機械化されずにいるという点だ。生きている人間の一様ではない肌表面に埋もれている小さな対象物を大量に引き抜くのは、技術的にもやる気をくじかれる難題だった。それゆえ、二〇世紀も終わろうかというころにレーザー脱毛が登場したのは、歓迎すべきテクノロジー革命――時間がかかり、技能集約的で体力的にも過酷な手作業での脱毛という労働を廃する手段――の兆しに思われた。「大変な手間をかけて体毛を一本ずつ扱う代わりに」「ひと筋の光が魔法の弾丸のように標的を探し出し、多数の体毛を一回の照射で処理する」と、レーザー脱毛の支持者は一九九一年に語った。(1)

ヒトに使用してもよいとアメリカで最初に認可された「弾丸」は、Qスイッチを用いたネオジムーイットリウム・アルミニウム・ガーネット（Nd：YAG）レーザーで、サンディエゴを本拠地とするサーモラーゼ・コーポレーションによって一九九五年に制作された。[2] 何十年にもわたる実験の末に、認可はようやく下りた。一九六〇年代はじめにレーザー技術を皮膚科領域に最初に応用したのは、シンシナティの医師で一九九七年に亡くなったレオン・ゴールドマンだとされている。[3]「痛みのない」、「永久的」、「長期的な」という語句を販促資料に載せないという条件で、この技術は一九九五年四月に米国食品医薬品局（FDA）に認可され、商業的にも目覚ましい成功を収めた。お目見えしてから一〇年も経たないうちに、アメリカでは一五六万六〇〇〇件もの脱毛処置が毎年おこなわれるようになった。脂肪吸引や鼻形成術、眼瞼手術、豊胸手術を合わせたよりも多い件数だ。現在では顔、腋の下、背中、陰部、脚、胸部、腹部、そして腕はすべて、ごく普通の対象部位となっており、頭皮以外の身体のほとんどの部分の脱毛にレーザーが用いられている。[4] 二〇〇六年には、アメリカ国内においてレーザーによる脱毛は男女双方にとって（ボトックス注射に次いで）二番目に普及している非外科的処置で、一九歳〜三四歳の人にとってはもっとも普及しているものだった。[5]

レーザー脱毛は広く受け入れられたと同時に見返りも大きかった。サーモラーゼ社が株式を公開すると、初日の終値は三・七五ドルだったが、二年もすると株価は三六・三八ドルに跳ね上がった。[6] マサチューセッツ州ウェイランドのキャンデラ・コーポレーション（現在のシネロン・キャンデラ社）はレーザーの専門メーカーだが、二〇〇七年三月三一日までの九カ月の総収入は一億九六〇ドルにのぼったという。そういった数字も、医薬製品の収入に比べると色あせるが（同時期におけるファイザー社のコレステロール降下薬リピトールの国内収入は七〇億ドルにのぼる）、出資者にとっては並外れた株価収益率をあげている。たとえば、マサチューセッツ州に本社を置くレーザー製造メーカー、パロマー・メディカル・テクノロジーズは、二〇〇五年の売り上げが四〇パーセント以上増の七六二〇万ドルにのぼり、『ビジネスウィーク』（現在は『ブルームバーグ ビジネスウィーク』）誌で二〇〇六年の「急成長を遂げた」企業一〇〇社の第三位にランクインした。[7] ある業界誌は、化粧品に対する需要は年一一パーセント以上の伸び率で成長を続け、その増加の大部分をレーザーのような非外科的製品が占めると予測した。[8] ある著名な皮膚科医によれば、脱毛における現在のレーザーの優位性を脅かすものは「ほぼ見当たらない」。「金メダル的な存在で、銀メダルで銅メダルだ。ほかはみな、足元にも及ばない」という。[9]

二一世紀になろうとするころのレーザー脱毛の隆盛は、ある程度まで、それと並行するように急増したワックス脱毛と出処が同じだ。つまり、脱工業化社会におけるサービス産業がますます広がるなか、急速に増殖を続けるメディアによってまつりあげられた、体毛のない肌というイメージに起因している。しかしレーザー脱毛の成長はまた、アメリカの医療の法的・経済的な展望における、より具体的な変化をも反映している。それは、科学と商業活動のあらたな融合を引き起こした変化だ。レーザー脱毛の利用者は、腺のエキスやX線を用いた機械に接した消費者と同じように、ムダ毛を科学的に解消するという可能性にためらうことなく反応した。しかし以前と同じく、科学を通じて得られる解放はたいてい、最初に期待したよりもずっと複雑で込み入っているのが明らかになることが多かった。

レーザー脱毛における技術革新は、アメリカ国防総省の委託を受けていた業者たちによる研究に遡ることができる。安全保障の専門家たちは、砂漠やその他の過酷な気象条件のもとでも作動する、持ち運び可能なレーザー兵器を開発しようと模索していた。携帯性とエネルギー効率を高めるため、水よりも空気で冷却できるものだ。近距離用のレーザー兵器は技術的にも政治的にも厄介なものだったが、コンパクトで機動性の高いレーザー装置は民生利用にうまく応用された。その成功を可能にしたのは、多数の優秀な物理学者たち。ソビエト連邦が崩壊して東欧共産圏の国々における物理科学の財政支援が骨抜きになったのを受けて、民間企業に流入した人々だ（ある専門家は、ロシア人物理化学者たちがレーザー脱毛の開発に及ぼした影響を振り返り、「まったく、すごい平和の配当だ！」と語った[10]）。

レーザー技術の皮膚への応用開発と改良はまた、ヒトではない適切なモデル生物の有用性が増したことによっても促進された。特に重要だったのは、一九七八年にはじめて特定された、突然変異を含むよう育てられた体毛のないモルモットと、メキシコのユカタン半島から輸入された種から改良されたほぼ無毛のミニブタだ。生物医学の研究者たちによれば、モルモットやミニブタは比較的体が小さくて扱いやすいこと、また、皮膚がヒトのそれに似ているところが特に実験室条件に適していた。治験責任医師たちはモルモットやミニブタを使い、血の通った皮膚に対するさまざまなレーザー光量やパルス幅の影響を調べることが可能となった[11]。

こうした実験を通して、さまざまなレーザー脱毛機器が開発されて作動した（そして、今も作動している）が、原理はほぼ同じだ。レーザーから放射された電磁エネルギーが毛球中のメラニンに吸収されると、そのエネルギーは熱に転換し、毛球を破壊する。このプロセス全体が、レーザー装置の操作者によって射程距離を調整されてできる熱傷を利用している。波長や周波数の異なるさまざまなレーザーを用いれば、メラニンレベルの異なる肌にそれぞれ適したエネルギー吸収傾向を最大限に利用できる。脱毛に特化したレーザーには、比較的浸透の浅いルビーレーザー（波長：六九四ナノメートル）からアレキサンドライトレーザー（七五五ナノメートル）、パルス発振ダイオードレーザー（八一〇ナノメートル）、そして、皮膚のいちばん深くまで浸透する波長のNd：YAGレーザー（一〇六四ナノメートル）がある。フラッシュランプ、あるいはインテンス・パルス・ライト（IPL）と呼ばれる光源も同様の原理だが、こちらは単一の波長ではなく、電気フィルタを通して濾波《ろは》された広帯域の光（五一五～一二〇〇ナノメートル）を照射する[12]【図8・1】。

これらのレーザー光が組織に及ぼす影響は「ステーキをグリルするようなものだ。最初に現れるのは表面の褐色化だが、これはヘモグロビンや他のタンパク質の熱変性による。続いて水分蒸発によるジュッという音がして、組織の収縮と炭化が起こる」と、ある教本では説明されている[13]。この「炭化」に伴う感覚は、控えめに言っても、かなり激しいものになりうる。脱毛を提供する施設の多くは、施術前に局所麻酔薬のリドカインの服用を勧めている。モルヒネやデメロール、ジアゼパムと

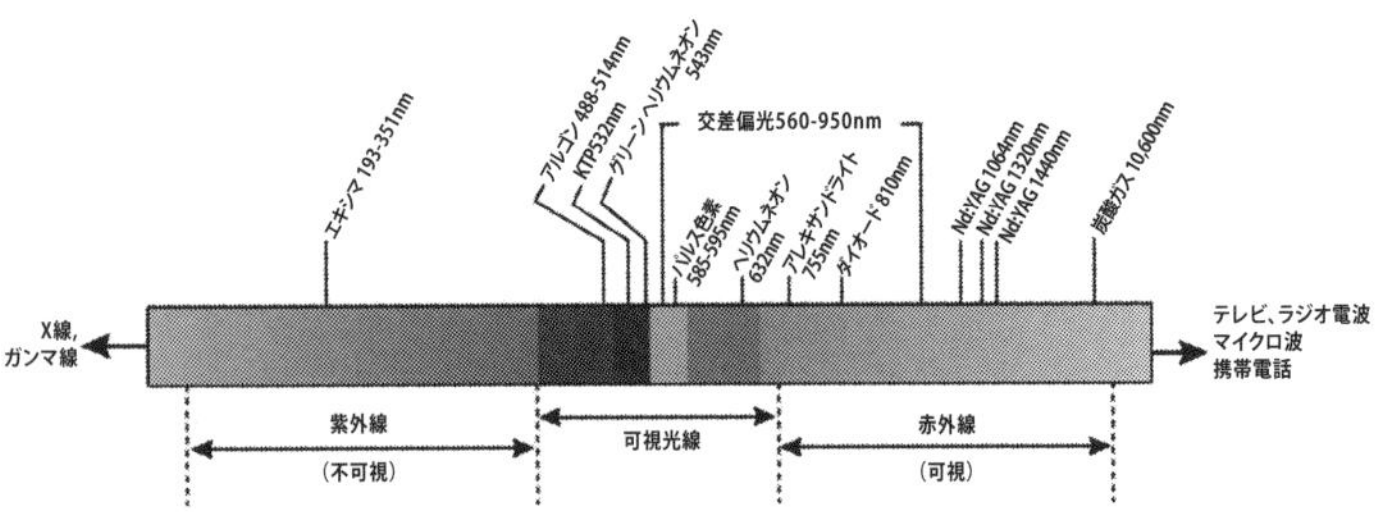

図8·1　医療用レーザーにおける電磁スペクトルの帯域（図は、フロリダ州フォートローダデールのShino Bay Cosmetic Dermatology, Plastic Surgery, and Laser Instituteより）

いった鎮静薬の静脈注射をするところもある。(14)体毛から、そして脱毛という繰り返しの作業から望みどおりの解放を得るとともに、皮膚への「過剰な損傷」を避けるのが目的だというのは一貫している。(15)この新奇な技術が応用された当初、「過剰な」損傷を避けるのは実際にはかなり難しかった。レーザー光は、毛球のメラニンと周辺の肌にあるメラニンとを常に区別できるわけではないからだ。第一世代のレーザーは、周辺の皮膚組織よりもターゲットとなる体毛中にメラニンが比較的集中しているときに、もっとも効果的に体毛を除去することが可能だった。つまり、青白い肌に濃い色の毛がある場合だ。「メラニンが多すぎる」肌は、「レーザー光エネルギーのターゲットとしては不適切だ」と二〇〇二年にふたりの医師が記している。レーザー光エネルギーは毛幹のメラニンだけではなく、周囲の肌にあるメラニンにも吸収されるためだ。(16)

しかし、厳密にはどれくらいのメラニンが「多すぎる」とされるのだろうか？　レーザー脱毛の安全性と有効性には、メラニン色素が相対的に集中していることが極めて重要だが、しばしば無意識ながらも人種に基づく偏見が医療基準に影響を与えている、と認める皮膚科医もいた。かつて用いられていた「見た目だけで肌の色を判断する」という臨床上の不備を回避するため、ハーバード・メディカル・スクールのトーマス・B・フィッツパトリックが開発した画期的な分類基準を導入するよう、皮膚科医たちは奨励した。フィッツパトリック・スキン・フォトタイプ・スケールは、医師が抱いた印象（たとえば「過剰な」あるいは「少なすぎる」メラニン）ではなく、患者自身の自己理解を引き出すような質問票ではじまる。患者は、「長時間、太陽の光を浴びるとどうなりますか？」あるいは「太陽光にさらされなかった部分の肌は何色？」といった、経験に基づく質問に答える。その答えに基づいて患者は、スキンタイプⅠ（「非常に薄い色白の肌で、ブロンドか明るめの赤い髪をして……日焼けで小麦色になることは決してなく、必ず赤くなる」）から、スキンタイプⅥ（黒い肌で、通常は髪と瞳の色も黒い。日焼けで肌が赤くなることは決してない）まで六つのタイプに分けられる。「ほかがすべてだめなら」、「患者の言葉に耳を傾けよ」とフィッツパトリックは研修医たちによく言っていたという。[17]

その後の脱毛機器は、支持者から「人種偏見のない」レーザーと呼ばれることもあったが、「人種」ではなく「肌のタイプ」によって波長を調整できるようになり、以前より長い波長を用いることで、第一世代のレーザー脱毛器にはよく見られた炭化を少しでも改善しようとした（波長が長ければ長いほど、レーザー光のエネルギーはよりゆっくりと肌に到達する）。目指すべきは「大急ぎで加熱するのではなく、毛包全体にゆっくり熱を加えようとすること」だ、とある医師は説明した。[18] この猶予によって肌のさらなる外部冷却が可能になり、熱傷のリスクを減らせると考えられた[19]。そんなカスタマイズされたレーザー治療の到来が「有色人種向けの発展途中の市場」におけるレーザー脱毛を特に成長させるだろう、と業界誌は高らかに予測した[20]。

その予測は正しかった。二〇〇〇年なかばころには、「有色人種向けの市場」のニーズに応えることを目的としたクリニックがアメリカ国内のいたるところで開業しはじめたのだ。シカゴのノースウェスタン大学ファインバーグ・メディカル・スクールは、有色人種専門の皮膚科のセンターをオープンさせた。ワシントンDCにある民間のカルチュラル・コスメティック・メディカル・スパは、ミス・アメリカのエリカ・ダンラップや、プロバスケットボールのスター選手アロンゾ・モーニング、ラジオ・ワンの社長アルフレッド・C・リギンス三世などを治療した。フィラデルフィアやニューヨーク、モントクレア（ニュージャージー州）をはじめとする他の都市にも、同様のクリニックやセンターが開業しはじめた。「有色人種の人々は、（アメリカにおける）美容目的の治療という、急速に成長しつつある分野を象徴している」と、カルチュラル・コスメティック・メディカル・スパのオーナーで、専門性の高い肌治療の第一人者でもあるエリオット・F・バトル・ジュニア医学博士は指摘した[21]。

こういったあらたなツールが驚くほど普及したのは、アメリカの医療における経済的・法的状況の変化による。一九六〇年代はじめからメディケアやメディケイドという制度を通じて貧困層や老人の医療に公的資金が投入されたことと、第二次大戦後のベビーブーム世代が成人に達したことで、医師が不足するのではないかとの懸念が高まった。その不安に応えるべく、連邦政府は医学教育に予算を注ぎ込みはじめた。結果としてアメリカの医学部の年間卒業者数は、一九六五年から一九八五年のあいだに二倍になった[22]。この間に、制度がじゅうぶんではないアメリカ国外の農村部地域の医療体制を整備するためにJ－1ビザ制度が拡充された。そのおかげで、教育や専門実習《インターンシップ》、雇用先を求めて、世界各国からアメリカを目指す医学生や医学部の卒業生が増加した[23]。アメリカ生まれの医学生や医師免許保持者が増えたこと、そして、外国で医学を修めてアメリカに移住してきた人が増大したこととあいまって、アメリカで開業する有資格の医師が急増した。一九七〇年には、連邦政府に雇用されているのではない医師の数は一〇万人あたり一四八人だったが、二〇〇〇年には二八八人となった――ほぼ二倍だ[24]。

　しかし医療に対する連邦政府の歳出や民間支出は、一九六〇年代の当初の予測に対応するものではなく、高度な研修を受けた開業医が過剰に供給されることとなった。働き口が足りないせいで医師のあいだの競争が激化し、こんどは、医療サービスに対する需要を増大させようというあらたな戦略が生み出された。国が健康保険制度を管理しているところでは、そういった戦略をも統制する傾向にある。たとえばイギリスでは、あらたに専門医として受け入れる人数だけではなく、特定の専門分野で働く開業医の人数も国が規制する。しかしアメリカでは、その動きは主に市場に任されている[25]。アメリカの医療界もしばらくのあいだは、利益のみを追い求める風潮に嫌悪感を示す職業倫理を維持していた。こういう専門職としての規範により、医療が間接的に規制されることもあった。みずからの医療サービスを受ける患者がより多くなるよう積極的に励みすぎる医師は、同業者から厳しい批判を浴びせられるかもしれないからだ。しかし、そういった規範も、一九七〇年代に起こった一連の規制緩和によって変化した。急速に増大する医療費を抑えるべく、連邦取引委員会は既存の反トラスト法を用いて、消費者に直接向けた広告を禁じた医師の自主規制を覆させたのだ。ゴールドファーブ対ヴァージニア州弁護士会事件（一九七五年）において連邦最高裁は、「高度な専門知識を有する専門職」に携わる人物はシャーマン法の対象になるとして、専門職に課される規制を撤回する動きを奨励した。ほかの判決も同じように、医療はほかの業界とは違うと一般に認められていた区別を打ち壊し、専門職団体や認可をおこなう州の委員会に、個々の医師に課していた規制を緩和するよう強制した。この司法判断の変化により、D2Cマーケティング（消費者に直接向けたマーケティング）に医師が乗り出す流れが加速した。能力をじゅうぶんに発揮できない開業医たちの激しい競争のなかを泳いでいた医師は、こうしてあらたに規制から解放されると、電話帳への掲載やトークショーでのインタビュー、あるいは「インフォマーシャル」や教育的セミナーを通じて、みずからの提供する技術や商品を宣伝しはじめた。(26)

競争の激化と規制緩和があいまって、「メディカル・スパ」が台頭してきた――これは国などの支援から独立した施設で、一九七〇年代にフェミニストたちが作りあげてきた、女性が運営するヘルスセンターの要素もいくらか取り入れられている。日常の医療に関する意思決定の場で女性の占める位置が高まったのは、フェミニズムの重要な副産物だった。一九八〇年代はじめには、女性の関心がアメリカのヘルスケア市場をますます牽引していると見なされるようになった。医療関連企業の重役のなかには、想定される顧客に言及する際に、女性を指す代名詞をあえて用いる人もいた。「一家のヘルスケアに関する決定を下すのは圧倒的にママである」という事実を承知してのことだ。[27] 自分の判断で使えるお金を持つ「ママ」をめぐる厳しい競争のため、クリニックは女性消費者を引きつける特色をつけ加えるようになった。販売スペースや美容サービスの提供、専門性の高いブティックなどがそれだ。[28] そういったメディカル・スパはいったん根づくと組織化をはかり、専門のロビイストや業界団体とともにみずからの地位を守ろうとした。「こうして秘密が漏れてしまった」と、ある医師は嘆いた。「今や、なんでもありだよ」。[29]

実際、レーザー機器自体はほかの多くの脱毛法に比べたらずっと厳しい管理下に置かれているものの、州や連邦政府、専門家による監視の目は（驚くほど）少なく、個人経営のクリニックで用いられている場合は特にそれが顕著だ。レーザー脱毛機器の製造メーカーのなかには、医師に無条件での購入は許可せず、施術一回あたり、あるいは一カ月あたりのミニマムチャージ、もしくはその両方をメーカーや販売業者に払うというリース契約を結ばせるところもあった。さらには、否定的な脱毛結果を潜在的な顧客と話し合うのを禁止したり、機器を返却して払い戻しを受けたいなら返品の理由を公にしないという言質をとる、「さるぐつわ」条項が含まれている契約もあった。結果として、レーザー脱毛の安全性や有効性に関して信頼できる比較対照データを得るのは至難の業だ。報告や監視についてより厳重な規制が存在するところでも、その施行を可能にする予算はほとんどない。カリフォルニア州には、レーザー脱毛の許認可や査察に関してことのほか厳しい法律があるものの、その執行は州の理容・美容免許委員会の人員不足の執行部署に丸投げされている。フロリダ州では、「懲戒処分の可能性があり、調査解決に平均で一九〜四〇カ月はかかると思われる未処理の事例」が、人手不足の医療局の肩にかかっている[30]。かくして、医師の判断や技能を問う正式な申し立てがなされたのちも施術は何年も続けられ、消費者がトラブルを体験しても、レーザー機器はずっと市場に出回ったままという事態がありうる[31]。

レーザー脱毛に関する規制の相対的な緩さはまた、「選択的」そして「美容目的」と見なされる治療に医師が投資する流れを加速させた。(心臓、鼻といった)単一の解剖学的部位に縛られる専門領域とは異なり、体毛除去は適応範囲が全身に及び、融通が利く。対象となる部位が腟だろうが、あごだろうが、なんでもこいだ。米国食品医薬品局(FDA)のガイドラインでは、レーザーは免許を有する医師により(あるいは医師の指導のもとに)用いられるべしとされているが、その履行と、監視・強制は個々の州に任されている。ゆえに、FDAの指示をどう適用しているかは大きく異なる。たとえばカリフォルニア州では、レーザー脱毛は医師、正看護師、あるいは医師と共同して作業にあたる医師助手(PA)がおこなう。ニューヨーク州では、免許を持つ美容師《コスメトロジスト》やエステティシャンがレーザー脱毛をおこなえるが、その施術が「いかなる形でも州による規制を受けていない」ことを「明確に識別できる形で免責条項として」提示しなければならない、という条件がついている。ケンタッキー州では、レーザー脱毛をおこなえるのは免許を持つ医師だけだ[32]。

こうした規制上の融通性のため、レーザー脱毛は二〇〇〇年代はじめには、医師が直接的な収入を得るための実に都合のいい手段となった。もっともそれは、レーザー機器を導入するための六万九〇〇〇ドルから一二万五〇〇〇ドルという初期費用を負担できる人に限られていた[33]。二〇〇五年のある調査では、あえて控えめな収入予測が挙げられている。「あなたがおこなうレーザー脱毛治療が週に四人の新規顧客を見込み、その顧客がそれぞれ四回の施術を受ければ、開業後、週につき平均して一六人の顧客を施術することになる。一回の施術につき平均一〇〇ドルの請求で、あなたは週に一六〇〇ドル、あるいは年に八万ドルの収入が得られる（あなたのクリニックが年に五〇週営業すると仮定して）[34]」。こういう数字に魅せられて、皮膚科専門医ではない人たちがレーザー脱毛の分野にどっと進出してきた結果、レーザー治療の専門医と一般診療医の構成が変わった。あるレーザー治療の専門家によれば、米国レーザー医学・外科学会の一九九一年総会では、生物学者や一般外科医、婦人科医、皮膚科医などがごたまぜ状態だったが、今日では対照的に「九〇パーセントが家庭医」だという[35]。米国家庭医学会の二〇〇五年総会の展示会では、一〇社を超えるレーザー機器メーカーがブースを出していた[36]【図8・2】。

こういった政治的・経済的な流れに巻き込まれた医師たちは、ますます競争が激化するヘルスケア市場から脱落しないよう、「スパ」的なサービスを患者に提供する義務を感じたものだ、と異口同音に述べた[37]。マサチューセッツ州のある医師は、「人の役に立ち、彼らを楽にしてあげたくて医学の道

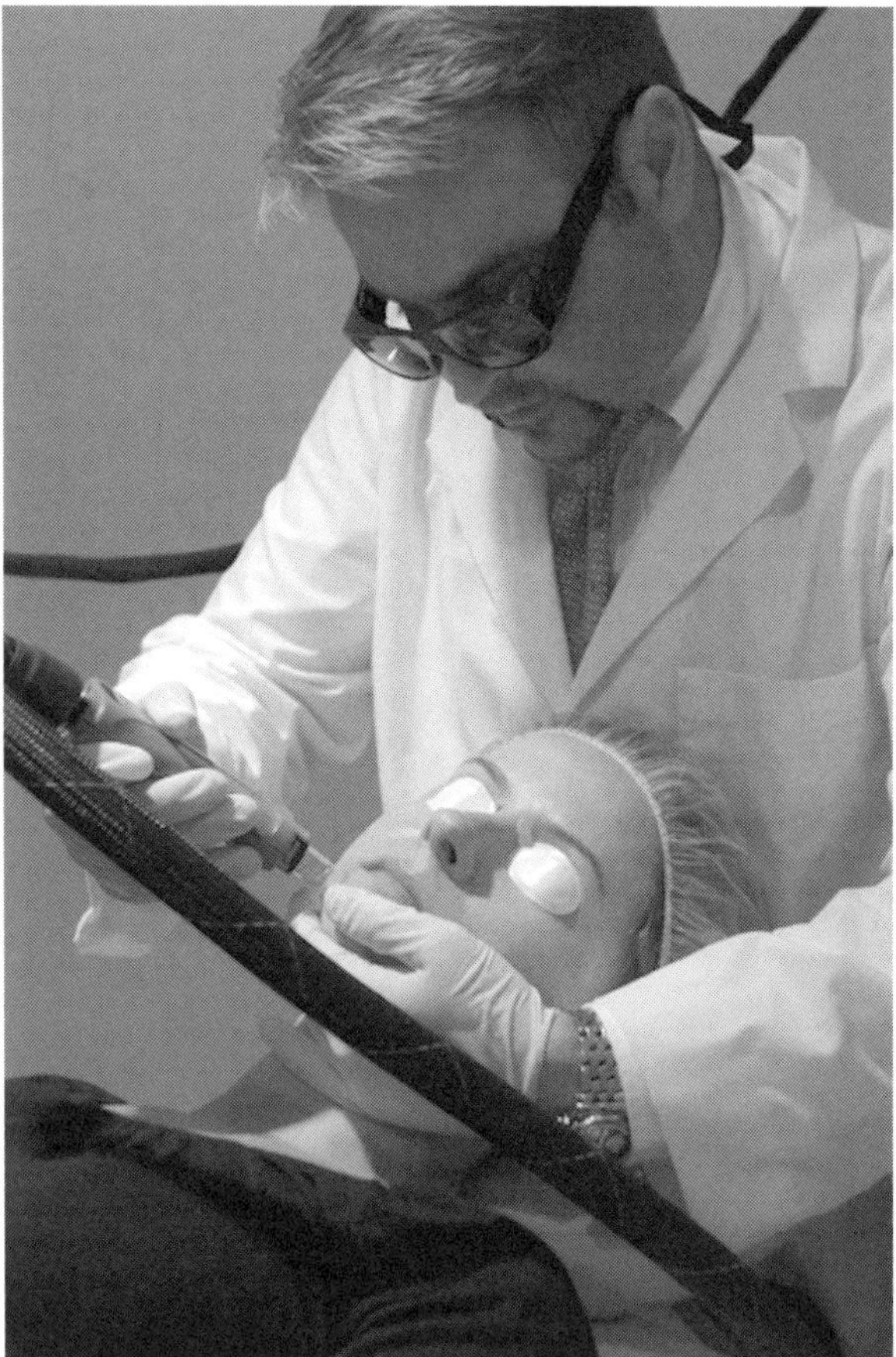

図8·2　ニューヨークの家庭医の診療所でおこなわれているレーザー治療の宣伝用写真。レーザー脱毛を提供する一般開業医の人数は、2000年代前半に増加しはじめた。

に進んだ」のに、「少しでもキャッシュフローを得るために何かしなくてはならない気がする」と不平をこぼした[38]。レーザー脱毛は、健康維持機構や人頭割の保険制度の面倒な手続きからの息抜きにもってこいだと言う医師もいる。ある医師はレーザー脱毛を提供すると決めた理由を問われて、「第三者支払人という厄介ごとに対処せずにすむ」からだと答えた[39]。

こうしてレーザー脱毛は、X線による脱毛とほぼ同じように、専門職が関わる医療の端をうろうろすることで成功を収めた。FDAのガイドラインでは、レーザーは免許を有する医師の指示のもと使用されるべしと明確に規定されているにもかかわらず、具体的な規制は州によって大きく異なる（FDAは状況をさらに混乱させるかのように、トリア（Tria）という初の家庭用レーザー脱毛機器の市販を二〇〇八年に認可した[40]）。レーザー脱毛を提供しはじめた医師の多くがそうした理由はまさに、それが払い戻し不可能な「美容目的」の処置だったからだ。しかも、処置そのものへの医師の関与はごくわずかだった。二〇一一年のある調査によれば、レーザーによる損傷に基づく訴訟の大半は、看護師や医療助手、技師、あるいはレーザー機器を操作していた医師以外の人物が関わるものだった[41]。結果として、れっきとした医学療法としてのレーザー脱毛の地位は曖昧なままで、開業医のあいだの懸念を払拭するにはいたっていない。ある皮膚科医は、レーザー脱毛を専門とする彼や同業者はみな、「主流からのけ者にされている」と主張する。「おまえたちは信念を曲げた、と筋金入りの保守派の皮膚科医のお歴々に言われる」のだ[42]。

医師たちは、医療をめぐる財務的な現実の変化によって脱毛施術を取り入れざるを得なかったと言うが、レーザー脱毛の消費者に直接向けた広告は、ワックスやかみそりを捨て、より洗練された「医学的な」解決策を求めるよう、アメリカ人を誘惑し続けた。そういった広告は、X線脱毛を謳った以前の広告のように、レーザーが潜在的に持っている解放する力を強調した。すなわち、手間もかかって繰り返しになる、退屈な脱毛という作業を終わらせる可能性のことだ。大半の広告では費用に関する言及以外、レーザーの存在はあまり感じられない（費用は施術一回あたり七五〜二五〇ドル）。代わりにフィーチャーされているのは、想定されるレーザー脱毛の顧客――若く痩せていて、なめらかな肌を持ち、性的魅力にあふれている――の姿だ。『タイムアウト・ニューヨーク』、『ニューヨーク・ポスト』、『ヴィレッジ・ヴォイス』をはじめとするニューヨークの活字媒体に掲載された印象的な広告では、ひどく白い肌で唇を突き出し、官能的な眼差しの女性がカメラを真正面から見据えている。フェドーラ帽と、ちょうどいい具合に配置された猫のほかは素っ裸という姿で、「私たちに任せて、あなたは心配ご無用」というキャッチフレーズのもと、脱毛効果の三年保証を謳っている【図8・3】。

主要メディアにおける他の広告も同様に、衣服を着けていない、あるいは半裸の女性モデルをフィーチャーして、性欲をそそるような身体の曲線美とまったく体毛のない白い肌を強調し、目を物憂げに閉じるか半開きにしたポーズをとらせた。男性がメインの広告ではたいてい、岩から鑿《のみ》で彫り出したような、すっきりと引き締まった無毛の胴部あるいは背中をクローズアップして、シャツを脱いだ「未処理のままの」上半身を人目にさらす懸念を呼び起こさせるものが多かった。ネット上や紙

図8·3　2000年代にニューヨークのあちこちの媒体で掲載されたレーザー脱毛の広告。

媒体、テレビでの広告を支配していたのは、レーザー脱毛によって得られる「自由」だったが、何「からの」、あるいは何「のための」自由なのか、はっきりとは説明されていない【図8・4】。

だが、消費者はこういった広告を気に入ったようだ。レーザー脱毛が一九九五年以降急増したことや、ネット上での好意的な口コミが何百件と掲載されたことからも、それがわかる。「すごく目立つ口周りのひげ」に「何年も」「ひどく恥ずかしい思いをした」というカリフォルニア在住の三〇歳の女性は、レーザー脱毛の施術は「人生を一変させる」もので、お金を費やして痛みに耐える価値がじゅうぶんにあると語った。[43] フロリダ州のレーザー脱毛体験者は、顔や背中、ビキニライン、両手両足に八回の施術を受け、「耐えがたいほど痛かった（私は、何をされても痛いと言う赤ちゃんではないけれど）」と感想を漏らしたが、「すばらしい」結果も出たと称賛した。[44] ミズーリ州セントルイスの二五歳の女性は、一六年にわたる体毛との格闘の日々はつらいもので、レーザー脱毛で得られた安堵感はとてつもなく「大きく」、「自分のためにやったことのなかでいちばんよかった」と語った。治療を受けてからは「朝起きて顔を触ると、自分が嫌になってしかめ面になるのではなく、笑みが浮かぶ」そうだ。[45]

しかし消費者は、「いつ触れても大丈夫な」永続的な脱毛という可能性と、ときにつらくて効果のない、さらには消耗させられるだけの処置という現実とのギャップをも感じていた。ニューメキシコ州のある利用者は、レーザー脱毛を受けたときは「両脚に火がついたかと思った」という。「赤茶色のかさぶた」ができて皮膚がはがれ、さらにはすじ状の色素沈着が起こり、それ以来ずっと「鬱々と

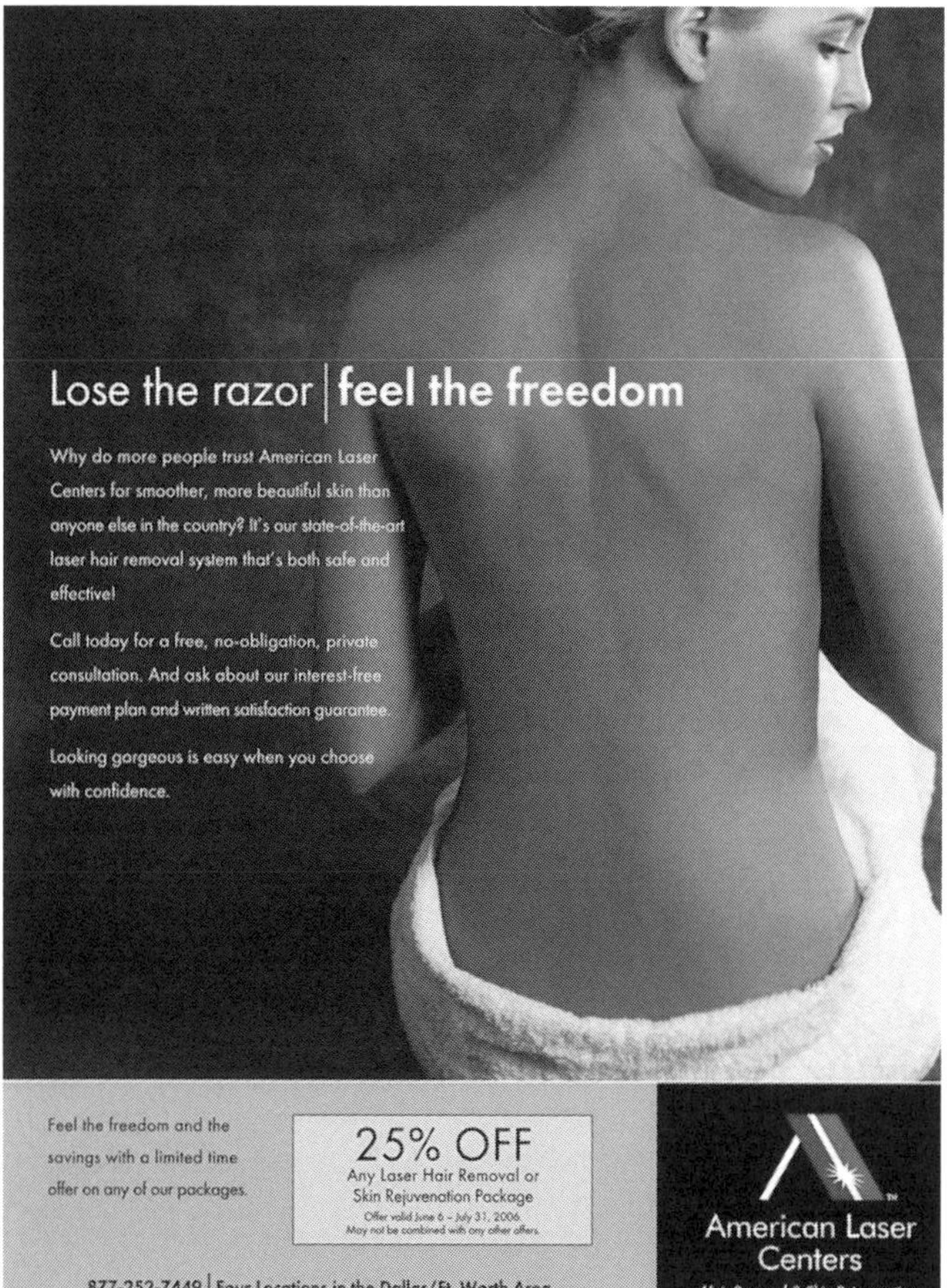

図8·4　レーザー脱毛を通じて得られる「自由」

して泣いている」と彼女は語った。ペンシルベニア州の利用者は、同様の熱傷《やけど》こそ免れたものの、抑うつ状態に悩まされているという。鼻の下にレーザー脱毛を六回受けたのは一見するとうまくいったようだったので、彼女はずっと気になっていた「三本の毛」を取り除くために「腹部も試してみよう」と思った。しかしネット上の掲示板に投稿した時点では、胸部や胃のあたりに「目に見えてわかる体毛」が生えてきて、頬やあごの毛もあらたに伸びたという。彼女は誤字混じりの文をすべて大文字で書いて、嘆きや悲しみを強調している。「ひどく気落ちして、ムカついています。こんなことに対処しなければならないなんて、はじめてのことだわ。感謝の念を持てたらよかったのに。ごめんなさい、神様」[46]。

レーザー脱毛を受けたのちに毛深さが増すという悲惨な状態は、「レーザーによって引き起こされる奇異性の体毛成長」と呼ばれることが多いが、ほかの有害反応とともに、医学文献でも言及されている。症例報告では、この問題は「肌の色が黒い人」に顕著だという[47]。「アジア人の肌タイプ」に対するアレキサンドライト・レーザーを用いた脱毛の有効度を評価するための研究では、じゅうぶんな注意が必要と結論づけられた。「そういった肌の色が濃いタイプが対象では、持続的な安全性が証明されなかった」ためだ[48]。二番目の研究では、「色素減少、色素沈着、水疱形成、瘡蓋《かさぶた》の形成」を含む皮膚の変化が、浅黒い肌の患者に見られたという[49]。三番目の研究によれば、「皮膚の色素沈着の増大とともに」合併症が増えたという[50]。そういった結果は特に「困惑させられる」と、研究をまとめた人物ふたりが説明している。「正確な病因を突きとめるのが困難だからだ[51]」。

同様の合併症は、顔にレーザー脱毛処置を受けた「二七歳のインド人女性」を治療したふたりの医師からも報告されている。「ある日、彼女が処置を受けると、顔のごく一部に色素沈着が見られ、その肌表面が剝離して薄い膜ができるという症状が現れた」（外傷を負っても、レーザー脱毛を受けたいという気持ちが鈍ることはなかったようだ）(52)。これらの所見は、ジョザベット・テカット－スアレスという三一歳の女性のように、メディアで広く知られている例に類似している。ニュージャージー州在住の彼女は、二〇〇二年の結婚準備として婦人科医からレーザー脱毛を受けた。治療の最中、テカット－スアレスの肌はジュージューと音を立てはじめた。褐色の肌にはそのうち、血が滲む傷が点々とできて、「三目並べの盤」（tick-tack-toe board）のような見た目になったという。彼女は元の状態を取り戻すため、それから一年ほどケミカルピーリング――一回あたり二二〇ドル――を受けた(53)。また、トランスジェンダーの活動家、アンドレア・ジェームスは、脱毛に特化したアクセス数の多いウェブサイトを創設し、二〇〇八年には「褐色の肌」に対するレーザー脱毛の危険性を知らせる生々しい映像を紹介した(54)。傷害を負って不満を持つレーザー脱毛体験者は、消費者向けウェブサイトや、美をサポートするというホームページに苦情を投稿し続ける。そういったサイトではたいてい、被害者の代理人として人身傷害請求をおこなおうという弁護士が紹介されている【図8・5】。

皮膚に対するレーザー治療、特に有色人種の人に対してのそれには、長期にわたる障害のリスクが明白に存在するにもかかわらず、レーザー脱毛は、二一世紀の脱毛といえばこれだという地位を維持し続けた。医療の進歩を通じた解放の象徴とも言える地位だ。レーザー脱毛をめぐる近年の一般向け

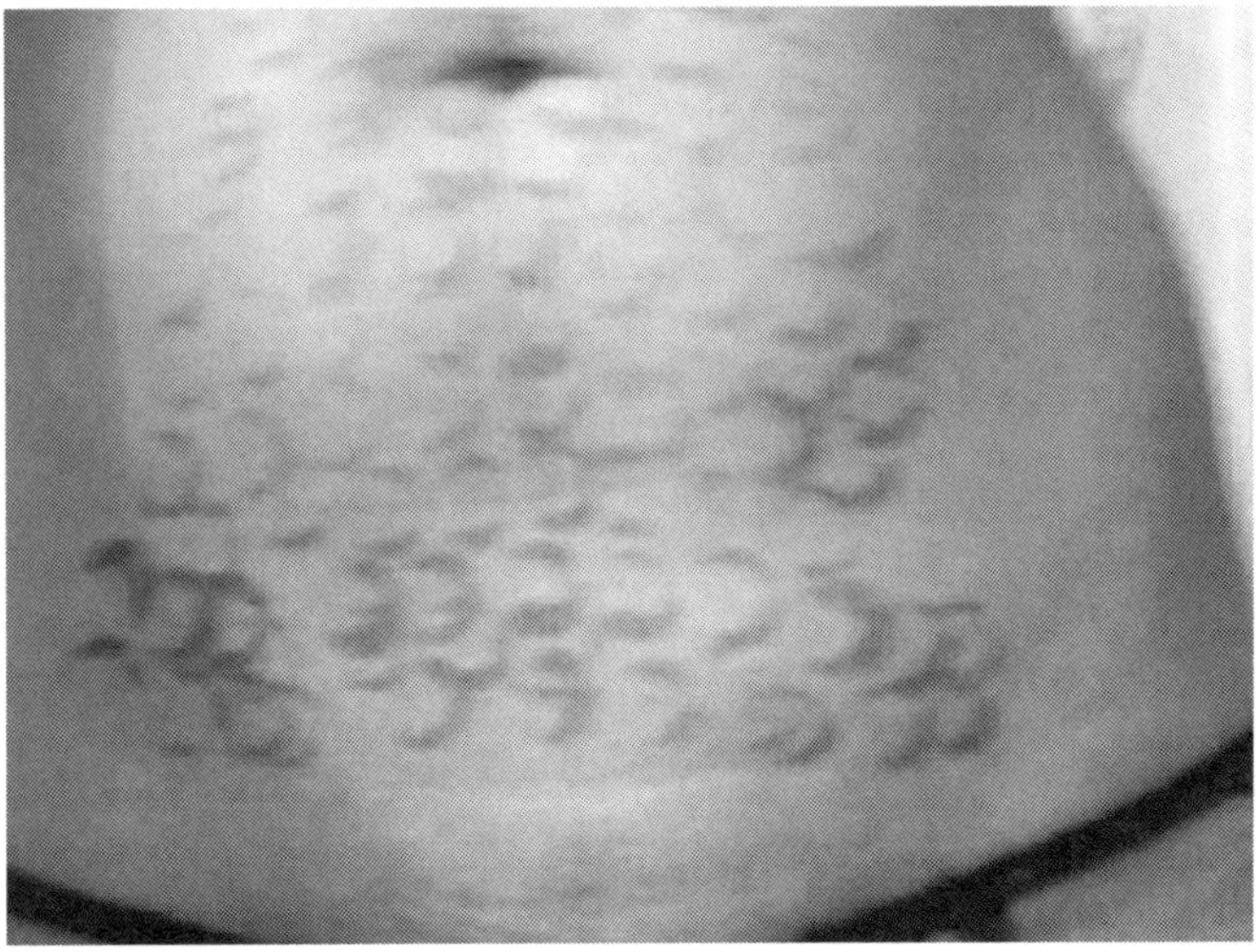

図8·5　2010年に消費者支援のウェブサイトに投稿された、レーザー脱毛による負傷のイメージ。

の議論は、その安全性や有効性ではなく、「医学的に必要な」適用の範囲にばかり集中しているのが顕著だ。マサチューセッツ州の男性刑務所に収容されたふたりのトランスウーマン（transwomen）が、診断済みの性同一性障害の治療としてレーザー脱毛を受けようとした事例は、醜悪な議論を呼び起こした。ふたりが治療を受ける法律上の権利に関しては、疑いの余地はなかった。囚人にも「適切な医療」を受ける権利があることは、一九七六年に最高裁によって認められ、一九九三年に拡大適用されていた。そういった治療を与えないのは、「残酷で異常な刑罰」を禁じたアメリカ合衆国憲法修正第八条に違反するとされている。[55] むしろ、マサチューセッツの例で問題となったのは、ムダ毛は誰にとってリアルな苦痛となっているのか、さらに言うなら、レーザー脱毛は誰にとって正当な医学的なニーズなのか、そもそも医学的なニーズたりうるのか、という点だった。これは、治療の「費用を納税者が負担する」という問題が、特定の人間の身体に内在する価値をあぶり出したにすぎない[56]。

アメリカの消費者のあいだでレーザー脱毛が急増した——医学的な監督指示は必要だが、個人の「ライフスタイルに関する決断」へと発展しつつある——とはいえ、医学的な「深刻さ」の意味をめぐる対立はこのように根強く残ったままだ[57]。そういった意味を法的な観点から、専門職の目を通して、また、多くの一般人が、議論する場として、脱毛は存在し続けた。つまり、体毛から解放されるのは、身体の組織を故意に「焦がす」だけの価値があるのかどうか、ということだ。このエンハンスメントを視野に入れたうえでの次なる一歩は必然的に、脱毛の必要性を完全に除去しようとする動きであった。

第9章 「次なるフロンティア」

——遺伝学的エンハンスメントと体毛の終焉

一九九〇年、米国エネルギー省と国立衛生研究所、そしてセレラ・ジェノミクスという企業が、ヒトDNAを構成する三〇億の塩基対の配列を解読し、約二万五〇〇〇もの遺伝子あるいはDNAのセグメント機能（functional segments）を特定するための正式な共同研究を開始した。正式名称をヒトゲノム計画とするこの研究は、得られた情報や開発された技術を民間企業に転用する目的を当初から公約していたが、アメリカ国内における営利目的の生命工学《バイオテクノロジー》の急速な成長に火をつけた。ある調査によれば、株式公開されているアメリカ企業のバイオテクノロジー関連の収益は、一九九二年には八〇億ドルをやや上回る程度だったが、二〇〇一年には二八〇億ドル以上に増大した。ヒトゲノム計画は一五年は続くと見積もられていたが、国際協力のおかげで解読が速まり、二〇〇一年には暫定的な解析結果《ワーキング・ドラフト》が公表され、計画は二〇〇三年に完了した。[1]

これをきっかけに、ヒトの遺伝子研究の倫理的および政治的な意味、そして将来の遺伝学的エンハンスメントが持つ潜在的な影響について激しい議論が起こった。議論には政治家、神学者、政府機関関係者、ジャーナリスト、学者がこぞって参加した。[2] 社会科学者のなかには、ゲノミクスの台頭が、ヒト（そしてヒト以外）の遺伝的多様性の理解における質的な変化を暗示するという人もいた。つまり、四肢や臓器、ホルモンの「モル（molar）」レベルの差異を想像するのではなく、タンパク質や遺伝子、ゲノムの「分子」レベルへと移行する動きだ。ありとあらゆる学会や刊行物が、社会の「分子化」あるいは「遺伝子化」という概念を取り込もうと躍起になった。[3]

そのあいだ、じゅうぶんな吟味や議論がほぼ皆無のまま、「遺伝子学の観点から誘導された」製品が次々に現れた。研究者は、「機能性化粧品《コスメシューティカル》（cosmeceuticals）」、「美容目的の遺伝学（vanity genetics）」、あるいは「皮膚遺伝学（Dermagenetics）」などと呼ばれる新しい分野において、人類遺伝学から拾い集めた技術を「美と健康」の改善に応用しはじめた。[4] この時点ですでに、自分自身の遺伝子検査の結果に適合した効果を持つ成分を具体的に組み合わせたスキンケア製品を買うことができる人は、そうすることが可能だった。さらに興味深いのは、ターゲットとされた遺伝子の発現はリボ核酸（ＲＮＡ）の二重鎖分子によって選択的に黙らせる《サイレンシング》ことができる、という発見に基づき、細胞の構造を実際に作り変えようとする取り組みだ。ＲＮＡ干渉（ＲＮＡｉ）という実験的なツールを生物の成長のさまざまな段階に投入して、髪のつやから虹彩《こうさい》の色まで、ありとあらゆることに対処させるのだ。たとえば、二〇〇三年には、株式公開企業のエイボン・プロダクツ・インコーポレイテッドが、「望まない色素沈着」を減少させる遺伝子サイレンシング技術に関する特許権保護の申し立てをおこなった。小規模な新興企業やバイオテクノロジーの大企業数社はこの技術の可能性を察知し、ムダ毛の成長を遅らせる、あるいは阻止するための遺伝子サイレンシングを用いる方法を追求した。一時期、こういった製品があまりにも明るい展望を約束していたため、世界的な製薬会社のメルク・アンド・カンパニーは二〇〇四年に、RNA干渉技術の開発においてトップを走っていたシルナ・セラピューティクスを買収するために一一億ドルを支出した。これは、当時のシルナ社の株式価値の二倍の金額だった。[5]

遺伝子レベルで体毛の成長を変えようとする取り組みは、もし実現すれば、脱毛の実践方法や、より広い意味では身体改造の歴史において目立たないが重大な変化の前兆となる。というのも、こういった極めて重大な遺伝的介入は、「望まない色素沈着」を軽減しようとする前述の取り組みでも見られたように、遺伝表現形質をすっかり抹消する可能性があるからだ。RNA干渉を基にした脱毛がいつ市場に登場するか、そもそも、そんな日が来るのかどうかはまだ判断できる段階にはないが、生きている細胞の構造を意図的に再編成するという点において、そういう製品は、レーザーやワックスを用いた脱毛、クリームなどの脱毛剤、そしてかみそりでの剃毛とは根本的に異なる（遺伝子を突然変異させる点ではX線も同じだが、それは、X線を用いた脱毛の際の予期せぬ結果だ）。そのうえ、現代アメリカにおいて脱毛がこれほど普及していることを考えれば、ムダ毛に対するRNA干渉による解決策はアメリカ人の日常生活に、かつてなかったほどの勢いで遺伝子操作の技術を持ち込むことにもなる。[6] 実際、遺伝子に基づく体毛の発育阻害を求める国内市場は、発毛のあらたな技術を求める相応の大きな市場よりも、さらに規模が大きい。つまり、より大勢のアメリカの消費者が体毛を増すよりも除去する方法を探しているだけではなく、同じ生やすなら頭のてっぺんだけに毛を生やしたいと思い、そのくせ身体のそれ以外のほぼすべての部分にある体毛は除去したいと考えるようになっているのだ。[7] さらには、ｓｉＲＮＡ（small interfering RNA）による体毛の発育阻害は肌の色素レベルの影響を受けないので、安全性や有効性において、肌の色合いによる実証可能な差異はない――現在の「いちばん人気」となっているレーザー脱毛に比べても、これは明らかな強みだ。[8] このような理由により、遺伝子に基づく脱毛は、複雑で理解しづらい生物工学《バイオエンジニアリング》を「一般人に理解しやすくする」可能性を秘めている。電灯照明の導入が、一般家庭におけるほかの電気機器に対する信頼に道を開いたのと同じだ。[9]

しかしながら、商業化がまだなされていないという事実は、化粧品あるいは生活改善薬とされるものと「真の」医療上の必要性とを分ける境界線の重大さを示唆している。つまり、医薬品研究の方向性を決める境界線だ。「ライフスタイル」改善のためのくだらない治療へとアメリカの医療の舵を切らせたのは医師や製薬会社だ、と〔保険者などの〕第三者支払人や政府の規制当局、消費者の監視団体、ジャーナリストなどは非難しているが、当の研究者たちから集めた証言では、脱毛などという、評価や格の低い仕事には関わりたくないという逡巡の強さが目立った。結果として、ムダ毛を処理するあらたな治療法を探し求める消費者の思いは満たされないままだ。

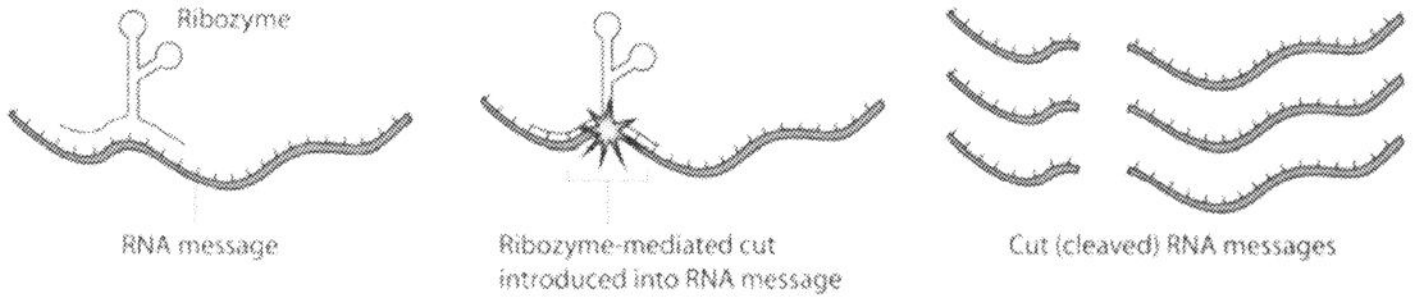

図9·1　「リボザイムが特定のｍＲＮＡに結合して分解し、それが機能するのを妨げる」（"RNAi Therapeutics: How likely, How soon?" *PLoS Biology*, 2004 より）

一九九〇年代後半に国際的な科学の表舞台に登場して以来ずっと、ＲＮＡ干渉（ribonucleic acid interference）は研究の最先端を走ってきた。ＲＮＡ干渉は、標的遺伝子に合致するヌクレオチド（アデニン、シトシン、グアニン、ウラシル）の配列を持つ、短い二本鎖の分子（ｄｓＲＮＡ）に基づいている。ｄｓＲＮＡの分子は、細胞のなかに入るとヌクレオチドが二一前後の短さに分裂し、「低分子干渉ＲＮＡ（ｓ・ｉＲＮＡ）」と呼ばれるものになる。これらのｓ・ｉＲＮＡは次に、相補的な配列を持つ一本鎖の伝令ＲＮＡ（ｍＲＮＡ）と結合するよう、細胞内の錯体に働きかける。通常、ｍＲＮＡは分解され、そのｍＲＮＡに由来する遺伝子発現は弱まる。このように、その他の遺伝子に明らかな影響を与えずに特定の遺伝子発現を抑える（サイレンシング）よう、ＲＮＡ干渉は用いられる[10]【図9・1】。

この方法を応用する可能性ははかりしれない。特定の遺伝子を妨害あるいは「ノックダウン」して細胞の反応を観察することで、研究者は遺伝子の機能をただちに確認し、その遺伝子を抑制した場合の治療面での価値を見極められるようになった。理論上では、特定の疾病――糖尿病、乳がん、アルツハイマー病――と関連する発現を持つ遺伝子はどれでもＲＮＡ干渉のターゲットにして、発現を抑制することができる。こういった強力な可能性に、熱狂的な論評が相次いだ。二〇〇二年には『サイエンス』誌が、その年を代表する出来事としてRNA干渉を選んだ。二〇〇三年には『フォーチュン』誌が、RNA干渉は生命科学の次の「一〇億ドル規模の大発見」だと太鼓判を押し、『ワイヤード』誌は「バイオ技術においてここ数十年で最大の恩恵」と称した。二〇〇四年には『ネイチャー』誌が一号まるまる割いてRNA干渉を特集した。[11] このメディアの浮かれた歓迎ぶりと申し合わせたかのように、さらに稀《まれ》なる称賛が授けられた。二〇〇六年、RNA干渉の発見に寄与したとして、アンドリュー・Z・ファイアーとクレイグ・C・メローにノーベル医学・生理学賞が授与されたのだ。論文を発表してから、わずか八年後のことだった。[12]

RNA干渉に熱い関心が注がれるなか、ヒトの体毛の色や発育と、それを特定する遺伝的変異性とを関連づける主要な研究結果がいくつか発表された。[13] それに続く研究で、体毛に関連する特定の遺伝子発現の制御におけるsiRNAの有効性が示唆されると、財源と知的資源の両方が、体毛の分子生物学研究に大量に投下されるようになった。[14] 研究者も投資家も、体毛の成長や毛包の統合性を司る遺伝子を抑制すると、永続的で痛みのない──そして極めて見返りの大きい──脱毛法につながることを認識したのだ。二〇〇六年には、siRNAを介在させて体毛の発育を遅延させる方法がいくつか推進された。

しかし何年経っても、RNA干渉に基づいた脱毛剤は開発段階にとどまったままだ〔本書刊行時〔二〇一五年〕には、「遺伝子クリーム」のようなものは市場には届いていない〕。私は、企業の重役や投資家、産業界や研究機関で働く分子生物学者、生化学者、この分野における研究皮膚科学者たちへのインタビューを通じて、脱毛の方法における次なるフロンティアは何か——医薬品開発という、特許で守られていて競合が激しい領域で許される範囲内で——を探ろうとした[15]。

インタビューしたなかには、薬物をうまく送達《デリバリー》するのは技術的に相当な難題だと指摘する人もいた。体毛の生育を抑える分子を皮膚から吸収させて毛幹から細胞へ、そして狙ったターゲットに確実に送り込まなければならないからだ[16]。しかし業界のトップランナーはみな、そんな技術的な障害は比較的小さな問題だと言った。遺伝子操作を用いたツールを首尾よく商業化するのを阻む、より大きな障害は、製薬業界に蔓延するある種の自主規制で、それがあらたな脱毛治療法への関心を制限するのだという。この自主規制を理解するには、現代アメリカの医薬品開発における独特な規制の風潮について考察することが必要だ。

米国食品医薬品局（FDA）の活動は、一九三八年の連邦食品・医薬品・化粧品法によって定められている——有毒な酢酸タリウムを用いた脱毛剤〈コレムル〉に関連する死傷者に少なからず反応して制定された法律だ。以前も見たように、この法律では「化粧品」を、「清潔にしたり、美化したり、魅力を促進したり、あるいは見かけを変える」ために「人体に作用させる」商品と定義している。連邦食品・医薬品・化粧品法のもとでは、化粧品について報告するのは当事者の自主性にほぼ任されている。一方、「医薬品」と分類されるもの、つまり「人体の機能や構造に作用することを目的としている」ものは、安全性や有効性、製造工程に関して、厳しく管理された審査を連邦機関によって受けてはじめて、認可がおりる[17]。RNA干渉に基づく脱毛剤は、身体に内在する構造に影響を与えるよう明確に設計されたものなので、かみそりや脱毛クリーム・ワックスなどが免れたFDAレベルの監視を受けることになる。

FDAは化粧品と医薬品をはっきり区別するのと同じく、「深刻な」病気の薬と「さほど深刻ではない」病気の薬の認可手続きにも、厳然たる区別を保持している。例を挙げると、座瘡（にきび）症状を緩和する薬のように「自由意志で選択する」と広く見なされているものは、「美的」あるいは「生活改善」を目的とした適用とされる。だがこれらは、たとえば、筋萎縮性側索硬化症（ALS）あるいは「ルー・ゲーリッグ症」として知られる進行性の神経変性状態のための医薬品よりも、厳しい検査や認可制度の対象となっている。医薬品と化粧品、そして深刻なものと自由意志で選択できるもののあいだにある規制上の差異が、薬剤開発の方向性を決定するのだ。あるRNA干渉の研究者が言ったように、「生活改善薬や、病気ではない適応の薬を目指すなら、問題など絶対にないというぐらい安全でなければならない」。「FDAの連中は」、常に「リスクと利益」という観点から物事を見ている、と彼は続けた。つまり「誰かの健康状態を改善するものでないなら、いかなるリスクもまったくないというレベルでなければ［彼らは］認可しない」のだ[18]。多国籍の大手バイオテクノロジー企業の研究者も、この点では同じ意見だった。「どの程度の安全性が必要とされるかは薬物の種類による……髪を増やす、あるいは体毛を減らしたいのに、副腎の機能が死んだり、白血球の数が急激に減ったりしては困る。だから、どこから見ても問題のない防護策を備えていなければならない」[19]。患者（あるいは消費者）の苦痛が、端《はた》から見てどれくらい深刻か。それが、「自由意志で選択できる」治療と「人の命を救う」治療の法規上の重要な違いを決するのだ。「生活改善」を目的とした薬――個人の選択に任されたものと見なされる――は、規制に関して高いハードルを設けられ、市場に出回るまで時間がかかる。

苦痛や深刻度、そして「自由意志で選択できる」治療のあいだの規制で興味深いのは、それらが関連しあい、互いに階層的な関係のなかで定着している点だ。特定の薬物の副作用の深刻度は、（テーブルスプーン一杯の用量で、管理された研究における実験用ネズミ一〇匹のうち八ないしは九匹が死ぬというような）固定化された基準ではなく、前述の「リスクと利益」についての発言が示すように、治療される最初の状態の深刻度をどうとらえているかを踏まえて検討される。たとえば、点滴による化学療法（抗がん剤治療）の薬剤には重篤な副作用があるが、現にそこにある癌《がん》よりもそういった副作用に耐えるほうがましだ、と薬物認可の過程で判断されてきた。同様に、当初の疾病あるいは症状の重さは相対的に確立される。つまり、それを改善するためにはどの程度の「有害反応」まで耐えるのを厭わないかという、行為の主体となるものの判断と関係する。「深刻度」とは内在する属性ではなく、相関的な特性なのだ[20]。

RNA干渉を用いた体毛治療の開発で最先端を行く人たちはすかさず、深刻なものと瑣末なものに関するFDAの理解にはこの相関的な特性があると強調した。私がインタビューしたある人は、ボッリヌス毒素を小児脳性麻痺患者の筋弛緩薬として申請したアラガン社を例に挙げた。それによるとFDAの諮問委員会は、「生活改善に関わる問題」（したがって、小児に対する医薬品リスクの基準値をクリアしていない）だとして申請を却下したが、ほかならぬボツリヌス毒素を成人の顔の小じわの軽減適応で認可し、「不十分な」まつ毛を改善するあらたな薬剤であるラティースをもアラガン社に認めていた。私がインタビューした人はこの例から、生活改善の適応症と深刻な医学的必要性のあいだの境界線は融通が利き、「広い意味での文化面での潮流」によって形作られると結論づけた。[21]

ほかにも、医学的な「深刻度」の不確実性を強調する人がいた。ある分子生物学者は、「生活改善」を目的とした問題と「より深刻な疾病」との差異は「感じ方」に左右されるのではないか、と述べた。製薬会社によって意図的に操作されている感じ方だ。[22]「バイアグラ［大ヒットとなったファイザー社の勃起障害治療薬］の例を見れば、実に明らかだ……どういうわけか、彼らは深刻な医学的適応として他人の性生活を追い、自分たちに都合のいい話を振りまくことができた。思うに、それが状況を変えたんだよ」[23]。「そういったことに取り組む一線級のロビイストがいるからね」と彼は続けた。[24]彼の会社の場合、「男性型多毛症のような……医学的適応の承認をまずは取りつけ」てから「より広いマーケットに進出する」よう、コンサルタントは勧めてきたという。[25]小規模な新興企業でCEOを務め、現在はバイオテクノロジー関連の投資家となっている人も同じ意見だった。目標は「それを医学的かつ倫理的に必須なものとすること——薬効分類をあらたに作り、ニーズを作り出す。いちばんの関心事は、必要不可欠とされるものを形作ることだ」。「一般的には、薬効分類を具体化するには三年もあればじゅうぶんだ」と彼は話を結んだ。[26]

新薬開発の最中にある臨床医や分子生物学者、投資家、そして企業の経営陣がみな、「深刻な医療適応」という指定は変更可能だと見なしているのは、驚きでもなんでもない。ここで述べられているのは極めてありふれた現象で、評論家も「医療化《メディカライゼーション》」という独自の名称を与えている。医療化とは、製薬会社や医療機器メーカー、そしてそれと協働する医師たちに益するよう、社会的関心事を疾患として位置づけし直すことだ。[27] 第二次大戦後の消費資本主義の影響だとしてこき下ろされることが多いものの、体質的多毛症（hypertrichosis）や男性型多毛症（hirsutism）の例でも明らかなように、医療化は目新しい現象ではない。ただ、近年になって変わってきたのは、利益という項目が急に医療に持ち込まれるようになったことでもなければ、医師が扱う対象が「誰もが認める実際の」疾病の治療から、「生活改善を目的とした」リアルとは言えない問題へと急激にシフトしていることでもなく、現在の医療化（あるいは「生物医療化《バイオメディカライゼーション》」）のプロセスが大々的なスケールで、しかも猛烈なスピードで展開していることだ。専門分野に特化したコンサルタントや市場アナリスト、ブランドスペシャリスト、学術研究者、セレブリティの広報担当者、患者の擁護団体、そしてブロガーが古代ギリシャの重歩兵のように一丸となり、医療の「深刻度」という錦の御旗を、ある位置から別のところへ動かそうとしている。[28]

ここでさらに思いがけないのは、薬剤を開発する企業側もまた、この医療化のプロセスの周辺部で悩んでいることだ。実際、この章のためにインタビューした二五人全員が、認識されているムダ毛の深刻度（あるいはその欠如）は、自分たちの研究に影響を与えていると発言した。効き目のある脱毛製品を開発するためのインセンティブが市場にあふれている――思春期を過ぎたアメリカ人の大半が複数の脱毛製品を日常的に使っている――にもかかわらず、製薬会社はあらたな脱毛治療の可能性を追求するのに二の足を踏んでいる、と科学者や臨床医、企業の経営陣は主張した。「より深刻な」疾病の治療法よりも空虚で無価値なことを推し進めていると激しく非難されたなかでも、当のＲＮＡ干渉の研究者や企業の幹部はむしろ、その結果生じた製薬業界における自己規制――体毛を対象とする薬物に関する研究への集団的な嫌悪感――を強調した。

私がインタビューした人たちは、体毛に効く薬物の開発を逡巡するのは、製薬会社がパブリックイメージを気にするためではないかと述べた。「［製薬会社の］企業理念はどれも、人々の生活を向上させると謳っている。医療を改善するとか健康状態をよくするとか……製薬会社のくせに、生死に関わる病気や人生を一変させるような病気に目を向けずにいるのは、マイナスな印象を与える気がする」と、ある科学者は話してくれた。[29]「人々の体毛を処理しようとするだけなら」「それは美的な問題に過ぎず」「さしてやり甲斐はないと考えられる」と別の科学者も述べている。[30]インタビューに参加した何人かによれば、大手製薬会社はこの点において化粧品会社とは異なるという。化粧品会社のほうは仰々しい企業理念を気にする必要はないからだ。あるＲＮＡ干渉の研究者は、化粧品業界の代理人に何度となく話を持ちかけられたという。

私は言ってやったんだ、とにかく興味がない、って。だが、えげつない額の金を出すから助けてくれと頼まれたら、話を聞いてもいいかなと言った。おかしなことに、それでも彼らはまったく嫌な顔をしなかった……［彼らは］「あなたたちがお持ちのものがあまり機能しなくても構わない。ほんの少しでもうまくいけば、それでいいんです」と言うんだよ。[31]

世界を股にかける化粧品会社は製薬会社に比べると、有効性に欠ける治療法でも進んで追求すると言われている。

命を脅かすわけではない疾病の治療と結びつけられるのはごめんだという風潮が、皮膚科学の分野全体に汚名を着せているとまで言われている。ある投資家は「そそられない」と、身も蓋もない言い方をした。[32] 皮膚に適用する新しい製品を求める広い市場があり、相対的に競争は存在しないにもかかわらず、そういった製品専門の研究部門を維持している大手製薬会社は少ない。医薬品業界のなかでも「皮膚の適応症は一種独特だ」と、私がインタビューした別の人物は語っている。

とにかく、生活改善を目的とする薬を作る会社でなくてはだめなんだ。その域まで行ったと言えるのは、［ボトックスを製造する］アルガン社だけ。それ以外、生活改善薬を作ると腹をくくっている会社はない。代替適応ならばあるかもしれないが、生活改善薬に専念する大きな部門を持とうとはしない。[33]

私がインタビューしたなかには、このような「皮膚の」医薬品の研究開発をためらう流れに困惑する人もいた。ある企業幹部は「しかし、計算上は皮膚が人体で最大の組織だと考えれば、あらゆる薬は外皮用薬であるべきなんだがね」とつぶやいた[34]。外用皮膚薬研究のレベルと男性の性交不能症研究のレベルを比較して、ある研究皮膚科学者はこんな冗談を飛ばした。「私のほうが、あなたのよりデカい」[35]。「皮膚科学に関する」企業のある役員は、近年の医学研究の方向に話を持っていった。皮膚に明らかに問題のある患者は、高血圧症や狭心症、あるいは気管支喘息といった疾病を持つ患者に比べて、クオリティ・オブ・ライフ（ＱＯＬ）により大きな悪影響を感じているという。その役員は首を振りつつ、製薬会社の経営陣や業界への投資家の大半は皮膚に関してあまり深刻には受けとめていない、と語った[36]。

もちろん、重要ではなく隅に追いやられているという専門家たちの主張は、常に割り引いて聞かなければならない——「勝ち目のない弱者」という烙印が持つ経済的価値を考えれば、特にそうだ[37]。美容目的の皮膚科学に知的面や金銭面での投資が相当におこなわれている例は山ほどある。二〇〇六年、ジョンズ・ホプキンス大学メディカル・スクールはニューヨークのある企業と提携関係を結んだ。多数の高級ブランドを傘下に収めるコングロマリット、ＬＶＭＨ（モエ・ヘネシー・ルイ・ヴィトン）の子会社、クリンガー・アドヴァンス・エステティクスだ。金銭面での支援の見返りに、大学医学部の教授陣はクリンガー社製品の評価をおこない、チェーン展開するメディカル・スパにおける「最良のサービス内容」の開発に手を貸すことになった。同様にコーネル大学ワイル・メディカル・

スクールの皮膚科は、「スキンウェルネスセンター」を設立した。このセンターに七〇〇万ドルの資金を拠出した化粧品大手企業クリニーク・ラボラトリーズは、その製品と名前を目立つよう展示してもらうこととなった。一方、個々の皮膚科医のほうは、専門家が集まる会議や学会において化粧品の雇われスポークスマンとして振る舞うのが常だが、その企業と金銭的なつながりがあることはたいてい伏せている。[38] 投資家もまた、美容目的の製品の市場においてチャンスを追い求めることに気後れなどしていないようだ。二〇〇九年にゴールドマン・サックスが後援した投資家向けのカンファレンスでは、美容目的の医薬品に関するイベントは満席で立ち見が出た。[39] 投資家は、企業が掲げる使命や目的の体裁といったあやふやなものを気にするのではなく、最終的には「経営計画や市場分析」に従うのだ、と企業の元重役は強調した。[40]

定量的な市場分析には否定できない影響力があるにしても、ここでは、負の印《スティグマ》のより具体的な役割は大きいままだった。インタビューに応じてくれたなかには、脱毛の研究は医薬品開発企業には嫌悪されがちだと言う人もいた。業界内で端に追いやられる危険があるからだ――社会的なネットワークと世間の信用をうまく維持することで成り立つ科学とビジネスの領域においては、これは無視できないことだ。[41] 倫理的な価値観という、個人的な思いに基づく迷いを打ち明ける人もいた。「私にとって」「普通に生えている体毛は病気ではない。私は医師で科学者だ。で、どうしてそんなことをしなければならないんだ?　と思うわけですよ」とボストンを本拠地とする研究者は言った。彼によれば、最終的には女性の同僚に説得されたという。その仕事は彼の言を借りれば、実に「やるだけの価値があった」という[42]。やり甲斐や価値といった問題は費用便益の観点から論じられることが多いが、さまざまなコメントが提供された。皮膚生物学の第一人者は最終的に、皮膚科学研究において広く実験動物が用いられていることに言及した。「体毛の研究のために犬や動物を殺すことを正当化するのは、何というか、難しいんです」。

自分のやっているのが……多発性硬化症や全身性エリテマトーデス、がんの研究であれば、まあ、費用便益比もいいから、こうするしかないと納得できる。だが皮膚の研究で何百匹という実験動物を死なせるのは、とにかく、倫理的に――少なくとも私の心のなかでは――倫理的な観点からは正当化しがたい。……人間というものは、自分のやっていることが――社会にすでに貢献していて、可能性が――動物の命を犠牲にするだけの価値があり、人類にほんとうに役立っていると思いたいものなんですよ[43]。

ほかにも、体毛に関わる仕事について同じように神経質な物言いをする人もいた。この話題を追求する理由を明確にするのに、言葉につかえるほどだった。「とにかく、毛包に魅せられているんですよ」と、ある研究者は語った。

私は――いいえ、脱毛症を治したいという気持ちに突き動かされているわけではありません――

だって、人はみんな――いや、あの、私はそうではありません――だから世間は、科学のことなんてわかっていない、普通はそんな類いの目標なんてないんです。だから、何というか――結局はそこにたどり着くことになるわけですが、それは、あるひとつのことに集中しようとしたからではないんです。いや、説明するのが難しいのは自分でもわかっています。[44]

製薬会社でさえも、自分たちのリサーチを意図的に物語化するすべを身につけている。RNA干渉技術を用いた体毛治療の医薬品には明らかに大ヒットする可能性があるのに、バイオテクノロジーのベンチャーキャピタリストはなぜ、そういった研究への資金提供に後ろめたさを感じるのか。そう尋ねてみると、ある分子生物学者は「美意識の問題だ……われわれが取り組んでいるほかの疾病はみな生死に関わるものだから、そうではない部門があると、それを企業全体の価値観に収めるのは難しい」と答えた。[45] 彼が率いる新規ベンチャー企業ではこのジレンマを、たとえばメラノーマなど、siRNAを毛包に届ける方法を見つけ出してはじめて取り組めるかもしれない他の疾病を語って、話をそらした。同様に、よく知られた脱毛薬を製品ラインアップに持つ大手製薬会社が脱毛に関する研究を中止するときも、その意思決定を説明する際は、重要度の高いものと瑣末なものの差異をできるだけ前面に出す傾向にある。クエスト・ファームテック・インクが脱毛の可能性がある薬剤の研究を終了したときも、その決定は「腫瘍学にますます注力するというわが社の意思を促進するため」になされた、と伝えられた。[46] メルク社が一〇億ドル以上を出してシルナ・セラピューティクスのRNA干渉技術を手に入れたのちに皮膚科学の研究部門を閉鎖したのを見て、ネット上である人は、メルク社が「腫瘍学に力を注ぐ」と決めた「理由は明らかだ」と述べた。「ムダ毛を処理する手段を研究するのは、彼らにとって優先事項ではないのだろう」(47)。

あらたな治療法を求めて――切羽詰まるとまでは言わなくとも――躍起になっている消費者は、体毛への関心を軽んじがちな企業や研究者を見ると、コーポレート・キャピタリズムそのものが脱毛治療を妨げていると言いがちだ。ムダ毛とその除去法について、情報交換専門のウェブサイト(使われている言語は英語)のなかでもひときわ活発なやりとりがなされているところでは、siRNAを用いた減毛法の開発の行方をじっと見守っていた。しかし、なかには、化粧品やパーソナルケア製品の大手企業は既存の脱毛技術で確立した市場の一角を維持するため、脱毛に関する薬学研究を故意に妨害するのではないかと疑う人もいた。投稿者のひとり、エディは、RNA干渉技術を用いた治療薬のような「魔法の銃弾」をどこかの会社が実際に開発したら、「ジレットのような大企業は」かみそりやシェービングクリームにおける自分たちの売り上げが脅かされると危惧するだろう、と語っている。「正気の女性なら、日々のルーティンになるムダ毛剃りをせずにすむよう、脚や腋の下にそんな薬を使うはずだろう?」というわけで、エディによれば、剃毛関係の複合企業にはふたつの選択肢がある。

1　シルナあるいはクエスト社と提携して、新製品の開発・製造・マーケティングを支援する代わりに、売り上げからロイヤルティを得る。それでも、かみそりやシェービングクリームの需要は少なくなり、利益も下がり、工場は閉鎖され、P＆G社の従業員は職を失う……

あるいは

2　何十億ドルでも使って、その新製品の特許・販売権をシルナあるいはクエスト社から買ったうえで、その製品が市場に出ないよう葬り去る……現状のシェービング・かみそり市場の完全な支配を維持し（現時点では非常に健全な市場だ。ジレット社のマッハスリーかみそりの値段を見た⁉）……大衆には、かみそり・シェービングクリームの使用を死ぬまで続けさせる。

エディは、あらたな研究の「首根っこを押さえる」ほうが、より可能性の高い方向だと結論づけている。(48) ほかの投稿者も、企業側の動機を疑う彼に同調している。

陰謀論は大嫌いなほうだけど、この場合は違う。いや、ほんとうのところ、陰謀論でさえもない。単純明快な資本主義、というだけの話だ。企業は人々を助けるためではなく、金儲けのために存在する。ジレットみたいな会社は、自分たちを市場から駆逐するに等しい製品の特許

のためなら、喜んで金を出す。それはまず、間違いないと思う。(49)

体毛のない状態という規範が強くなったのは、資本主義が新製品を無理に押しつける必要があったからだとする男女同権主義《フェミニスト》の社会科学者たちとは極めて対照的に、消費者側に立つこのような擁護者によれば、企業の貪欲さは、脱毛という領域における新しいアイデアを推進するのではなく、むしろ、抑制する。

掲示板での考察は、その多くが陰謀論的な傾向にあるものの、こういったネット上のコメンテーターたちは肝心要の点において、間違っていなかった。ムダ毛を解決する技術では、お金がかかり、痛みを伴い、しかも健康に害が出るかもしれないレーザー脱毛以上に発展しているものはないという点だ。マイクロ波を用いた治療や、電気を流す皮膚パッチ、スペアミントティーやノコギリヤシ、豆乳あるいはターメリックの粉末といった栄養補助食品など、代替品は数え切れないほどあるが、確たる有効性を証明するものはない。社会の「分子生物学化」あるいは「遺伝子化」をめぐる誇大な宣伝はあるものの、ムダ毛は今もなお、RNA干渉ではなく、糸を絡めたり、べたべたのワックスを使ったり、毛抜きを用いたりして処理されている。体毛の存在は深刻な関心事なのか、それとも瑣末な事柄なのか、研究対象として相対的に価値があるのかないのか。それが、脱毛に用いられるツールを具現化する。

一方、あるｓｉＲＮＡの研究者が言うように、ますます大勢の人――世界中の、と彼は強調していた――は、「受け入れなければならない、みたいなものではなく、自分でコントロールしたいもの」として体毛を見ている。「体毛は次なる開拓《フロンティア》の最前線だと思う。だって『自分の体にこんなものがあるのを、どうして我慢しなくちゃならないんだ？』って人々が言うのは普通のことですからね」[50]。生身の体をみずからの意思で管理することは、自由のフロンティアであり続ける。

結論

——私たちはみな、毟《むし》られている

アメリカ人は生まれながらに体毛を嫌っているわけではない。また、どれか特定の集団のおかげで今日《こんにち》、ワックス脱毛や剃毛、レーザー脱毛、抜毛が隆盛を極めるようになったのでもない。過去一世紀にわたって体毛除去が台頭してきた流れは、体毛のない肌の本質的な魅力をアピールしたり、女性を幼児化しようという陰謀ではなく、アメリカの経済活動や社会生活におけるより大きな転換を反映したものだと言える。つまり、性役割のシフト、移民のパターン、労働慣行、生産工程、家族のあり方、情報の流れ、人種的偏見、軍事活動、科学上の発見、そして商業ベースのイノベーションなどが一点に収束したものだ。無毛という状態は、かつては北米大陸の先住民に特有の「不備な点」だったが、徐々に正常なものとなってきた——健康や美、清浄度そして好ましさを測る永続的な基準になったのだ。

しかしながら、アメリカ人はいざ尋ねられると、そういった規範や価値観の影響について過小評価する傾向にある。それどころか、脱毛をおこなうのは魅力や自尊心を高めたり、性的な快感を増進するという「個人的な」目的のためだと言う。この事実においても、歴史とともに移り変わってきた別の事象を見ることができる。つまり、アメリカ人の政治活動において個人の選択の重要性が増してきたという点だ。広く浸透する商業メディア、グローバルな商品連鎖の不透明さ、そして、選択可能な治療と呼ばれるものを規制する法令の緩さにも助長され、個々人の「自由」がこれまで以上に重視されている。脱毛をしようが、圧倒的な優勢を誇る常識にあえて反抗しようが、体毛管理は、個人の自由を行使するまた別の手段となった。剃ったりワックス脱毛したり、レーザーに頼ったり抜いたり……われわれはみずからで決める権利を与えられ、自分自身で出した結果に責任を負うこととなった。

近年の政治理論の研究者はこういった足跡を、より大きな現象の一部ととらえるかもしれない。つまり、制度や手続き、管理の方策の「自由化」である。政治理論学者たちが言うように、かつては(公開の場での斬首処刑、鞭打ち、食料や水を与えないといった)外的な力で人々が管理されていたが、現在はよりリベラルな状況下での管理が広く行き渡り、内在化している。自己管理という点が、肝なのだ。実際、保健衛生や教育、雇用あるいはほかの社会福祉を構成する要素を提供する義務は、政府から市場へとシフトし続けている。これは「新自由主義《ネオリベラリズム》」と呼ばれるプロセスで、統治されていた者たちは自身の生活を管理して「最大化する」よう、ますます求められる(1)。

もちろん、近年のアメリカの歴史を見れば、この足跡にまったく当てはまらない例はごまんとある――そこでは、支配が個人に移譲されるのではなく、階層化された高次のものに一点集中し、「固定される」。哲学者ミシェル・フーコーの言を借りれば、グアンタナモ湾収容キャンプで今もおこなわれている強制的な身柄拘束、あるいは一九七〇年代以降に著しく増加した、厳重な警備が敷かれている刑務所施設などは、「支配という状態」と呼んでいいだろう。[2] だが、個人が責任を負うということの時代では、支配という状態においてさえも、支配に関する心的・情動的な側面に、表に出ない行為の管理という形で配慮が見られる。たとえば、グアンタナモでの強制的な剃毛に見られる際立った特徴のひとつは、水責め尋問と同じく、目に見えるような痕跡が体に残らない点だ。そんな「人目につかない」尋問のテクニックが現代の民主主義における拷問の顕著な特徴だ、と政治学者のダライアス・レジャリは述べている。内在的な統制――目に見えぬ介入――は、支配という状態においても、自由の行使においてと同じく、もっとも重要だ。[3]

言い換えれば、個人の選択こそが、政治的な支配を推進するものになっている。個人の健康や幸福を「最適化」することに注力すればするほど、われわれは支配の潮流をあますことなく具現化することになる。そう考えると、これまでの章で論じてきたワックス脱毛やレーザー脱毛、抜毛などはみな、文化的な発展として興味深いだけではなく、典型的な「自己の実践」と言える。フーコーによれば、個人的な変革のための継続的な努力は実は、今日の権力を隅々まで行き渡らせる毛細血管の役割を果たしているのだ。

個人の選択と、権力が取りうる手法とが切っても切れない関係にあることを考えると、脱毛に「賛成」か「反対」かを明確にして本書のまとめとするのは、ほとんど意味をなさないだろう。現代の身体改造について声を大にしていろいろ評価する向きもあるようだが、ある特定の手法を「過酷だ」と非難（あるいは、自由をもたらすと称賛）したりするのは、要点を外している。なぜなら、その手法そのものがわれわれを、そういった絶え間ない評価を負わされた個人として生み出しているからだ[4]。しかし、脱毛のある特定の実践について明確な賛否がないなら、われわれはこの歴史から、ほかに何を得られるだろう？　私は、三つの見解を述べたいと思う——見解というより、「宿題として個々が持ち帰るポイント」と言ってもいいだろう。

まず本書が、ほかの身体改造の方法に関する「上流での」生産過程と「下流で生じる」影響についての考察を深める一助になるよう願っている。学術的なものであれ、一般向けのものであれ、エンハンスメントに用いられるテクノロジーの議論はこれまで、それがどこで消費されているのか、また、それを選択あるいは拒絶した場合の個々人に現れる影響にのみ集中することが多かった。アナボリックステロイドがオリンピック選手に、処方箋で手に入る興奮剤が大学生に、そして「膣の若返り術」が中年女性に、それぞれどのような作用を及ぼすか——こんなことは、倫理的な問題との兼ね合いでさんざん引き合いに出されたものだ。

もちろん、エンハンスメントに関する技術が広く普及することによって社会の階層化が進む可能性を強調する批評家は少なくない。ここで言う社会の階層化とは、「エンハンスメントされていない」人間に対する差別が増大するのではないかという懸念だ。[5] ほかとも関連しているが、これはまったく意味合いが異なる。つまり、エンハンスメントによって生み出される階層化は、それをどうやって入手するかという問題だけにとどまらない。エンハンスメントの普及や利用のはるか以前、そしてその後もずっと格差は伝播していく。わずか数グラムの腺エキスを抽出するために殺される羊や豚の数から、家庭用のレーザー脱毛器を製造する工場にリクルートされる何千人という組立工、垂れ流された脱毛剤の化学物質で汚染される河川、そして石油精製プラントから吐き出される煙にいたるまで、常に進化し続ける自己管理という習慣を特権階級が維持することがどれほど、他者の生活を消費するあらたな方法に全面的に頼り、それを助長しているか。本書はそのことを示してきた。「個人の」エンハンスメントの不均衡な影響は目下のところ、幅広く、一時的に、そして地理的に分散されている。[6] さらに言えば、この不均衡な影響は、倫理や政治の議論では取りあげられないのが常だ。[7] しかし本書は第一義的に、この排除された他者――体毛のないあごひとつのために費やされる膨大な量の血と汗、想像力や不安――を忘れるな、という呼びかけの書である。

とはいうものの、先端技術のなめらかな表層から、それを支えるものの毛むくじゃらでべとべとした面へ注意を向けろと単に呼びかけているのではない。そして、派手だが比較的稀《まれ》な処置（顔面移植手術！　脳移植！）から、ごくありふれていて「退屈な」身体管理の方法へと分析的な目を転じるのが目的でもない。[8] むしろ、その表層とそれを支えるもの、派手なものと退屈なものとは分かち難く関連しあっているという点が重要で、それが本書の第二の主張だ。生命倫理に関する「深刻な」懸念と医療的な「必要性」の境界線は、取るに足らない不必要なものとの関連で、象徴的にも物質的にも、絶え間なく作り直されている。男らしさは女らしさと、そして人間は動物と相互的に構成されているのと同じく、深刻なものと取るに足らないものは常に互いを排除し合いながらも、互いがそれぞれの存在の前提となっている。そして今まで見てきたように、必要不可欠な治療と選択できるエンハンスメントが相互に構成し合う関係には、労苦——自家製の脱毛剤や処方されたホルモン剤、トリコメーター、多毛症の診断チャート、専門委員会によるお墨つきや動物実験のプロトコルといったもので具体化された労苦——が必要となる。

当然ながら、その労苦は高くつく。ある者が体験した苦痛には意味があり、それ以外の者は倫理的・政治的な考慮から排除される。インディアンがあごひげを繰り返し「傷《いた》める」のを詳細に研究したジェファソンやそのほかの博物学者たち、顔にある「過剰な」毛と犯罪行為には関連があるとしたハヴロック・エリスなどの性科学者たち、そして、体毛の処理をしない活動家たちは第二波フェミニズムの「真っ当な」関心事から外れていると一刀両断にしたベティ・フリーダンらはみな、真の苦痛の意味と、政治的な包摂の限界を主張していた。そういった主張は、みずからの沈黙や、極めて重要なものと瑣末なもののあいだにある表面的には自明な一線から、説得力の大半を得ている。本書ではその点をさらに示唆したい。グアンタナモでの強制的な剃毛が容赦なく明らかにしたように、脱毛は高らかなファンファーレもなく密かにおこなわれるのが常で、学術的または一般からの注目を浴びるものとは程遠いという事実こそが、これに政治的な（あるいは「生政治的な」）説得力を持たせている。(9) フーコーの研究がわれわれに教えてくれるものがあるとすれば、権力がもっとも効果的に働く（そして、批判的な視線が効果的に凝縮される）のは、その行動がもっとも無難に見える場所において、という点かもしれない。

よりよい科学や改良されたテクノロジー、あるいはより開明化された法律がいつの日か、苦痛の定義をめぐる些細な言い争いを解決してくれると願いたくなる。強制的な剃毛は実際にひどい苦痛を与えるのか、性別違和感は外科的介入に値するのか、はたして実験動物は感情的な痛みを体験するのか。そういった葛藤は専門家が解決してくれと願うのは、無理もないことだ。実際、筋の通った真っ当な苦情に威を振るうあらたな専門的職業や、その下請け的なものが台頭しており、それが、われわれを取り巻く政治状況における顕著な特徴となっている。(10) しかし、真の意味での苦痛はこれだときっぱり決めて固定化することは決してできない。強化された専門知識、あるいはより巧妙な規制があれば、過剰で不要なものと真に必要なもののあいだに明確な線が引けると思うのは間違っている。そんな線は、重要で意味のある命とそうでないものとを振り分けているわれわれも共犯だということを隠そうとするもので、そう意味では、ダナ・ハラウェイが指摘したように、単なる「アリバイ」にすぎない。(11) その共謀関係や権力の広汎性が、本書の三番目の主張だ。つまり、われわれはその流れのなかで、それぞれが最終的には死を迎える形で生きるよりほかない。たとえ、別の身体からあらためて体毛を毛抜きで抜いたことが一度もないとしても、われわれはみな〝毟られている〟のだ。

だが、宿題として持ち帰るポイントが心塞ぐものである必要はない。なぜなら脱毛の歴史は、自己を他者から切り離すという、一見して瑣末な振る舞いの先にある不安で落ち着かない事態を指し示しているからだ。自己を他者から切り離す作業は、決して完結しない。自己移入《エンパシー》や政治的活動の限界は言うまでもなく、われわれの身体が持つ境界線そのものが絶えず改変を繰り返しており、それは未来も続くであろう。(12) おそらく、この無防備な脆弱性があるからこそ体毛は、大統領や抗議者、科学者や神学者、芸術家やポルノ制作者にいたるさまざまな人たちにとって大きな関心事になる。体毛は、人生において本質的に無秩序で、手に負えないものなのだ。

謝辞

本書を書きあげるのにかかったここ何年かのあいだに、脱毛についての講演をかなりの回数おこないました。そのたびに誰かが、といっても複数の場合が多かったのですが、私がこのトピックにたどりついた理由を訊いてくるのです。学術論文としての正式なレビューのために原稿を送ったときも、そうでした。ひとり以上のレフェリーが、脱毛と私の「個人的なつながり」について尋ねてきたのです。本書の校閲者も同様に、体毛という「テーマにいたった」理由を二言三言書け、とけしかけてきました。

こんなふうにいろいろ関心を持たれること自体が、注目に値します。本書は、私が出版した三冊目のノンフィクションです。ほかのテーマについてもかなりの数の記事や評論を書き、専門家としての講演をおこなってきました。が、例外は一度あったきりで（博士学位論文公聴会のときに、論文のテーマと私自身との関わりについて述べるよう、嫌味ではなく求められました）、ほかのトピックでは、今おこなっている研究に注ぎ込んだ個人的な努力について尋ねられたことは一度もありませんでした。ですが体毛については、私の裏話を聞きたいという求めからは逃れられません。

いったい、人々が知りたがるのは何なのでしょう？　わかったためしがありません。政治的意見の偏りを疑っている？　私が受けてきた学問的な教育や専門知識を？　私が脚を剃っているかどうか気になる？　どのプロジェクトの出処も曖昧なせいで、困惑は深まるばかりです。本書はどこで、どのようにして生まれたのか？　いつ……って、大学院一年目の早い時期にほかの院生とともにビールを呑みながらピザを食べているとき、家庭用の電気脱毛器のエピレディについて学期末レポートを書いてみれば、とけしかけられたから？　それとも、「冗談の」学期末レポートでビール呑み仲間を楽しませようと昔の経済誌をあさっているときに、かつてはムダ毛を除去するのにX線が広く用いられていたという、衝撃的な参考資料にたまたま出くわしたから？　はたまた、そのX線のリサーチに基づく小論文を発表したのち、世界中のさまざまな場所の人々――ノーベル賞を受賞したニューヨーク在住の生物学者、オレゴン州中央部に住む高校の工芸の教師、ロンドンのテレビ番組プロデューサー――が手紙を書いてきて、もっと知りたいと言ったとき？　こういうことがあったから、私は体毛に関心を持つようになった？　答えはイエス、ノー、まあ、たぶん。何度尋ねられても、本書につながった経緯をじゅうぶんに説明することはできません。

しかし、いくらかはっきりしているのは、書きあげるのにこれほど長い時間がかかった理由です。恥ずかしくて、嫌悪感を覚え、できれば正面から向き合いたくない――遠慮のないところをえぐってくるさまざまな感情が、このプロジェクトには最初からずっとつきまとっていました。X線による脱毛についての小論文を発表してすぐのころ、励みになるようなフィードバックを受けたことを報告しようと、信頼する友人に手紙を書きました。「体毛のことなんてやめなよ、ベック」。私と同じく学究の徒となったばかりの彼は、こう返事をよこしました。「くだらないよ」。そんなふうに脅かされて、私はやめました。しかし数年後、書籍となったプロジェクトをふたつ経たのちに、このテーマをふたたび取りあげてみようかと思いました。ちょうどそのころ、専門家を対象にした小規模のワークショップのランチ休憩で、さる有名な社会学者の隣に座ったことがありました。彼は、今は何に取り組んでいるのかと、お義理で尋ねてきました。私は若干のためらいとともに、体毛についての研究論文を書こうと思っていると答えました。くだんの社会学者は、それと見てわかるほどたじろぎました。「まあ、誰もが何かに取り組まなければならないものだからね」と彼は言うと、会話はこれでおしまいとばかりに、こちらに背を向けるように椅子の向きをいきなり変えたのです。ランチ休憩が終わるまで、私は気まずい沈黙のなかで過ごしました。

もちろん、そういったコメントは取るに足らないものです。ここに記した目的は、読者や講演の聴衆からの「個人的な」質問のすべてが示すように、そして、優れた判断力を持つ母との会話で最終的には認めさせられたように、私自身のいら立ちが具現化されたもの（困惑などもろもろ）が本書とは不可分だからです。確かに、この点はほかの学問にも言えることでしょう。フェミニストやクィア・スタディーズ、障害、そして人種に関する批評研究における多くの優れた業績結果が示すように、肉体から分離された、感情のない知識など存在しない。「どこからともなくやってきた見方」など、ないのです。私という個人の身体には認識論的に大きな意味はないという幻想を持てるのは、特権——

私は白人で異性愛者《ストレート》、五体満足で、中産階級に属するアメリカ人女性と見なされるのが普通だという事実――を享受しているからにほかなりません。にもかかわらず、私自身のこれまでの歴史が研究内容に必然的に影響を与える一方、このテーマだけは、研究を左右するようなさまざまな関心――感情、政治、人間の生理に関わるもの――をほかの人々に喚起するのです。

で、このテーマにどうしていたったのかと問われたら、何と答えましょうか？ 具現化が認識や理解を左右するという、より大きな真実を、私自身の（特に啓蒙的というわけではない）体毛との関わりと一緒くたにすることなく認めるには、どうしたらいいでしょう？ 簡単な答えはありません――あるのは、期待と忸怩たる思い、暴露されたあらたな事実と慎重さ、分別と不条理の双方をどうにか包含するものだけです。

こういった張り詰めたものを抱えた状況を乗り越えて本書を完成させるには、多くのサポートが必要でした。恩義を感じる人々を挙げたら、途方もなく長いリストになりました。本書を生み出すのを支援してくださったすべての方々、そしてすべてのものに感謝いたします。

まずは、実に刺激的な研究環境を作ってくださったベイツ・カレッジの学生、スタッフ、教授陣、そして同窓生の方々に。カレッジはまた、この研究のために不可欠な財政的支援を示してくれました。私の本給だけではなく、ステューデント・リサーチ・アプレンティスシップ・アウォード（Student Research Apprenticeship Award）、ハワードヒューズ医学研究所／イデア・ネットワークス・オブ・バイオメディカル・リサーチ・エクセレンス・グラント（Howard Hughes Medical Institute/IDEA Networks of Biomedical Research Excellence Grant）、チャールズ・F・アンド・イヴリン・M・フィリップス・ファカルティ・フェローシップ（Charles F. and Evelyn M. Phillips Faculty Fellowship）、ほかにも教授を対象とした助成金と研究休暇を与えてくださいました。以下の団体からも、その他の物質的支援をいただきました。ミネアポリスのバッケン・ミュージアム・アンド・ライブラリー（the Bakken Museum and Library in Minneapolis）、デューク大学のハートマン・センター・フォー・セールス・アドバタイジング・アンド・マーケティング・ヒストリー（the Hartman Center for Sales, Advertising, and Marketing History at Duke University）、ハーバード大学科学史学部、カリフォルニア大学サンタクルズ校のセンター・フォー・カルチュラル・スタディーズ、ならびに科学史・技術史部門、そしてスウェーデン王立工科大学の科学・技術および環境に関する哲学と歴史部門です。9章のためのリサーチは、アメリカ国立科学財団からの二〇〇八年の助成金によって可能となりました（#0749769, "RNAi, Race, and the Domestication of Biotechnology: The Emergence of Cosmetic Genomics"）。

本書の内容を以前に発表した際に得られた反応は、実に幅広いものでした。いただいた質問やコメントのすべてに感謝します。ベイツ・カレッジ、コルビー・カレッジ、コロンビア大学、ドレクセル大学、ハーヴァード大学、イリノイ・カレッジ、メイン・ウーメンズ・ポリシー・センター、マサチューセッツ工科大学（MIT）、スウェーデン王立工科大学、カリフォルニア大学サンディエゴ校、カリフォルニア大学サンタクルズ校、メイン大学オーガスタ校、メイン大学オロノ校、マサチューセッツ大学アマースト校、ニュー・イングランド大学、ペンシルヴァニア大学での聴衆の皆さんには心からの感謝を。バークシャー・カンファレンス・オン・ザ・ヒストリー・オブ・ウーメン（Berkshire Conference on the History of Women）、アメリカ科学史学会、アメリカ歴史家協会、アメリカ技術史学会、国際科学技術社会論学会、サザン・アソシエーション・フォー・ザ・ヒストリー・オブ・メディシン・アンド・サイエンス（the Southern Association for the History of Medicine and Science）での会合でも、本書にまとめられた研究の以前のバージョンに対して有用なフィードバックをいただきました。私を会員として快く認めてくださった北米毛髪研究学会には、特に感謝いたします。3章の一部は以前『NWSAジャーナル（*NWSA Journal*）』（現在は『フェミニスト・フォーメーションズ（*Feminist Formations*）』）に掲載されたものです。4章の一部は以前、『テクノロジー・アンド・カルチャー（*Technology and Culture*）』と『ジャーナル・オブ・ソーシャル・ヒストリー（*Journal of Social History*）』に掲載されたものです。7章の一部は以前、『オーストラリアン・フェミニスト・スタディーズ（*Australian Feminist Studies*）』に掲載されたものです。本書に含めるための再掲を許可してくださったジョンズ・ホプキンス大学出版局、オックスフォード大学出版局、テイラー&フランシス・グループに感謝いたします。

一次資料を入手するのを手伝ってくれたアリシア・ギルマン、ケリー・グロス、ペリン・ランバート、アリソン・ヴァンデル・ザンデンにも感謝を。キーリン・コブ、アリ・デジャルディン、マシュー・デュヴァルは画像や転載許可を得るのを助けてくれました。デニース・ビギン、ベヴァリー・カーター、ジェシー・ゴヴィンダサミー、ローレライ・パリントンは土壇場でのコピーや印刷、郵送作業を手伝ってくれました。シェイラ・ボデル、ローリー・プレンダーガスト、アレクシア・トラガナス、エミリー・ライトは本書制作の最終段階を支援してくれました。倫理委員会の規定によりインタビュー参加者の名前を明かすことはできませんが、彼らの本書への多大なる申し出は忘れていません。そして、本書やその他の出版物を批評してくれたキラン・アッシャー、レイチェル・オースティン、マイロン・ビーズリー、リサ・ボッホン、マリサ・ブラント、ステファニー・キャンプ、モニカ・カスパー、モニカ・チウ、ライアン・コンラッド、カレン・ディアボーン、スティーヴン・エプスタイン、ホリー・ユーイング、マイケル・フィッシャー、デボラ・フィッツジェラルド、マッツ・フリドルンド、ロバート・フリーデル、ジャン・ゴーリンスキー、ロビン・ハケット、ジェニファー・ハミルトン、イヴリン・ハモンズ、ダナ・ハラウェイ、アン・ハリントン、レスリー・ヒル、モニカ・ホフマン、スー・ハウキンズ、ダグ・ハブリー、マーガレット・インバー、ロクラン・ジャン、エミリー・ケイン、アーヌ・カイゼル、サーシャ・ケラー、シャロン・キンズマン、ケイティ・ラルワ、ニーナ・ラーマン、レオ・マルクス、リサ・マウリツィオ、ジョナサン・メッツル、リサ・ジーン・ムーア、アロンドラ・ネルソン、ナオミ・オレスケス、ロンナ・パール、メリンダ・プラスタス、イヴ・ライモン、ジェニー・リアドン、マイケル・サージェント、クリス・シフ、シャバーン・セニエ、デイヴィッド・サーリン、スティーヴン・シャピン、ボニー・シュルマン、エイミー・スレイトン、ジョン・シュタウデンマイアー、バーヌー・サブラマニアム、ハイディ・テイラー、リン・トーマス、リズ・トービン、リサ・ウォーカー、ハーラン・ウィーヴァー、デビー・ワインスティーン、アンジェラ・ワイリー、ニーナ・ヴォルムス、ならびに匿名のレビュアーたちに感謝を。アイリーン・ケイリッシュ、ドーン・ポッター、エリカ・ランドは原稿全体を読み、改善のための具体的な提案をしてくれました。私のきょうだいや親戚一同は、かけがえのない励ましと洞察を与えてくれました。デイヴィッド・バーロウは、順を追って詳しく述べられないほどいろいろな形で、私とこのプロジェクトを変貌させました。最愛のサムは、引きこもってないで遊べと言って助けてくれました。すべてに感謝しています。

最後に、私の母であり、理知的で大切な仲間のジル・ホプキンス・ハージグに心からの感謝を。母は、生きていることの不思議さと美しさに目を向けるよう促してくれました。お返しに、脱毛に関する学術論文において二、三行の謝辞を捧げます。ああ、これじゃ全然だめだ。私の愛と感謝をもっとうまく表す、いつまでも色褪せない方法を探し続けることにします――それが見つかるまではとりあえず、お母さん、この本はあなたに。

(7) この問題を修正すべく、熱烈な社会運動が次々に生じている。ここでは特に、次の団体を紹介したい。環境における機会の平等（environmental justice）と持続可能性を医療にもたらそうと活動しているHealth Care without Harm (http://www.noharm.org)；化粧品産業に特化して、従業員の権利や環境衛生、公衆衛生、消費者保護を訴えるグループが団結した、Campaign for Safe Cosmetics (http://www.safecosmetics.org)；電子機器廃棄物を貧しい社会へと破壊的な規模でますます投棄する金持ちの世界に立ち向かう、バーゼル・アクション・ネットワークBasel Action Network (http://www.ban.org)。

(8)「退屈なことたち」に関心を向ける重要性については、Susan Leigh Star, "The Ethnography of Infrastructure," *American Behavioral Scientist* 43:3 (1999): 377–91 を参照のこと。

(9) さらなる論考については、Thomas Lemke, *Biopolitics: An Advanced Introduction* (New York: New York University Press, 2011) を参照のこと。

(10) Peter MillerとNikolas Roseが指摘したように、「個人の選択と政府の目標」を同じ舞台に立たせるのが、専門的な知識の役割だ。"Political Power beyond the State," *British Journal of Sociology* 43:2 (1992): 285.を参照のこと。ネオリベラルな自己支配《セルフガバナンス》における専門家や専門的な知識のさらなる役割については、Miller and Rose, "On Therapeutic Authority: Psychoanalytic Expertise under Advanced Liberalism," *History of the Human Sciences* 7:3 (1994): 29–64; Rose, *The Politics of Life Itself* (Princeton, NJ: Princeton University Press, 2007), esp. 6［邦訳＝ニコラス・ローズ『生そのものの政治学：二十一世紀の生物医学、権力、主体性』檜垣立哉監訳、小倉拓也、佐古仁志、山崎吾郎訳、法政大学出版局、2014年］を参照のこと。

(11) Donna J. Haraway, *When Species Meet* (Minneapolis: University of Minnesota Press, 2008), 297［邦訳＝ダナ・ハラウェイ『犬と人が出会うとき　異種協働のポリティクス』高橋さきの訳、青土社、2013年］。結果として、われわれ自身が考える意味を現代の倫理や政治の中心に据える練習をしなければならないが、それについてはRosalind Pollack Petchesky, "The Body as Property: A Feminist Re-vision," in *Conceiving the New World Order: The Global Politics of Reproduction*, ed. Faye D. Ginsberg and Rayna Rapp (Berkeley: University of California Press, 1995), 387–406 を参照のこと。

(12) Norman O. Brown, *Love's Body* (Berkeley: University of California Press, 1966), 155［邦訳＝ノーマン・O・ブラウン『ラヴズ・ボディ』宮武昭、佐々木俊三共訳、みすず書房、1995年］.

and "'*Omnes et Singulatim*': Toward a Critique of Political Reason," in *Power*, vol. 3, ed. James D. Faubion (New York: New Press, 2000), 311.

（3）Darius Rejali, *Torture and Democracy* (Princeton, NJ: Princeton University Press, 2007).

（4）このように、身体改造について「フーコー的な」アプローチをする研究者については次を参照のこと（もちろん、ここに挙げただけにとどまるものではないが）。Alan Petersen, "Governmentality, Critical Scholarship, and Medical Humanities," *Journal of Medical Humanities* 24:3–4 (2003): 192; Victoria Pitts-Taylor, "Medicine, Governmentality, and Biopower in Cosmetic Surgery," in *Legal, Medical, and Cultural Regulation of the Body*, ed. Stephen W. Smith and Ronan Deazley (Farnham, England: Ashgate, 2009); Cressida J. Hayes, *Self-Transformations: Foucault, Ethics, and Normalized Bodies* (Oxford: Oxford University Press, 2007); Suzanne Fraser, *Cosmetic Surgery, Gender, and Culture* (New York: Palgrave Macmillan, 2003); Alexander Edmonds, Pretty Modern:Beauty, Sex, and Plastic Surgery in Brazil (Durham, NC: Duke University Press, 2010).

（5）階層化されたエンハンスメントの批評についてわかりやすくまとめたものとしては、Carl Elliott, Better Than Well: American Medicine Meets the American Dream (New York: Norton, 2003). Paul Farmer, *Pathologies of Power: Health, Human Rights, and the New War on the Poor* (Berkeley: University of California Press, 2003), esp. 174［邦訳＝ポール・ファーマー『権力の病理　誰が行使し、誰が苦しむのか——医療・人権・貧困』豊田英子訳、みすず書房、2012年］; Carl Elliott, "Enhancement Technology," in *Readings in the Philosophy of Technology*, ed. David Kaplan (Lanham, MD: Rowman and Littlefield, 2009), 373–79; Adele Clarke et al., "Biomedicalization: A Theoretical and Substantive Introduction," in Adele Clarke et al., eds., *Biomedicalization: Technoscience, Health, and Illness in the U.S.* (Durham, NC: Duke University Press, 2010), esp. 29 を参照のこと。

（6）苦悩の時間的・地理的分布についての論考は、次に挙げる２つの論に特に負うところが多い。まずロブ・ニクソンの、「スロー・バイオレンス」によりいっそう注目せよという、関連する注意喚起だ。スロー・バイオレンスとは「徐々に、目には見えないところで起こる暴力、破壊があとから遅れて起こり時空を超えて消散する暴力、暴力とはまったく見なされないのが常態の、疲弊させられる暴力……派手でもなく瞬間的でもないが、漸進的で徐々に拡大し、破滅的な事態が時間的尺度を超えて繰り返される」とニクソンが定義した暴力のこと。Rob Nixon, *Slow Violence and the Environmentalism of the Poor* (Cambridge, MA: Harvard University Press, 2011), 2.を参照のこと。次に、ガブリエル・ヘクトの「核性（nuclearity)」についての地理的・植民地支配的特質と、それに関する「安全保障」の理解に関する理論を挙げたい。Gabrielle Hecht, *Being Nuclear: Africans and the Global Uranium Trade* (Cambridge, MA: MIT Press, 2012) を参照のこと。

Dermatology, http://www.cornelldermatology.com/abo_us/new_eve.html?name1=News+and+Events&type1=2Active; Newburger and Caplan, "Taking Ethics Seriously," 1641.

(39) 著者が2009年9月3日にインタビューした参加者Dの発言。

(40) "Eyeing $11B Hair Removal Market, Sirna Acquires Skinetics," *RNAiNews*, December 10, 2004; 著者が2009年7月17日にインタビューした参加者Bの発言。

(41) 現代の学術研究や営利目的の研究における評判、信頼、そして同業者間で友好的態度を保つことの役割については、Steven Shapin, *The Scientific Life: A Moral History of a Late Modern Vocation* (Chicago: University of Chicago Press, 2008) を参照のこと。

(42) 著者が2010年4月8日にインタビューした参加者Wの発言。

(43) 著者が2010年3月17日にインタビューした参加者Gの発言。

(44) 著者が2010年6月25日にインタビューした参加者Rの発言。

(45) 著者が2009年7月17日にインタビューした参加者Bの発言。

(46) "Quest PharmaTech Announces Second Quarter Results," *Quest Pharmatech, Inc.*, September 15, 2009, http://micro.newswire.ca/release.cgi?rkey=1709154436&view=43406-0&Start=0&htm=0.を参照。

(47) Dee Fahey, "Re. Sirna Update," April 26, 2012, *HairTell*, http://www.hairtell.com/forum/ubbthreads.php/topics/98187/Re_Sirna_Update. html#Post98187.

(48) Eddy, "Re: Quest pharmatech," October 20, 2006, *HairTell*, http://www.hairtell.com/forum/ubbthreads.php/topics/33295/2.html.

(49) Baron, "Re: Quest pharmatech," December 6, 2006, *HairTell*, http://www.hairtell.com/forum/ubbthreads.php/topics/33295/3.html.

(50) 著者が2009年7月17日にインタビューした参加者Bの発言。

【結論】

（1）特権を持つアメリカ人（身体的に健常、白人、男性）に自己を管理するという進歩的な権利が拡大されると、必ずや他者の「自己」が制限される。このパラドックスについては、今までにも何人かの歴史家が明らかにしている。次の文献を参照のこと。Amy Dru Stanley, *From Bondage to Contract: Wage Labor, Marriage, and the Market in the Age of Slave Emancipation* (Cambridge: Cambridge University Press, 1998); Eric Foner, *The Story of American Freedom* (New York: Norton, 1998)［邦訳＝エリック・フォーナー『アメリカ自由の物語：植民地時代から現代まで　上・下』横山良、竹田有、常松洋、肥後本芳男訳、岩波書店、2008年］; Barbara Y. Welke, *Law and the Borders of Belonging in the Long-Nineteenth-Century United States* (Cambridge: Cambridge University Press, 2010).

（2）Michel Foucault, "The Ethics of the Concern for Self as a Practice of Freedom," in *Ethics: Subjectivity and Truth,* vol. 1, ed. Paul Rabinow (New York: New Press, 1997), 283;

善薬」という語が初出したのは1982年だ。
(23) 著者が2009年7月17日にインタビューした参加者Bの発言。
(24) Ibid.
(25) Ibid.
(26) 著者が2009年11月27日にインタビューした参加者Eの発言。
(27) 医療化のプロセスを簡潔にまとめたものは、Natasha Singer, "Sure, It's Treatable: But Is It a Disorder?" *New York Times*, December 13, 2009, 4.を参照のこと。
(28) Adele E. Clarkeと同僚は、「生物医療化：バイオメディカライゼーション」という独特のプロセスの発展について説得力のある主張をおこなっている。著者は意味を明確にするため、本文中では「医療化：メディカライゼーション」という語を用いている。元の文献、"Biomedicalization: Technoscientific Transformations of Health, Illness, and U.S. Biomedicine," *American Sociological Review* 68 (April): 161–94 を参照のこと。また、Ilana L.wy, "Historiography of Biomedicine: 'Bio,' 'Medicine,' and in Between," *Isis*, March 2011, 116–22; Peter Conrad, *The Medicalization of Society: On the Transformation of Human Conditions into Treatable Disorders* (Baltimore, MD: Johns Hopkins University Press, 2007); Jonathan M. Metzl and Rebecca M. Herzig, "Medicalization in the 21st Century: An Introduction," *Lancet*, March 24, 2007, 697–98; and Anne E. Figert and Susan E. Bell, "Gender and the Medicalization of Healthcare," in *The Handbook of Gender and Healthcare*, ed. Ellen Kuhlmann and Ellen Annandale (New York: Palgrave, 2012), 107–22 も参照のこと。
(29) 著者が2009年7月17日にインタビューした参加者Bの発言。
(30) Ibid.
(31) 著者が2009年8月10日にインタビューした参加者Oの発言。
(32) 著者が2009年11月27日にインタビューした参加者Eの発言。
(33) 著者が2009年7月17日にインタビューした参加者Bの発言。
(34) 著者が2009年9月3日にインタビューした参加者Dの発言。
(35) 著者が2010年1月29日にインタビューした参加者Hの発言。
(36) 著者が2009年9月3日にインタビューした参加者Dの発言。L. Parks et al., "The Importance of Skin Disease as Assessed by 'Willingness to Pay,'" *Journal of Cutaneous Medicine including Surgery* 7:5 (September–October 2003): 369–71.に触れている。
(37) Anat Keinan et al., "Capitalizing on the Underdog Effect," *Harvard Business Review* 88: 11 (November 2010): 32.
(38) Rhonda L. Rundel, "A New Name in Skin Care: Johns Hopkins," *Wall Street Journal*, April 5, 2006, B1; Alex Kuczynski, *Beauty Junkies: Inside Our $15 Billion Obsession with Cosmetic Surgery* (New York: Doubleday, 2006)［邦訳＝アレックス・クチンスキー『ビューティ・ジャンキー――美と若さを求めて暴走する整形中毒者たち』草鹿佐恵子訳、バジリコ、2008年］; "Clinique Announces Groundbreaking Collaboration with Weill Cornell Department of Dermatology," Cornell

(16) RNA干渉に基づく効果的な脱毛剤を生産するうえでの技術的な障害は、多種多様だ。妥当なコストで製造できる薬剤であること；排出されたり、ヌクレアーゼによって分解されたり、あるいはほかの組織に吸収されたりする前に、ターゲットとなる細胞に到達すること；ターゲットとなる細胞を貫通すること；そして、重大な毒性を発揮することなく、それらの細胞に効果を及ぼすことだ。これらの障害のなかでもっとも対処可能なのは手頃な価格での製造だ、と業界のトップの多くは考えている。より重大な障害は、デリバリーに関するもの。RNAを適切な細胞に到達させて受け入れさせたうえで、有害反応を出さずに細胞内のターゲットまでsiRNAを届けることだ。RNA干渉を用いた脱毛は、大きな分子に表皮（角質層）を通過させ、相当に長い毛幹の奥にまで届けるという障害にも直面している。ある企業の重役だった人物は「とにかく、うまくいかなかった。思いつく限りのことを全部試してみたんですがね。世に出ていることはすべて。これがいいと勧められたものは全部、やってみました。われわれが独自に思いついたこともたくさんあった……が、そこに入ることはできませんでした」（著者が2009年7月17日にインタビューした参加者Bの発言）。体毛を抑制するsiRNAを生体におけるターゲットまで適切に、信頼できる方法で届ける方法はまだ見つかっていない。RNA干渉を用いたデリバリーの課題に関するさらなる論考は、Enrico Mastrobattista, Wim E. Hennink, and Raymond M. Schieffelers, "Delivery of Nucleic Acids," *Pharmaceutical Research* 24:8 (August 2007): 1561–63 を参照のこと。

(17) Patricia G. Engasser and Howard I. Maibach, "Cosmetics and Skin Care in Dermatologic Practice," in *Fitzpatrick's Dermatology in General Medicine*, 5th ed., vol. 2, ed. Irwin M. Freedberg et al. (New York: McGraw Hill, 1999), 2778–82.

(18) 著者が2009年7月17日にインタビューした参加者Bの発言。

(19) 著者が2010年3月17日にインタビューした参加者Gの発言。

(20) Cynthia Enloe, *Seriously! Investigating Crashes and Crises as if Women Mattered* (Berkeley: University of California Press, 2013), 1–18. On relational constitution more generally, see Judith Butler, *Bodies That Matter: On the Discursive Limits of "Sex"* (New York: Routledge, 1993).

(21) 著者が2009年9月3日にインタビューした参加者Dの発言。ShawnTe Pierce, "Botox and Cerebral Palsy: FDA Findings for This Unapproved Use of Botox," *Suite101.com*, May 15, 2009, http://physicaldisabilities.suite101.com/article.cfm/botox_and_cerebral_palsy; "Look Who's Growing Longer, Fuller, Darker Lashes," *Latisse*, http://www.latisse.com.も参照のこと。

(22)「生活改善薬（lifestyle drugs）」という概念そのものに、歴史的研究の対象となる価値がある。「ライフスタイル」という語が英語に現れたのはつい1915年のことだという点は、触れておくべきだろう。ちょうど、X線脱毛がおこなわれるようになったころだ。オックスフォード英語大辞典に「生活改

Dermatology (London: Martin Dunitz, 1994); P. Elsner and H. I. Maibach, eds., *Cosmeceuticals* (New York: Marcel Dekker, 2000); Kostas Kostarelos, "Biotechnology Impacting Cosmetic Science: Altering the Way Cosmetics Are Perceived," *Cosmetics and Toiletries* 117:1 (2002): 34–38. Also see Amy Newburger and Arthur Caplan, "Taking Ethics Seriously in Cosmetic Dermatology," *Archives of Dermatology* 142:2 (2006): 1641–42.

(5) "RNA: Really New Advances," *Economist*, June 14, 2007, 87–89; "Eyeing 11B Hair Removal Market, Sirna Acquires Skinetics," *RNAiNews*, December 10, 2004.

(6) 脱毛が広く普及していることについては、Debra Herbenick et al., "Pubic Hair Removal among Women in the United States: Prevalence, Methods, and Characteristics," *Journal of Sexual Medicine* 7(2010): 3322-3330.; Michael Boroughs, Guy Cafri, and J. Thompson, "Male Body Depilation: Prevalence and Associated Features of Body Hair Removal," *Sex Roles* 52:9–10 (May 2005): 637–44 を参照のこと。

(7) 著者が2010年3月17日にインタビューした参加者Gの発言。

(8) 著者が2009年7月17日にインタビューした参加者Bの発言。

(9) Freeman Dyson, "Our Biotech Future," *New York Review of Books*, July 19, 2007. また、Arthur Caplan, "Commentary: Improving Quality of Life Is a Morally Important Goal for Gene Therapy," *Human Gene Therapy* 17 (December 2006): 1164 も参照のこと。

(10) Richard Robinson, "RNAi Therapeutics: How Likely, How Soon?" *PloS Biology* 2:1 (January 2004): 18–20.

(11) J. Couzin, "Small RNAs Make Big Splash," *Science*, December 20, 2002; Kristen Philipkoski, "Next Big Thing in Biotech: RNAi," *Wired*, November 20, 2003; D. Stripp, "Biotech's Billion Dollar Breakthrough: A Technology Called RNAi Has Opened the Door to Major New Drugs," *Fortune*, May 12, 2003.

(12) A. Fire et al., "Potent and Specific Genetic Interference by Double-Stranded RNA in *Caenorhabditis Elegans*," *Nature* 391 (1998): 806–11; "RNA: Really New Advances."

(13) Richard A. Strum et al., "Human Pigmentation Genes: Identification, Structure, and Consequences of Polymorphic Variation," *Gene* 277:1–2 (2001); "On the Trail of the Gene for Extreme Hairiness," *Boston Globe*, June 1, 1995, A3; Luis E. Figuera et al., "Mapping of the Congenital Generalized Hypertrichosis Locus to Chromosome Xq24-Q27.1," *Nature Genetics* 11 (1995).

(14) Thomas Andl et al., "The miRNA-Processing Enzyme Dicer Is Essential for the Morphogenesis and Maintenance of Hair Follicles," *Current Biology* 6:10 (2006); D. Garcia Cruz et al., "Inherited Hypertrichosis," *Clinical Genetics* 61:5 (2002): 321–29; B. A. Morgan, "Upending the Hair Follicle," *Nature Genetics* 38:3 (2006).

(15) この章は、ネット上の掲示板4件と、録音したものを文字起こしした半構造化面接25件からなる、6カ月にわたる民族誌学的研究をもとにしている。ベイツ・カレッジ倫理委員会の規定により、関係者の身元は伏せられている。

Raymond A. Zilinskas and Peter J. Balint, eds., *The Human Genome Project and Minority Communities: Ethical, Social, and Political Dilemmas* (Westport, CT: Praeger, 2001); Kevin Davies, *Cracking the Genome: Inside the Race to Unlock Human DNA* (New York: Free Press, 2001)［邦訳＝ケヴィン・デイヴィーズ『ゲノムを支配する者は誰か：クレイグ・ベンターとヒトゲノム解読戦争』中村桂子監修、中村友子訳、日本経済新聞社、2001年］; James Shreeve, *The Genome War: How Craig Venter Tried to Capture the Code of Life and Save the World* (New York: Knopf, 2004)［邦訳＝ジェイムズ・シュリーヴ『ザ・ゲノム・ビジネス：DNAを金に変えた男たち』古川奈々子訳、角川書店、2004年］.

（2）たとえば、次を参照のこと。Maxwell J. Mehlman and Kristen M. Rabe, "Any DNA to Declare? Regulating Offshore Access to Genetic Enhancement," *American Journal of Law and Medicine* 28:2/3 (2002): 179–204; Michael J. Sandel, *The Case against Perfection: Ethics in the Age of Genetic Engineering* (Cambridge, MA: Harvard University Press, 2007)［邦訳＝マイケル・J・サンデル『完全な人間を目指さなくてもよい理由：遺伝子操作とエンハンスメントの倫理』林芳紀、伊吹友秀訳、ナカニシヤ出版、2010年］; Jenny Reardon, *Race to the Finish: Identity and Governance in an Age of Genomics* (Princeton, NJ: Princeton University Press, 2005); Susan M. Lindee, *Moments of Truth in Genetic Medicine* (Baltimore, MD: John Hopkins University Press, 2005); Troy Duster, *Backdoor to Eugenics*, 2nd edition (New York: Routledge, 2003); Alan H. Goodman et al., *Genetic Nature/Culture: Anthropology and Science beyond the Two-Culture Divide* (Berkeley: University of California Press, 2003); Keith Wailoo et al., *Genetics and the Unsettled Past: The Collision of DNA, Race, and History* (New Brunswick, NJ: Rutgers University Press, 2012); Arthur Frank, "Emily's Scars: Surgical Shapings, Technoluxe, and Bioethics," *Hasting Center Report* 34:2 (2004) 18–29.

（3）Nikolas Rose, *The Politics of Life Itself: Biomedicine, Power, and Subjectivity in the Twenty-first Century* (Princeton, NJ: Princeton University Press, 2006), 11–12［邦訳＝ニコラス・ローズ『生そのものの政治学：二十一世紀の生物医学、権力、主体性』檜垣立哉監訳、小倉拓也、佐古仁志、山崎吾郎訳、法政大学出版局、2014年］; Adele E. Clarke, Janet Shim, Laura Mamo, Jennifer Fosket, and Jennifer Fishman, eds., *Biomedicalization: Technoscience, Health, and Illness in the U.S.* (Durham, NC: Duke University Press, 2010), 68–70; Abby Lippman, "Led (Astray) by Genetic Maps: The Cartography of the Human Genome and Health Care," *Social Science and Medicine* 35:12 (1992): 1469-76.

（4）"GeneLink and Arch Personal Care Products Present 'Genetic Skin Care' Products at International Cosmetic Expo," *Business Wire*, February 20, 2003; GeneLink Inc., "Arch Personal Care Products and GeneLink to Begin Marketing 'Genetic' Skin Care Kit and Formulations to Marketers and Manufacturers for the Personal Care and Cosmetic Industries," Press Release, February 30, 2003; R. Baran and H. I. Maibach, eds., *Cosmetic*

(48) M. Hussain et al., "Laser-Assisted Hair Removal in Asian Skin: Efficacy, Complications, and the Effect of Single versus Multiple Treatments," *Dermatologic Surgery* 29:3 (2003): 249, 254.
(49) Freedman and Earley, "Comparing Treatment Outcomes," 138.
(50) Weisberg and Greenbaum, "Pigmentary Changes," 418.
(51) Ibid. A. T. Hasan et al., "Solar-Induced Postinflammatory Hyperpigmentation after Laser Hair Removal," *Dermatologic Surgery* 25 (1999): 113–15; C. H. Garcia et al., "Alexandrite Hair Removal Is Safe for Fitzpatrick Skin Types IV-VI," *Dermatologic Surgery* 26 (2000): 130–34; H. H. Chan et al., "An In Vivo Study Comparing the Efficacy and Complications of Diode Laser and Long-Pulsed Nd: YAG Laser in Hair Removal of Chinese Patients," *Dermatologic Surgery* 27 (2001): 950–54; V. B. Campos et al., "Ruby Laser Removal: Evaluation of Long-Term Efficacy and Side Effects," *Lasers in Surgery and Medicine* 26 (2000): 177–85; K. Toda et al., "Alternation of Racial Differences in Melanosome Distribution in Human Epidermis after Exposure to Ultraviolet Light," *Nature: New Biology* 236 (1972): 143–45 も参照のこと。
(52) Weisberg and Greenbaum, "Pigmentary Changes," 417.
(53) Abigail Leichman, "Red Flags for Those with Skin of Color: When It Comes to Safe Topical Treatments, It Is a Matter of Black and White," *Record* (Bergen County, New Jersey), December 27, 2005.
(54) Andrea James, "Laser Hair Removal Injuries to Dark Skin," http://www.youtube.com/watch?v=XpZcBKdBoVg.
(55) *Estelle v. Gamble*, 429 U.S. 97 (1976); *Helling v. McKinney*, 509 U.S. 25 (1993).
(56) Will O'Bryan, "Gender in Virginia: Transgender Inmate Sues for Surgery," *Metro Weekly*, June 16, 2011, http://www.metroweekly.com/news/?ak=6349&amp& Jordan Gwendolyn Davis, "Trans Woman in Mass Prison Must Receive Laser, Conservative Federal Judge Says," *Feministing.com*, February 15, 2012, http://community.feministing.com/2012/02/15/trans-woman-in-mass-prison-must-receive-laser-conservative-federal-judge-says; Nathaniel Penn, "Should This Inmate Get a State-Financed Sex Change Operation?" *New Republic*, October 30, 2013, http://www.newrepublic.com/article/115335/sex-change-prison-inmatemichelle-kosilek-should-we-pay.
(57) "Hair Removal Statistics from American Laser Centers," June 24, 2008, *Skin Care and Beauty News*, http://www.skincareblog.net/2008/06/24/hair-removal-statistics-from-american-laser-centers.

【第9章】

(1) "U.S. Biotech Revenues, 1992–2001," *Biotechnology Industrial Organization*, http://www.bio.org/ataglance/bio/200210rva.asp; "The Human Genome," *Nature*, February 15, 2001; "The Human Genome," *Science*, February 16, 2001; "Building on the DNA Revolution," *Science*, April 11, 2003; "Double Helix at 50," *Nature*, April 24, 2003;

143–55; Weisberg and Greenbaum, “Pigmentary Changes,” 415.

(32) Bruce M. Freedman and Robert V. Earley, “Comparing Treatment Outcomes between Physician- and Nurse-Treated Patients in Laser Hair Removal,” *Journal of Cutaneous Laser Therapy* 2:3 (2000): 137–40; “Decision Regarding Laser Devices/Appearance Enhancement Licensees,” January 28, 2010, New York State Division of Licensing Services, http://www.dos.ny.gov/licensing/news.html.

(33) Kincade, “Alexandrite,” 63–64.

(34) Gail Garfinkel Weiss, “Adding Ancillaries: Laser Hair Removal,” *Medical Economics* 82:21 (2005): 2.

(35) 著者が2009年9月3日にインタビューした参加者Iの発言。

(36) Christopher Rowland, “Doctors Target Laser Procedures as New Revenue Source,” *Boston Globe*, September 30, 2005, A1.

(37) 著者が2009年9月3日にインタビューした参加者Iの発言。

(38) Rowland, “Doctors Target Laser Procedures,” A1.

(39) Ibid.

(40) Triaの推奨者たちは「今日、医療で用いられているレーザー脱毛器ナンバーワン」の座を利用しようと、当初の価格を995ドルに設定した。Naomi Torres, “Interview with Bob Grove, Co-founder of Tria Beauty,” *About.Com*, http://hairremoval.about.com/od/lase1/a/triabeauty.htm.を参照のこと。

(41) H. Ray Jalian et al., “Lawsuit Cases Rising for Cutaneous Laser Surgery,” *JAMA Dermatology* 149:2 (2013): 188–93; Genevra Pittman, “Laser Surgery Injuries Spurring More Lawsuits against Non-Doctors,” *NBC News*, October 16, 2013.

(42) 著者が2009年9月3日にインタビューした参加者Iの発言。

(43) gina in East Bay, November 20, 2011, *RealSelf.com*, http://www.realself.com/review/berkeley-laser-hair-removal-simple-process-proves-lifechanging. レーザー脱毛の評価に特化したネット上の掲示板の大半は、金銭的利害が絡む人々によってその一部あるいはすべてを資金援助されていることに注意。

(44) zippyty, July 12, 2011, *RealSelf.com*, http://www.realself.com/review/clearwater-fl-laser-hair-removal-laser-review-painful.

(45) FinallyFree, September 17, 2010, *RealSelf.com*, http://www.realself.com/review/st-louis-laser-hair-removal-worth1.

(46) kristelle123, August 11, 2009, *RealSelf.com*, http://www.realself.com/review/Laser-hair-removal-Burned-removing-hair; Isabelle685, April 27, 2014, *RealSelf.com*, http://www.realself.com/review/allentown-pa-dontlaser-hair-removal-places-without-hair-places-without-visible.

(47) Noah Kawika Weisberg and Steven S. Greenbaum, “Pigmentary Changes after Alexandrite Laser Hair Removal,” *Dermatologic Surgery* 29:4 (2003): 418; A. Alajlan et al., “Paradoxical Hypertrichosis after Laser Epilation,” *Journal of the American Academy of Dermatology* 53:1 (July 2005): 85–88.

150–55; R. M. Adrian and K. P. Shay, "800nm Diode Laser Hair Removal in African American Patients: A Clinical and Histological Study," *Journal of Cutaneous Laser Therapy* 2 (2000): 183–90; Natasha Singer, "Treating Skin of Color with Know-How: A New Generation of Dermatologists and Clinics for an Expanding Market," *New York Times*, November 3, 2005, E1.

(20) Packaged Facts, "Market Trends: Shaving/Hair Removal Products," Publication ID: LA1097891, 2005, http:www.packagedfacts.com/pub/1097891.html.

(21) 体毛の認識に関する人種化をより深く論じたものについては、Bessie Rigakos, "Women's Attitudes toward Body Hair and Hair Removal: Exploring Racial Differences in Beauty," Ph.D. diss., Wayne State University, 2004; Susan Bordo, *Unbearable Weight: Feminism, Western Culture, and the Body* (Berkeley: University of California Press, 1993), 253–55 を参照のこと。

(22) Paul Starr, *The Social Transformation of American Medicine* (New York: Basic Books, 1982), 421; Deborah A. Sullivan, *Cosmetic Surgery: The Cutting Edge of Commercial Medicine in America* (New Brunswick. NJ: Rutgers University Press, 2001), 70.

(23) Kayhan Parsi, "International Medical Graduates and US Health Care: A Win/Win or Uneasy Detente," paper delivered at the Southern Association for the History of Medicine and Science 8th Annual Conference, San Antonio, Texas, February 25, 2006; Sullivan, *Cosmetic Surgery*, 70.

(24) "Trends and Indicators in the Changing Health Care Market Place," *Kaiser Family Foundation*, 2002, http://www.kff.org/insurance/3161-index.cfm.

(25) Roger J. Hollingsworth, *A Political Economy of Medicine: Great Britain and the United States* (Baltimore, MD: John Hopkins University Press, 1986), 108.

(26) Sullivan, *Cosmetic Surgery*.

(27) Mark Collar（P&G社でGlobal Pharmaceuticals and Personal Health部門を率いる）の発言。"Sponsor Profile," in *Biotech360*, from the *Scientist Magazine* (2007): 66.中の引用より。

(28) Jan E. Thomas and Mary K. Zimmerman, "Feminism and Profit in American Hospitals: The Corporate Construction of Women's Health Centers," *Gender & Society* 21:3 (June 2007): 359–83.

(29) 著者が2009年9月3日にインタビューした参加者Ｉの発言。

(30) Sullivan, *Cosmetic Surgery*, 70, 192–93.

(31) R. F. Wagner Jr., "Medical and Technical Issues in Office Electrolysis and Thermolysis," *Journal of Dermatologic Surgery and Oncology* 19 (1993): 575–77; R. N. Richards and G. E. Meharg, *Cosmetic and Medical Electrolysis and Temporary Hair Removal: A Practice Manual and Reference Guide*, 2nd edition (Toronto: Medric, 1997)［邦訳＝Ｒ・Ｎ・リチャーズ、Ｇ・Ｅ・メハーグ『美容と医療のための電気脱毛の基礎と実践』漆畑修訳、フレグランスジャーナル社、1997年］; Elise A. Olsen "Methods of Hair Removal," *Journal of American Academy of Dermatology* 40:2 (1999):

Associates, http://www.criver.com/products-services/basic-research/finda-model/iaf-hairless-guinea-pig-(1); Shayne C. Gad, ed., *Animal Models in Toxicology*, 2nd edition (Boca Raton, FL: Taylor & Francis, 2007), chaps. 5 and 10; Mark A. Suckow et al., *The Laboratory Rabbit, Guinea Pig, Hamster, and Other Rodents* (London: Elsevier, 2012); L. M. Panepinto et al., "The Yucatan Miniature Pig as a Laboratory Animal," *Laboratory Animal Science* 28:3 (June 1978): 308–13; Roy Forster, "Minipig Use in Safety Assessments during Drug Development," *American College of Toxicology*, http://www.actox.org/meetCourses/Webinar_Forster_Minipigs.pdf; J. L. Estrada et al., "Successful Cloning of the Yucatan Minipig Using Commercial/ Occidental Breeds as Oocyte Donors and Embryo Recipients," *Cloning and Stem Cells* 10:2 (June 2008): 287–96.

(12) Grevelink et al., "Lasers," 2901; Noah Kawika Weisberg and Steven S. Greenbaum, "Pigmentary Changes after Alexandrite Laser Hair Removal," *Dermatologic Surgery* 29:4 (2003): 415–19; Suzanne Yee, "Laser Hair Removal in Fitzpatrick Type IV to VI Patients," *Facial Plastic Surgery* 21:2 (2005): 139–44; S. P. R. Lim and S. W. Lanigan, "A Review of the Adverse Effects of Laser Hair Removal," *Laser in Medical Science* 21 (2006): 121–25.

(13) Grevelink et al., "Lasers," 2904.

(14) セラピストのなかには、レーザー脱毛を受けるインセンティブとして、バイコディン（Vicodin）やパーコセット（Percocet）、オキシコドン（Oxycodone）を顧客に処方したとして起訴された人もいる。"Blanco Bolanos & Shiri Berg Die from Overdose of Topical Lidocaine-Tetracaine Anesthetic at Two Different Laser Parlor Clinics 2500 Miles Apart," *Boston School of Electrolysis*, April 28, 2005, http://www.bostonschoolofelectrolysis.com/boston-electrolysis-32.html. を参照のこと。

(15) Grevelink et al., "Lasers" 2904. 皮膚の不快な損傷を和らげるため、局所的に塗布するジェルや、空気冷却器、冷却スプレー、氷嚢が使われてきた。

(16) Donald W. Shenenberg and Lynn M. Utecht, "Removal of Unwanted Facial Hair," *American Physician* 66:10 (2002): 1907–11, 1913–14.

(17) Susanne Astner and R. Rox Anderson, "Skin Phototypes 2003," *Society for Investigative Dermatology*, February 2, 2004, xxx; Thomas B. Fitzpatrick, *Fitzpatrick's Dermatology in General Medicine*, 5th edition (New York: Mc-Graw-Hill), 1999.

(18) 著者が2009年9月3日にインタビューした参加者 I の発言。

(19) Eliot F. Battle Jr. and Lori M. Hobbs, "Laser Assisted Hair Removal for Darker Skin Types," *Dermatologic Therapy* 17 (2004): 180; T. Alster et al., "Long Pulsed Nd: YAG Laser Assisted Hair Removal in Pigmented Skin," *Archives of Dermatology* 137 (2001); E. K. Battle et al., "Very Long Pulses (20–200ms) Diode Laser for Hair Removal on All Skin Types," *Lasers in Surgery and Medicine* 12 (Suppl.) (2000); I. Greppi, "Diode Laser Hair Removal of the Black Patient," *Lasers in Surgery and Medicine* 28 (2002):

(4) "Hair: Treatment Areas," *Hair Removal Journal*, http://www.hairremovaljournal.org.を参照のこと。

(5) "11.5 Million Cosmetic Procedures in 2005," News Release, *American Society for Aesthetic Plastic Surgery*, February 24, 2006, http://www.surgery.org/press/news-print.php?iid=429&section; Theresamarie Mantese et al., "Cosmetic Surgery and Informed Consent: Legal and Ethical Considerations," *Michigan Bar Journal* 85:1 (2006): 26–29.

(6) "Company News: Thermolase Surges on Approval of Hair-Removal Laser," *New York Times*, April 18, 1995, D4.

(7) "Hot Growth: Sizzling Companies to Watch," *Business Week*, June 5, 2006, http://www.businessweek/com/hot_growth/2006/index.html.

(8) "Cosmetic Surgery Products to 2007: Market Size, Market Share, Market Leaders, Demand Forecast, and Sales," Study # 1741, *Freedonia Group*, 2004, http://www.freedoniagroup.com/Cosmetic-Surgery-Products.html.

(9) 著者が2009年9月3日にインタビューした参加者Iの発言。2008年から2012年にかけて、著者は脱毛のさまざまな専門家を相手に半構造化面接をおこなった。本文に取り入れられたインタビュー素材は、Bates College Institutional Review Boardの規定に従い、すべて匿名で紹介されている。

(10) 著者が2009年9月3日にインタビューした参加者Ｉの発言; Kathy Kincade, "Alexandrite: The Unsung Hero of Hair Removal," *Laser Focus World*, 199a, 63–64, available online; Human Rights Watch Arms Project, "Blinding Laser Weapons: The Need to Ban a Cruel and Inhumane Weapon," *Human Rights Watch* 7:1 (September 1995); Human Rights Watch Arms Project, "U.S. Blinding Laser Weapons," *Human Rights Watch* 7:5 (May 1995); Joop M. Grevelink et al., "Lasers in Dermatology," *Fitzpatrick's Dermatology in General Medicine*, 5th edition, vol. 2, ed. Irwin M. Freedberg et al. (New York: McGraw Hill, 1999): 2901–21.

(11) L. L. Polla et al., "Melanosomes Are a Primary Target of Q-Switched Ruby Laser Irradiation in Guinea Pig Skin," *Journal of Investigative Dermatology* 89:3 (September 1987): 281–86; A. K. Kurban et al., "Pulse Duration Effects on Cutaneous Pigment," *Lasers in Surgery and Medicine* 12:3 (1992): 282–87; K. A. Sherwood et al., "Effect of Wavelength on Cutaneous Pigment Using Pulsed Irradiation," *Journal of Investigative Dermatology* 92:5 (May 1989): 717–20; E. M. Procaccini et al., "The Effects of a Diode Laser (810nm) on Pigmented Guinea-Pig Skin," *Lasers in Medical Science* 16:3 (2001): 171–75; R. E. Fitzpatrick et al., "Pulsed Carbon Dioxide Laser, Trichloroacetic Acid, Baker-Gordon Phenol, and Dermabrasion: A Comparative Clinical and Histologic Study of Cutaneous Resurfacing in a Porcine Model," *Archives of Dermatology* 132:4 (April 1996): 469–71; M. T. Speyer et al., "Erythema after Cutaneous Laser Resurfacing Using a Porcine Model," *Archives of Otolaryngology: Head & Neck Surgery* 124:9 (September 1998): 1008–13. See also "IAF Hairless Guinea Pig," *Charles River*

my of Dermatology 27 (5 Pt 1) (1992): 771–72 も参照のこと。

(60) See "A Waxing Waltz," http://www.youtube.com/watch?v=TY1fn6IXnjQ.

(61) Bickmore, *Milady's*, 93.

(62) Emily Nussbaum, "A Stranger's Touch," *New York Magazine*, November 25, 2007.

(63) 人気の映画において、脱毛を任されているサービス業従事者が、型どおりの「民族的」そして・あるいは地方の訛りのある言葉を話さない場合でさえ、それを演じるのは有色人種の女性だ。たとえば、2005年のロマンチックコメディ『最後の恋のはじめ方（原題：*Hitch*)』におけるワックス脱毛シーンを参照のこと。

(64) どこかよそと同じくここでも、人間社会においてもっとも周辺部にあって卑しい領域――国家身体〔国民の総体としての統治体〕における股座や肛門――との接触は、人種や性別、階級、そして市民としての身分によって社会的に下の階級とされる者たちの役目とされる。Charles W. Mills, "Black Trash" in *Faces of Environmental Racism: Confronting Issues of Social Justice*, ed. Laura Westra and Bill E. Lawson (Lanham, MD: Rowman and Littlefield, 2001); Richard Dyer, *White* (New York: Routledge, 1997), 39, 45; Smith, *Clean*, 15; Melissa W. Wright, *Disposable Women and Other Myths of Global Capitalism* (New York: Routledge, 2006); Saskia Sassen, "Global Cities and Survival Circuits," in *Global Woman: Nannies, Maids, and Sex Workers in the New Economy*, ed. Barbara Ehrenreich and Arlie Russell Hochschild (New York: Metropolitan, 2003) を参照のこと。

(65) Zygmunt Bauman, *Wasted Lives: Modernity and Its Outcasts* (Malden, MA: Polity, 2004), 22–23, 15［邦訳＝ジグムント・バウマン『廃棄された生：モダニティとその追放者』中島道男訳、昭和堂、2007年］を参照のこと。

(66) Christopher Hitchens, "On the Limits of Self-Improvement, Part II," *Vanity Fair*, December 2007; "Believe Me, It's Torture," *Vanity Fair*, August 2008.

【第８章】

(１) Howard Bargman, "Counterpoint Laser Hair Removal," *Journal of Cutaneous Medicine and Surgery* 3:5 (1991): 241.

(２) Kathleen Doheny, "Just Say Zap: Lasers Take Unwanted Hair Right Off—but Not in Time for Summer," *Los Angeles Times*, May 25, 1995, E10; Melissa H. Hunter and Peter J. Carek, "Evaluation and Treatment of Women with Hirsutism," *American Family Physician*, June 15, 2003, 2565–72; C. C. Dierickx, "Hair Removal by Lasers and Intense Pulsed Light Sources," *Seminars in Cutaneous Medicine and Surgery* 19 (2000): 267–75; C. C. Dierickx, M. B. Alora, and J. S. Dover, "A Clinical Overview of Hair Removal Using Lasers and Light Sources," *Dermatologic Clinic* 17 (1999): 357–66.

(３) L. Goldman et al., "Pathology of the Effect of the Laser Beam on the Skin," Nature, March 2, 1963, 912; L. Goldman and P. Hornby, "Radiation from a Q-switched Ruby Laser," *Journal of Investigative Dermatology* 44 (1965): 69.

"Bedazzled Vaginas Girl Style Now?" *Animal*, July 6, 2012, http://animalnewyork.com/2012/bedazzled-vaginas-girl-style-now-nsfw.

(51) Virginia Smith, *Clean: A History of Personal Hygiene and Purity* (Oxford: Oxford University Press, 2007), 339［邦訳＝ヴァージニア・スミス『清潔の歴史：美・健康・衛生』鈴木実佳訳、東洋書林、2010年］.

(52) Pierrette Hondagneu-Sotelo, *Doméstica: Immigrant Workers Cleaning and Caring in the Shadows of Affluence* (Berkeley: University of California Press, 2001); Chandra Talpade Mohanty, "Women Workers and Capitalist Scripts: Ideologies of Domination, Common Interest, and the Politics of Solidarity," in *Feminist Genealogies, Colonial Legacies, Democratic Futures*, ed. M. Jacqui Alexander and Chandra Talapade Mohanty (New York: Routledge, 1997); Kathi Weeks, "Life Within and Against Work: Affective Labor, Feminist Critique, and Post-Fordist Politics," *Ephemera: Theory and Politics in Organization* 7 (2007): 233–49; Melinda Cooper and Catherine Waldby, *Clinical Labor: Tissue Donors and Research Subjects in the Global Bioeconomy* (Durham, NC: Duke University Press, 2014).

(53) Pamela Sitt, "Taking It All Off," *Seattle Times*, July 9, 2003.

(54) Bickmore, *Milady's*, 60; R. F. Wagner Jr., "Medical and Technical Issues in Office Electrolysis and Thermolysis," *Journal of Dermatologic Surgery and Oncology* 19 (1993), 575–77; R. N. Richards and G. E. Meharg, *Cosmetic and Medical Electrolysis and Temporary Hair Removal: A Practice Manual and Reference Guide*, 2nd ed. (Toronto: Medric, 1997)［邦訳＝R・N・リチャーズ、G・E・メハーグ『美容と医療のための電気脱毛の基礎と実践』漆畑修訳、フレグランスジャーナル社、1997年］; Deborah A. Sullivan, *Cosmetic Surgery: The Cutting Edge of Commercial Medicine in America* (New Brunswick, NJ: Rutgers University Press, 2001), 192–93; Donald W. Shenenberger and Lynn M. Utecht, "Removal of Unwanted Facial Hair," *American Family Physician* 66 (2002): 1907.

(55) Bickmore, *Milady's*; "North American Industry," 2002.

(56) たとえば、Jed Lipinski, "Why I Got the Male Brazilian Wax," *Salon.com*, August 19, 2010を参照のこと。

(57) Miliann Kang, "The Managed Hand: The Commercialization of Bodies and Emotions in Korean Immigrant-Owned Nail Salons," *Gender & Society* 17 (2003): 823. See also Helene M. Lawson, "Working on Hair," *Qualitative Sociology* 22:3 (1999): 235–57.

(58) Hannah McCouch, "What Your Bikini Waxer Really Thinks: A Woman Who Spends Her Days Doing Brazilian-Style Hair Removal Breaks Her Code of Silence," *Cosmopolitan*, January 2002, 91.

(59) Sharon Krum, "Real Women Don't Wear Fur: The 'Brazilian' Bikini Wax Is Taking New York by Storm—But It's Not for the Faint-Hearted," *Independent* (London), November 29, 1998, 2; R. C. Wright, "Traumatic Folliculitis of the Legs: A Persistent Case Associated with Use of a Home Epilating Device," *Journal of the American Acade-*

ic Geography 19 (1945): 428–30 も参照のこと。

(40) Gwen Kay, Dying to Be Beautiful: The Campaign for Safe Cosmetics (Columbus: Ohio State University Press, 2005); Fran Hawthorne, Inside the FDA: The Business and Politics behind the Drugs We Take and the Food We Eat (Hoboken, NJ: Wiley, 2005)［邦訳＝フラン・ホーソン『FDAの正体――米国食品医薬品局　レギュラトリー・サイエンスの政治学　上・下』栗原千絵子、斉尾武郎共監訳］.

(41) J. Elaine Spear, "American International Industries: Zvi Ryzman's Multifaceted Company Celebrates its 35th Year," Beauty Store Business (June 2006), http://www.docstoc/com/docs/35513566/American-International-Industries.。Nadの脱毛ジェルのような、人気の高い植物由来の脱毛剤はほかにもいくつかが、ワックスの代替手段として宣伝されている。しかし、これらの脱毛剤もワックスと同じく、基本的には粘着性の合成物質の助けを借りて、体毛を身体から引き剝がすものだ。

(42) Thomas M. Stanbeck et al., *Services: The New Economy* (Totowa, NJ: Allanheld, Osmun, 1981); Sven Illeris, *The Service Economy: A Geographical Approach* (Chichester, England: Wiley, 1996).

(43) "North American Industry Classification System 8121 Personal Care Services," *U.S. Census Bureau*, 2002, http://www.census.gov/econ/census02/data/industry/E8121.htm.

(44) "Pots of Promise: The Beauty Business," *Economist*, May 22, 2003, 69–71.

(45) マーケットリサーチャーたちは、脱毛したいと思わせるよう、若い人たちに働きかける重要性を強調している。アメリカの人口の老齢化が、脱毛製品やサービスの売り上げ減少を予告しているからだ。Mintel International Group, *Shaving and Hair Removal Products: May 2008* (Chicago: Mintel International Group Limited, 2008), 61 を参照のこと。

(46) Google Ngram Viewer. を利用した。

(47) S. B. Verma, "Eyebrow Threading: A Popular Hair-Removal Procedure and Its Seldom-Discussed Complications," *Clinical and Experimental Dermatology* 34:3 (2009): 363–65; J. Litak et al., "Eyebrow Epilation by Threading: An Increasingly Popular Procedure with Some Less-Popular Outcomes; A Comprehensive Review," *Dermatologic Surgery* 37:7 (2011): 1051–54; M. Abdel-Gawad et al., "Khite: A Non-Western Technique for Temporary Hair Removal," *International Journal of Dermatology* 36:3 (1997): 217.

(48) William Boyd, "Making Meat: Science, Technology, and American Poultry Production," *Technology and Culture* 42 (2001): 631–64.

(49) Helen R. Bickmore, *Milady's Hair Removal Techniques: A Comprehensive Manual* (Clifton Park, NY: Delmar, 2004), 92–94.

(50) Rachel Johnson, "Bush Wacked," *Spectator*, May 18, 2002, 29–30; Marina Galperina,

(30) Vanessa R. Schick et al., "Evulvalution: The Portrayal of Women's External Genitalis and Physique across Time and the Current Barbie Doll Ideals," *Journal of Sex Research* 47 (2010): 1–9; Ros Bramwell, "Invisible Labia: The Representation of Female External Genitals in Women's Magazines," *Sexual and Relationship Therapy* 17 (2002): 187–190.

(31) Ramsey et al., "Pubic Hair," 2105.この発言は、大柄で毛深い男性を指す「ベア（ぶっきらぼうな乱暴者）」を中心に据えて描いたポルノを無視している。ベアのコミュニティと、無毛をよしとする規範に果敢に抵抗する彼らの行動については、Ron Jackson Suresha, *Bears on Bears: Interviews and Discussions* (Los Angeles: Alyson Books, 2002) を参照のこと。

(32) Ramsey et al., 2105.。女性のファッション誌の購読や人気のあるテレビ番組の視聴と、陰部の体毛を脱毛する頻度や量についても、たいていの場合は相関関係があることが実証されている。Marika Tiggemann and Suzanna Hodgson, "The Hairlessness Norm Extended: Reasons for and Predictors of Women's Body Hair Removal at Different Body Sites," *Sex Roles* 59:11 (2008): 889-97 を参照のこと。

(33) Susann Cokal, "Clean Porn: The Visual Aesthetics of Hygiene, Hot Sex, and Hair Removal," *Pop-Porn: Pornography in American Culture*, ed. Ann C. Hall and Mardia J. Bishop (Westport, CT: Praeger, 2007); Barcan, Nudity, 28.

(34) Cooper, *Hair*; Victoria Sherrow, *For Appearance' Sake: The Historical Encyclopedia of Good Looks, Beauty, and Grooming* (Phoenix, AZ: Oryx, 2001), 53.

(35) Benjamin Godfrey, *Diseases of Hair: A Popular Treatise upon the Affections of the Hair System* (London: Churchill, 1872); Henri C. Leonard, *The Hair: Its Growth, Care, Diseases, and Treatment* (Detroit, MI: C. Henri Leonard, Medical Book Publisher, 1880); "Cosmetic Depilation," *Journal of the American Medical Association* 82 (1924): 1575; Duncan L. Buckley, "Clinical Illustrations of Diseases of the Skin," *Archives of Dermatology* 7 (1881): 149–62.

(36) "Zip—Special Data, 1917–1941," American Medical Association Historical Health Fraud Collection, Chicago, Illinois, folder 0924-16.

(37) Dannia Tashir and Barry Leshin, "Sugaring: An Ancient Method of Hair Removal," *Dermatologic Surgery* 27:3 (2001): 309–11.

(38) P. H. Frankel, *Essentials of Petroleum: A Key to Oil Economics* (New York: Kelley, 1969); Matthew Yeomens, *Oil: Anatomy of an Industry* (New York: New Press, 2004); Toyin Falola and Ann Genova, *The Politics of the Global Oil Industry: An Introduction* (London: Praeger, 2005); International Group Inc., "Wax Refining," IGI Wax, 2008, http://www.igiwax.com/resource/Wax_Refining.

(39) Doris de Guzman, "Demand for Natural Wax Increases," *Icis.com*, August 2008, http://www.icis.com/Articles/2008/08/18/9149059/demand-for-natural-wax-increases.html;
Grace Beckett, "Carnauba Wax in the United States: Brazilian Foreign Trade," *Econom-*

Prometheus, 1999), 396–413 を参照のこと。

(24) ポルノの規制緩和はまた、技術上の重大なシフトとも一致していた。16mmフィルムの台頭だ。16mmフィルムの人気が高まったのは第二次大戦のニュース映画や戦闘の撮影に広く使われたことにも理由がある、と映画史学者のエリック・シェーファーは記している。第二次大戦後、映画学科の学生たちが手に取るようになるとじきに、16mmフィルムは大学のキャンパスを席巻した反体制の大きな波と関連づけられるようになった。比較的、誰にでも入手しやすかった点も、ポルノ映画も含めて映像的な実験を誘発した。1970年代なかばには、成人指定の長編映画の大半は、音もなく、違法に制作・公開された「スタッグ［同伴者のいない男性、転じて、男性専用の意］」映画に取って代わられた。Eric Schaeffer, "Gauging a Revolution: 16 mm Film and the Rise of the Pornographic Feature," in *Porn Studies*, ed. Linda Williams (Durham, NC: Duke University Press, 2004), 393, 375–76. Luke Ford, *A History of X: 100 Years of Sex in Film* (Amherst, NY: Prometheus, 1999), 37 も参照のこと。

(25) Ford, *History of X*, 30.

(26) Schaeffer, "Gauging a Revolution," 376–78, 381, 394 n. 1; Linda Williams, *Hard Core: Power, Pleasure, and the "Frenzy of the Visible"* (Berkeley: University of California Press, 1999), 96–97; Justin Wyatt, "The Stigma of X: Adult Cinema and the Institution of the MPAA Rating System," in *Controlling Hollywood: Censorship and Regulation in the Studio Era*, ed. Matthew Bernstein (New Brunswick, NJ: Rutgers University Press, 1999); Jon Lewis, *Hollywood v. Hard Core: How the Struggle over Censorship Saved the Modern Film Industry* (New York: New York University Press, 2000); Ford, *History of X*, 30–41 も参照のこと。この文脈で述べておくが、ビーバー・カレッジ（Beaver College）という女子大は、2001年に名称をアルカディア・ユニバーシティ（Arcadia University）に変更した。女子のみの教育にピリオドを打つとともに、無礼なジョークを避けるための措置だった。Alan Finder, "To Woo Students, Colleges Choose Names That Sell," *New York Times*, August 11, 2005 を参照のこと。

(27) Joseph P. Slade, "Pornographic Theaters Off Times Square," in *The Pornography Controversy: Changing Moral Standards in American Life*, ed. Ray C. Rist (New Brunswick, NJ: Transaction, 1975), 123. 女性と毛皮のあいだにある文化的・経済的つながりについてのさらなる論考は、Chantal Nadeau, "'My Furladies': The Fabric of a Nation," in *Thinking through the Skin*, ed. Sara Ahmed and Jackie Stacey (London: Routledge, 2001), 194–208 を参照のこと。

(28) David Allyn, *Make Love, Not War: The Sexual Revolution, an Unfettered History* (Boston: Little, Brown, 2000), 285, 287.

(29) Harriet Lyons and Rebecca Rosenblatt, "Body Hair: The Last Frontier," *Ms.* Magazine, July 1972, 64–65, 131.

Criticism 1:4 (1993): 5–7 を参照のこと。

(11) Kira Cochrane, "A Choice Too Far," *New Statesman*, September 24, 2007, 30–31.

(12) Ibid., 30–31.

(13) Rex W. Huppke, "Brazilian Wax Ban in New Jersey Is Scrapped," *Chicago Tribune*, March 21, 2009, http://archives.chicagotribune.com/2009/mar/21/news/chi-talk-bikiniwax-0321mar21.

(14) Mimi Spencer, "Freedom Is a Hairy Body," *Age*, February 24, 2003, http://www.theage.com.au/articles/2003/02/23/1045935277714.html.

(15) Jennifer Baumgardner and Amy Richards, *Manifesta: Young Women, Feminism, and the Future* (New York: Farrar, Straus, Giroux, 2000), 56–57 (本文中の強調・傍点は原著のまま).

(16) Cochrane, "Choice," 30–31.

(17) Labre, "Brazilian Wax," 121, 117.。また、Janea Padihla with Martha Frankel, *Brazilian Sexy: Secrets to Living a Gorgeous and Confident Life* (New York: Penguin, 2010) [邦訳＝ジョニー・パディーヤ、マーサ・フランクル『セクシー&ハッピーな生き方：ラテン女性に学ぶ、人生を120%楽しむ方法』薩摩美知子訳、サンマーク出版、2012年] も参照のこと。

(18) Liddell, Varto, and Hodgson, "Smooth Talking."を参照のこと。

(19) 陰部の完全脱毛が習慣化されるにつれて、サロンは、専門技術を求める高級志向の顧客をおびき寄せる方法をさまざま試みはじめた。脱毛された陰部に着ける小さなフォックスファーのウィッグ（マーキンともいう）がいっときもてはやされたのも、その取り組みを反映している。http://www.dailymail.co.uk/femail/article-2093860/Cindy-Barshops-fox-fur-merkins-given-faux-makeover-PETA-claims-victory-bizarre-beauty-fad.html.を参照のこと。

(20) Christina Valhouli, "Faster Pussycat, Wax! Wax!" *Salon.com*, September 3, 1999.

(21) Trager, "Pubic Hair Removal," 118; Sara Ramsey et al., "Pubic Hair and Sexuality: A Review," *Journal of Sexual Medicine* 6 (2009): 2106; Hank Stuever, "Mr. Rug: For Men, a Hairy Back Is a Closely Held Secret," *Washington Post*, August 3, 2000; Olivia Barker, "The Male Resistance to Waxing Is Melting Away," *USA Today*, August 23, 2005.

(22) ここまでにいたる、より長い軌跡については、Joanne Meyerowitz の優れた論文を参照のこと。"Women, Cheesecake, and Borderline Material: Responses to Girlie Pictures in the Mid-Twentieth-Century U.S.," *Journal of Women's History* 8:3 (Fall 1996): 9–35.

(23) Paul R. Abramson, Steven D. Pinkerton, Mark Huppin, *Sexual Rights in America: The Ninth Amendment and the Pursuit of Happiness* (New York: New York University Press, 2003); Jack Hafferkamp, "Un-Banning Books: How the Courts of the United States Came to Extend First Amendment Guarantees to Include Pornography," in *Porn 101: Eroticism, Pornography, and the First Amendment*, ed. James Elias et al. (Amherst, NY:

(2) Debra Herbenik et al., "Pubic Hair Removal among Women in the United States: Prevalence, Methods, and Characteristics," *Journal of Sexual Medicine* 7 (2010): 3322–30.

(3) Michael Boroughs et al., "'Male Depilation' Prevalence and Associated Features of Body Hair Removal," *Sex Roles* 52 (2005): 637–44; Matthew Immergut, "Manscaping: The Tangle of Nature, Culture, and Male Body Hair," in *The Body Reader: Essential Social and Cultural Readings*, ed. Lisa Jean Moore and Mary Kosut (New York: New York University Press, 2010), 287–304.

(4) たとえば、陰毛があまりにも密に生えているため、結婚初夜の性交が「実行不可能」となった25歳の花嫁のケースなど。医師たちはヒ素や硫酸銅、石灰、石鹸そして水を混ぜたペーストで問題を解決した。"Pathology," *North American Medical and Surgical Journal* 12 (October 1831): 455 を参照のこと。

(5) Sarah Hildebrandt, "The Last Frontier: Body Norms and Hair Removal Practices in Contemporary American Culture," in *The EmBodyment of American Culture*, ed. Heinz Tschachler, Maureen Devine, and Michael Draxlbauer (Munich: Lit Verlag, 2003), 59–71.

(6) Ruth Barcan, *Nudity: A Cultural Anatomy* (Oxford: Berg, 2004), 148; Wendy Cooper, *Hair: Sex, Society, Symbolism* (London: Aldus, 1971), 116, 89.

(7) Lenore Riddell, Hannah Varto, and Zoe Hodgson, "Smooth Talking: The Phenomenon of Pubic Hair Removal in Women," *Canadian Journal of Human Sexuality*, 19 (2010): 121–30; Jonathan D. K. Trager, "Pubic Hair Removal: Pearls and Pitfalls," *Journal of Pediatric and Adolescent Gynecology* 19 (2006): 117.

(8) Kristin Tillotson, "Liberation Gone Wild: Is This Power and Freedom or a Post-Feminist Backslide?" *Star Tribune* (Minneapolis, Minnesota), December 18, 2005, 1F.

(9) Ariel Levy, *Female Chauvinist Pigs: Women and the Rise of Raunch Culture* (New York: Free Press, 2005), 4.

(10) Sheila Jeffreys, Beauty and Misogyny: Harmful Cultural Practices in the West (London: Routledge, 2005), 4. ほかの分析者も、陰部脱毛に対して厳しい見方をしていて、陰部脱毛のなかには概して、女性の身体を社会がますますコントロールしようとする動きがあり、女性をこどものように「無力な」ものにしようとする働きが顕著だという。たとえば、Marika Tiggeman and Sarah J. Kenyon, "The Hairless Norm: The Removal of Body Hair in Women," *Sex Roles* 39 (1998): 874; Susan A. Basow, "The Hairless Ideal: Women and Their Body Hair," *Psychology of Women Quarterly* 15 (1991): 83–96; Susan Brownmiller, *Femininity* (London: Hamish Hamilton, 1984); Christine Hope, "Caucasian Female Body Hair and American Culture," *Journal of American Culture* 5 (1982): 93–99; Magdala Peixoto Labre, "The Brazilian Wax: New Hairlessness Norm for Women?" *Journal of Communication Inquiry* 26 (2002): 113–32; Sarita Srivastava, "'Unwanted Hair Problem?' Struggling to Re-Present Our Bodies," *Rungh: A South Asian Quarterly of Culture, Comment, and*

イヤモンド社、1976年].

(60) Lyons and Rosenblatt, "Body Hair," 131.

(61) Ibid., 131.

(62) "Six Ways to Get Rid of Unwanted Hair," *Good Housekeeping*, July 1978, 244; "Removing Unwanted Hair Permanently, Not a Do-It-Yourself Job," Consumer Bulletin, October 1966, 34–36; "Hair You Don't Want," *Harper's Bazaar*, April 1974, 43; "Hair That You Can Do Without," *Vogue*, April 15, 1970, 121–22.。第二波フェミニズムがいかに「市場細分化《マーケット・セグメンテーション》という斬新な戦略」として引き入れられたかについては、Lizabeth Cohen, *A Consumer's Republic: The Politics of Mass Consumption in Postwar America* (New York: Vintage, 2003), 316; Susan J. Douglas, "Narcissism as Liberation," in *The Gender and Consumer Culture Reader*, ed, Jennifer Scanlon (New York: New York University Press, 2000), 267–82.を参照のこと。

(63) "Employee Harassed by 'Hairy Legs' Insult and Touching," Federal Human Resources Week. December 21, 1998: Frantaga C. Humphrey v. Henderson, *Postmaster General, U.S. Postal Service*, 99 FEOR 3090 (EEOC Comm. 10/16/98).

(64) *Built Like That* (Subtle Sister Productions), 2001.

(65) http://radcheers.tripod.com/RC/id1.html. で閲覧可能。紹介してくれたS. StoneとHannah Johnson-Breimeierに感謝する。

(66) レクシスネクシス（LexisNexis）でアメリカの主な出版物を検索すると、2001年9月11日のテロ攻撃に続く2年間に、「ひげ面のテロリスト」に言及したものが、1999年9月からの2年間に比べて6倍以上も増加したことがわかる。

(67) "Freedom in Peril: Guarding the 2nd Amendment in the 21st Century," 2006 を参照のこと。オンラインではhttp://boingboing.net/images/NR-F8_PERILFINAL.pdf; Marcus Baram, "NRA's Graphic Attack on Its Enemies Leaked onto Internet," *ABC News*, December 29, 2006, http://abcnews.go.com/US/story?id=2759754; "Is This (Freedom in Peril) an Actual NRA Document?" *AR15.com: Home of the Black Rifle Archive Server*, December 27–31, 2006, http://www.ar15.com/archive/topic.html?b=1&f=5&t=530989.。脱毛をめぐって、〈動物の倫理的扱いを求める人々の会〉（People for the Ethical Treatment of Animals：PETA）とNOW（全米女性機構）の幹部のあいだで激しいやりとりが交わされたことを思うと、NRAが毛深さと動物の権利を結びつけたのはかなり皮肉だ。NOWは、女性の陰毛は不愉快だと描写しているように見える広告を出したPETAの女性嫌悪を非難した。"Crossing the Bikini Line," *Harper's Magazine*, April 2000, 26–28; "Fur, Smoothed," *Harper's Magazine*, June 2000, 18–20 を参照のこと。

(68) Murphy, "Liberation," 352; Foner, *Story of American Freedom*, 295.

【第７章】

(１) "Sex and Another City," September 17, 2000 (*Sex and the City*, season 3, episode 14). を参照のこと。

Press, 2003); Lillian Faderman, *Odd Girls and Twilight Lovers: A History of Lesbian Life in Twentieth-Century America* (New York: Penguin, 1991)［邦訳＝リリアン・フェダマン『レスビアンの歴史』富岡明美、原美奈子訳、筑摩書房、1996年］; Stephanie Gilmore, ed., *Feminist Coalitions: Historical Perspectives on Second-Wave Feminism in the United States* (Urbana: University of Illinois Press, 2008).

(51) Cited in Evans, *Personal Politics*, 212.

(52) Cited in Eric Foner, *The Story of American Freedom* (New York: Norton, 1998), 295［邦訳＝エリック・フォーナー『アメリカ自由の物語：植民地時代から現代まで　上・下』横山良、竹田有、常松洋、肥後本芳男訳、岩波書店、2008年］.

(53) Heywood cited in Rosalind Pollack Petchesky, "Reproductive Freedom: Beyond 'A Woman's Right to Choose,'" *Signs* 5:4 (1980): 666.

(54) Sandra Morgen, *Into Our Own Hands: The Women's Health Movement in the United States, 1969–1990* (New Brunswick, NJ: Rutgers University Press, 2002), 17–22; Kathy Davis, *The Making of Our Bodies, Ourselves: How Feminism Travels across Borders* (Durham, NC: Duke University Press, 2007); Michelle Murphy, "Liberation through Control in the Body Politics of U.S. Radical Feminism," in *The Moral Authority of Nature*, ed. Lorraine Daston and Fernando Vidal (Chicago: University of Chicago Press, 2004), 331–55; and idem, *Seizing the Means of Reproduction: Entanglements of Feminism, Health, and Technoscience* (Durham, NC: Duke University Press, 2012), esp. 87–88.

(55) Robbie E. Davis-Floydの徹底的な議論は、*Birth as an American Rite of Passage* (Berkeley: University of California Press, 2003 [1992]), 83–84.を参照のこと。出産時の剃毛についての、医師による公の場での議論（またはその欠如）は、集約化された型どおりの病院での出産を批判する人たちがそれに取り組む数年前にはじまった。たとえば、W. J. Sweeney, "Perineal Shaves and Bladder Catheterizations: Necessary and Benign, or Unnecessary and Potentially Injurious?" *Obstetrics and Gynecology* 21 (1963): 291; H. I. Kantor et al., "Value of Shaving the Pudendal-Perineal Area in Delivery Preparation," *Obstetrics and Gynecology* 25 (1965): 509; R. L. Nooyen, "Removal of Pubic Hair for Delivery without Shaving," *Journal of the American Osteopathic Association* 66:1 (1966): 58; and A. E. Long, "The Unshaved Perineum at Parturition: A Bacteriologic Study," *American Journal of Obstetrics and Gynecology* 99:3 (1967): 333 を参照のこと。

(56) Joanne Meyerowitz, *How Sex Changed: A History of Transsexuality in the United States* (Cambridge, MA: Harvard University Press, 2002), 247.

(57) Robin Morgan, *Going Too Far: The Personal Chronicle of a Feminist* (New York: Random House, 1977 [1968]), 108, 107.

(58) Cited in Synnott, *Body Social*, 119.

(59) Germaine Greer, *The Female Eunuch* (New York: McGraw-Hill, 1971 [1970]), 28［邦訳＝ジャーメン・グリア『去勢された女』日向あき子、戸田奈津子訳、ダ

不足に応えて、物価管理・民需品供給局（Office of Price Administration）はストッキングの価格に一律な上限（1.65ドル）を定めた。

（38）“Bottled ‘Stockings,’” *Consumer Reports*, July 1943, 181.

（39）Ibid., 181.

（40）“Cosmetic Stockings,” *Consumer Reports*, July 1944, 172.

（41）Ibid., 172; “Bottled ‘Stockings,’” *Consumer Reports*, 181.

（42）“Cosmetic Stockings,” *Consumer Reports*, 172. See also Edith Efron, “Legs Are Bare Because They Can’t Be Sheer,” *New York Times Magazine*, June 24, 1945, 17.

（43）“Instead of Stockings,” *Consumer Reports*, July 1945, 175.

（44）Gerald Wendt, “Reports on Products: Stockings from a Bottle,” *Consumer Reports*, August 1942, 202; “Stocking Savers & Substitutes,” *Consumer Reports*, September 1941, 138–39; “Cosmetic Stockings,” *Consumer Reports*, 172–74; Richard Polenberg, *War and Society: The United States, 1941–1945* (New York: Lippincott, 1972), 8–11; “Advice for Women Who Shave,” *Today's Health*, July 1964, 37.

（45）Thomas Hine, *Populuxe* (New York: Knopf, 1986), 66; Anthony L. Andrady, ed., *Plastics and the Environment* (Hoboken, NJ: Wiley, 2003), 33–36; Retallack, “Razors,” 9.

（46）Bell Hooks, *Killing Rage* (New York: Holt, 1995), 122, 120.

（47）Tracey Owens Patton, “‘Hey Girl, Am I More Than My Hair?’ African American Women and Their Struggles with Beauty, Body Image, and Hair,” *NWSA Journal* 18:2 (Summer 2006): 40; Hooks, “Black Beauty and Black Power,” in *Killing Rage*, 119–32.

（48）Dominick Cavallo, cited in Gael Graham, “Flaunting the Freak Flag: *Karr v. Schmidt* and the Great Hair Debate in American High Schools, 1965–1975,” *Journal of American History* 91:2 (2004): 541. See also Anthony Synnott, *The Body Social: Symbolism, Self, and Society* (London: Routledge, 1993), 115–16［邦訳＝アンソニー・シノット『ボディ・ソシアル――身体と感覚の社会学』高橋勇夫訳、筑摩書房、1997年］; Mary Douglas, *Natural Symbols* (Harmondsworth, England: Pelican, 1973 [1970], 102［邦訳＝メアリー・ダグラス『象徴としての身体：コスモロジーの研究』江河徹ほか訳、紀伊國屋書店、1983年］.

（49）David Allyn, *Make Love, Not War: The Sexual Revolution, an Unfettered History* (Boston: Little, Brown, 2000), 125–26.

（50）Alexander Bloom and Wini Breines, eds., “*Takin' It to the Streets*”*: A Sixties Reader* (New York: Oxford University Press, 1995), 459–557; Sara Evans, *Personal Politics: The Roots of Women's Liberation in the Civil Rights Movement and New Left* (New York: Vintage, 1980 [1979]); Robin Morgan, ed., *Sisterhood Is Powerful: An Anthology of Writings from the Women's Liberation Movement* (New York: Vintage, 1970); Alice Echols, *Daring to Be Bad: Radical Feminism in America, 1967–1975* (Minneapolis: University of Minnesota Press, 1989); Karen Anderson, *Changing Woman: A History of Racial Ethnic Women in Modern America* (New York: Oxford University Press, 1996); Gabriela F. Arredondo, ed., *Chicana Feminisms: A Critical Reader* (Durham, NC: Duke University

(20) Quoted in Shove, *Comfort*, 101; Nancy Tomes, *The Gospel of Germs: Men, Women, and the Microbe in American Life* (Cambridge, MA: Harvard University Press, 1998); Bushman and Bushman, "Early History," 1213; Suellen M. Hoy, *Chasing Dirt: The American Pursuit of Cleanliness* (New York: Oxford University Press, 1995)［邦訳＝スーエレン・ホイ『清潔文化の誕生』椎名美智訳、富山太佳夫解説、紀伊國屋書店、1999年］.

(21) Ashenburg, *Dirt on Clean*, 207, 219; Carroll W. Pursell, *The Machine in America: A Social History of Technology* (Baltimoe, MD: Johns Hopkins University Press, 1995), 249.

(22) Ashenburg, *Dirt on Clean*, 224.

(23) Mark Pendergrast, *Mirror Mirror: A History of the Human Love Affair with Reflection* (New York: Basic Books, 2003)［邦訳＝マーク・ペンダーグラスト『鏡の歴史』樋口幸子訳、河出書房新社、2007年］; Sabine Bonnet, *The Mirror: A History, trans. Katharine H. Jewett* (New York: Routledge, 2001)［邦訳＝サビーヌ・メルシオール=ボネ『鏡の文化史』竹中のぞみ訳、法政大学出版局、2003年］.

(24) Ashenburg, *Dirt on Clean*, 220.

(25) Shove, *Comfort*, 79; Schlereth, "Conduits and Conduct," 238.

(26) Adams, *King C. Gillette*, 101.

(27) G. Bruce Retallack, "Razors, Shaving, and Gender Construction: An Inquiry into the Material Culture of Shaving," *Material History Review* 49 (Spring 1999): 8; Adams, *King C. Gillette*, 102.

(28) *Life*, May 17, 1917, 875.

(29) *Outlook*, May 16, 1917, 117.

(30) Adams, *King C. Gillette*, 104.

(31) Retallack, "Razors," 8; Adams, *King C. Gillette*, 96–105.

(32) Retallack, "Razors," 6.

(33) *Life*, June 3, 1915, 1009 のジレット社の当該広告を参照。van Oost, "Materialized Gender," 202. も参照のこと。

(34) "Advice for Women Who Shave," *Today's Health*, July 1964, 50.

(35) Jeffrey L. Meikle, *American Plastic: A Cultural History* (New Brunswick, NJ: Rutgers University Press, 1995), 137. Meikleはさらに、ナイロンストッキングは、アメリカ合衆国が参戦する以前から不足していたと記している。消費者は一足1.15ドルでも構わないとばかりに、デュポン社の「伝線しないストッキング」を買い占めようと殺到していたのに、業界のトップは、「永遠に破けないストッキング」という期待が不愉快で、生産力を増大させるようなことはほとんどしていなかったのだ(146).

(36) Meikle, *American Plastic*, 147; "Opaque Leg," *Fortune*, October 1942, 26, 30; "Stockings Scarce," *Business Week*, March 3, 1945, 90.

(37) "Opaque Leg," *Fortune*, 30; "Less Leg Lure," *Business Week*, November 7, 1942, 64. 品

en's Movement (Philadelphia: Temple University Press, 1995), 144 を参照のこと。

(10) たとえば、Carolyn Mackler, "Memoirs of a (Sorta) Ex-Shaver," in *Rewriting the Rules of Beauty and Body Image,* ed. Ophira Edut (Seattle: Seal Press, 2000), 55–61; Jennifer Margulis, "Musings on Hairy Legs," *Sojourner* 20:8 (April 1995): 9, 11 などを参照のこと。

(11) "Julia Roberts, Uncovered," *Ottawa Citizen*, May 1, 1999; "Her Personality's the Pits!" *Newsweek*, July 23, 2001.

(12) たとえば、Catherine Saint Louis, "Unshaven Women: Free Spirits or Unkempt?" *New York Times*, April 12, 2010; "Leg Work: Body Hair Is Not Always a Statement," *Jezebel*, April 13, 2010, http://jezebel.com/5516049/leg-work-body-hair-is-not-always-a-statement を参照のこと。

(13)「フェミニズムは、必ずしもきれいごとではすまない（腋の下の毛を見よ）。しかし、それがなければ、Kate O'Beirneのこの書籍が出版されることもなかっただろう——そして、多くの女性がこれを買おうと金を無駄にすることも」Ana Marie Cox, "Easy Targets: A *National Review* Editor Revisits the Excesses of Feminism" [review of Kate O'Beirne, *Women Who Make the World Worse and How Their Radical Feminist Assault Is Ruining Our Families, Military, Schools, and Sports*], *New York Times Book Review*, Sunday, January 15, 2006, 21.

(14) J. J. Perret, *La Pogonotomie, ou L'Art D'Apprendre A Se Raser Soi-Meme* (Yverdon, 1770).

(15) Russell B. Adams Jr., *King C. Gillette: The Man and His Wonderful Shaving Device* (Boston: Little, Brown, 1978), 26–46.

(16) Richard L. Bushman and Claudia L. Bushman, "The Early History of Cleanliness in America," *Journal of American History* 74:4 (March 1988): 1214.

(17) Thomas J. Schlereth, "Conduits and Conduct: Home Utilities in Victorian America, 1876–1915," in *American Home Life, 1880–1930: A Social History of Spaces and Services*, ed. Jessica H. Foy and Thomas J. Schlereth (Knoxville: University of Tennessee Press, 1992), 226; Martin V. Melosi, *The Sanitary City: Urban Infrastructure in America from Colonial Times to the Present* (Baltimore, MD: Johns Hopkins University Press, 2000), 22, 30.

(18) Katherine Ashenburg, *The Dirt on Clean: An Unsanitized History* (New York: North Point Press, 2007), 224, 236［邦訳＝キャスリン・アシェンバーグ『図説　不潔の歴史』鎌田彷月訳、原書房、2008年］; Maureen Ogle, *All the Modern Conveniences: American Household Plumbing, 1840–1890* (Baltimore, MD: Johns Hopkins University Press, 1996).

(19) Elizabeth Shove, *Comfort, Cleanliness, and Convenience: The Social Organization of Normality* (Oxford: Berg, 2003), 106; Ogle, *Modern Conveniences; Marina Moskowitz, Standard of Living: The Measure of the Middle Class in Modern America* (Baltimore, MD: Johns Hopkins University Press, 2004), chap. 2.

(85) "Hairy Legs," *British Medical Journal*, October 2, 1976, 777.

【第６章】

(1) Harriet Lyons and Rebecca Rosenblatt, "Body Hair: The Last Frontier," *Ms. Magazine*, July 1972, 64–65, 131.

(2) Mary Thom, *Inside* Ms.: *25 Years of the Magazine and the Feminist Movement* (New York: Holt, 1997), 53.

(3) 『タイム』誌はフェミニストたちを「自己主張が強く」、「ユーモアを解さない」「過激派」と描写しただけではなく、「脚が毛深い」とも称した。Martha Fineman and Martha T. McCluskey, eds., *Feminism, Media, and the Law* (New York: Oxford University Press, 1997), 14 を参照のこと。

(4) "TV Mailbag—Dear Jane: Shave," *New York Times*, April 29, 1973, cited in Gail Collins, *When Everything Changed: The Amazing Journey of American Women from 1960 to the Present* (Little, Brown, 2009), 171.

(5) Anna Quindlen, "Out of the Skyboxes," *Newsweek*, October 15, 2007, 90.

(6) Thom, *Inside* Ms., 41.。Helen Gurley Brownも同様に、アンチ剃毛という見方に気分を害していたらしい。Jennifer Scanlon, *Bad Girls Go Everywhere: The Life of Helen Gurley Brown* (New York: Oxford University Press, 2009), 176 を参照のこと。

(7) Betty Friedan, *It Changed My Life: Writings on the Women's Movement* (New York: Norton, 1985 [1963]), xvi.

(8) Judith Hennessee, *Betty Friedan: Her Life* (New York: Random House, 1999), 184.。Hennesseeはさらに、スタイネムがほかの女性たちに「メイクをしたり脚のムダ毛を剃る必要はない」と言ったとフリーダンは主張したが、実際には(ヘネシーの取材では)「グロリアも『*Ms.*（ミズ）』誌も、ほかの女性たちに向かって見栄えをよくするなとは言っていない」と記している（161)。また、フリーダンの著書でいちばん売れた著書の改定された序章では、『ミズ』誌が女たちにカミソリを捨てて腋の下を剃るのをやめるよう促したと非難を浴びせている（184)；ヘネシーはさらにこう記している。「グロリア(や、守るべきイメージのあるほかの公人のほとんど）のように、ベティは歴史を書き換える傾向にあった。『ミズ』誌は体毛に関して特にこれという方針を掲げてはいなかった」(184)。

(9)「第二波」については、Marsha Lear, "The Second Feminist Wave," *New York Times Magazine*, March 10, 1968, 24–25, 50, 53, 55–56, 58, 60, 62; Maggie Humm, *The Dictionary of Feminist Theory* (Columbus: Ohio State University Press, 1990), 198［邦訳＝マギー・ハム『フェミニズム理論辞典』木本喜美子、高橋準監訳、明石書店、1999年］を参照のこと。特に体毛については、Rachel Blau DuPlessis and Ann Snitow, eds., *The Feminist Memoir Project* (New York: Three Rivers Press, 1998), 166; Nancy Whittier, *Feminist Generations: The Persistence of the Radical Wom-

Application of Certain Adrenal Cortical Preparations," *Science*, August 27, 1948, 207–9.

(70) Schultheiss, Denil, and Jonas, "Rejuvenation," 351–55; Hoberman and Yesalis, "History of Synthetic Testosterone," 60–65; Nelly Oudshoorn, "On Measuring Sex Hormones: The Role of Biological Assays in Sexualizing Chemical Substances," *Bulletin of the History of Medicine* 64 (1990): 255.

(71) A. Vermulen and J. C. M. Verplancke, "A Simple Method for the Determination of Urinary Testosterone Excretion in Human Urine," Steroids 2 (1963): 453.などを参照のこと。注射でなくとも摂取可能な薬剤の誕生で、利用者はホルモン療法を自分に都合よく適応させられるようになった。錠剤であれば「資格を持つ医療関係者の管理外のところで」交換したり、再服用したりできるから、だとBernice L. Hausmanは指摘している。Hausman, *Changing Sex*, 33 を参照のこと。

(72) David Serlin, *Replaceable You: Engineering the Body in Postwar America* (Chicago: University of Chicago Press, 2004).。Hausman, *Changing Sex*, esp. 23, 43.も参照のこと。

(73) Simon, *Hairfree*, 66–67.

(74) American Medical Association Historical Health Fraud Collection, Chicago, Illinois (hereafter AMA), N. H. Franz of Urbana, Ohio, to AMA, December 19, 1931, folder 0316-06.

(75) Eric E. Winter of Wilson Schools in Dayton, Ohio, to AMA, March 14, 1949, folder 0925-03, AMA.

(76) Reply to Eric E. Winter, March 28, 1949, folder 0925-03, AMA.

(77) Hoskins, *Tides of Life*, 340–41.

(78) Arthur J. Cramp to Gordon Smith of Chicago, May 14, 1930, folder 0317- 02, AMA. See also Arthur J. Cramp to Clyde I. Backus, May 14, 1930, folder 0317-02, AMA.

(79) Segre, *Androgens*, 89.

(80) 性転換におけるホルモン療法の役割については、Hausman, *Changing Sex*; Meyerowitz, *How Sex Changed* を参照のこと。男性型多毛症と関係する内分泌疾患のひとつ、多嚢胞性卵巣症候群（PCOS）が主な治療的適応となった。Celia Kitzinger and Jo Willmott, "'The Thief of Womanhood': Women's Experience of Polycystic Ovarian Syndrome," *Social Science & Medicine* 54 (2002): 349-61 を参照のこと。

(81) Andrée Boisselle and Roland R. Tremblay, "New Therapeutic Approach to the Hirsute Patient," *Fertility and Sterility* 32:3 (September 1979): 278.

(82) Shapiro and Evron, "Novel Use of Spironolactone," 432.

(83) D. Delanoe et al., "Androgenisation of Female Partners of Men on Medroxyprogesterone Acetate/Percutaneous Testosterone Contraception," *Lancet*, February 4, 1984, 276.

(84) Jocelyn R. Rentoul, "Management of the Hirsute Woman," *International Journal of Dermatology* 22:5 (June 1983): 269.

go Press, 1999).

(53) Hausman, *Changing Sex*, 30; Kenen, "Who Counts," 200.

(54) Clifford A. Wright, "Further Studies of Endocrine Aspects of Homosexuality," *Medical Record* 147 (1938): 408, cited in Sengoopta, *The Most Secret Quintessence of Life*, 317 n. 255.

(55) Stafford, "Adrenal Glands," 133.

(56) Max G. Schlapp and Edward H. Smith, *The New Criminology: A Consideration of the Chemical Causation of Abnormal Behavior* (New York: Boni and Liveright, 1928), 215.

(57) Roberta Milliken, *Ambiguous Locks: An Iconology in Medieval Art and Literature* (London: McFarland, 2012).

(58) たとえば、Samuel Simon, *Hairfree: The Story of Electrolysis* (1948), 14 を参照のこと。オンラインでは、http://www.ncbi.nlm.nih.gov/pmc/articles/PMC1520635.

(59) A. F. Niemoeller, *Superfluous Hair and Its Removal* (New York: Harvest House, 1938), 28.

(60) Delmar Emil Bordeaux, *Cosmetic Electrolysis and the Removal of Superfluous Hair* (Rockford, IL: Bellevue, 1942), 13.

(61) 政治活動家をレズビアンと呼んでからかうことについて、より総論的なものは、Cynthia Rothschild, *Written Out: How Sexuality Is Used to Attack Women's Organizing* (New York: IGLHC, 2005); Hausman, *Changing Sex*, 38 を参照のこと。

(62) Berman, *Glands Regulating Personality*, 313–29; William Wolf, *Endocrinology in Modern Practice*, 2nd edition (Philadelphia: Saunders, 1939), 22–25.

(63) Roberts, *Messengers of Sex*, 36; Chandak Sengoopta, *The Most Secret Quintessence of Life: Sex, Glands, and Hormones, 1850–1950* (Chicago: University of Chicago Press, 2006), 72–73; Roy Porter and Lesley Hall, *The Facts of Life: The Creation of Sexual Knowledge in Britain, 1650–1950* (New Haven, CT: Yale University Press, 1995), esp. 175; Hausman, *Changing Sex*, 30.

(64) Hoskins, *Tides of Life*, 336.

(65) Edward Smith, "The Reds and the Glands," *Saturday Evening Post*, August 21, 1920, 6–7, 162, 165–66, 169–70; and Smith, "Your Emotions Will Get You If You Don't Watch Out," *American Magazine*, August 1925, 32–33, 72–74; Hausman, *Changing Sex*, 27.

(66) Louis Berman, *Glands Regulating Personality*, 290–91. See also Hausman, *Changing Sex*, 23; Sengoopta, *Secret Quintessence of Life*, 73.

(67) Hausman, Changing Sex, 38.

(68) 腺からの抽出物はまた、禿げた男性に髪を生えさせようとする試みにも用いられた――イリノイ大学医学部のある医師は1920年代後半に、下垂体からの抽出物を患者に注射した。"Gland Extract Makes Bald Heads Grow Hair," *Popular Science*, April 1932, 43 を参照のこと。

(69) Wayne L. Whitaker and Burton L. Baker, "Inhibition of Hair Growth by Percutaneous

いたが、どちらも1930年代になるまであまり広く知られてはいなかった。"Hirsutism and Suprarenal Virilism," *Journal of the American Medical Association*, March 19, 1927. が、後者の初出例として『オックスフォード英語大辞典』には挙げられている。副腎性男性化（suprarenal virilism）という病名は、フランスでは1910年には使われていたようだ。M. Ch. Achard and J. Thiers, "Le virilisme pilaire et son association . l'insuffisance glycolytique (Diabète des femmes à barbe)," *Bulletin de l'Academie Nationale de Medecine* 86 (1921): 51, citing Apert, *Bulletin de la Société de pédiatrie* (1910) を参照のこと。

(43) オンラインのデータベース、メドラインMedlineで男性型多毛症に関する4000件以上の記事を検索し、「女性ではなく男性　男性型多毛症」と限定すると、123件がヒットする。逆に「男性ではなく女性　男性型多毛症」とすると、2675件がヒットした（「男性」と「女性」という語は記事のキーワードとして使われる。そしてもちろん、記事の主題ではなくとも、どちらの語も入力されている。この点を指摘してくれたAlison Vander Zandeに感謝したい）。

(44) William Alexander Newman Dorland, *American Illustrated Medical Dictionary* (Philadelphia: Saunders, 1922), 482［邦訳＝『広川ドーランド図説医学大辞典』ドーランド医学大辞典編集委員会、廣川書店、1998年］. ドーランドは「男性化」を「女性において男性的な身体的および精神的特徴の発達」と定義している(1168).

(45) Achard and Thiers, 51–66.。William Jeffcoate and Marie-France Kong, "*Diabète des femmes à barbe*: A Classic Paper Reread," *Lancet*, September 30, 2000, 1183–85 も参照のこと。

(46) "The Endocrine Glands—A Caution," *Journal of the American Medical Association*, May 28, 1921, 1500.

(47) これらの研究に関する優れた論評は、Joan Ferrante, "Biomedical versus Cultural Constructions of Abnormality: The Case of Idiopathic Hirsutism in the United States," *Culture, Medicine, and Psychiatry* 12 (1988): 219–38 を参照のこと。

(48) David Ferriman and J. P. Gallwey, "Clinical Assessment of Body Hair Growth in Women," *Journal of Clinical Endocrinology and Metabolism* 21:11 (1961): 1440–47.

(49) Herman Goodman, "The Problem of Excess Hair," *Hygeia* 8 (May 1930): 432.

(50) R. G. Hoskins, *The Tides of Life: The Endocrine Glands in Bodily Adjustment* (New York: Norton, 1933), 152.

(51) Howard T. Behrman, "Diagnosis and Management of Hirsutism," *Journal of the American Medical Association*, April 23, 1960, 1924.

(52) George Chauncey Jr., "Christian Brotherhood or Sexual Perversion? Homosexual Identities and the Construction of Sexual Boundaries in the World War One Era," *Journal of Social History* 19:2 (Winter 1985): 189–211; Jennifer Terry, *An American Obsession: Science, Medicine, and Homosexuality in Modern Society* (Chicago: University of Chica-

Theory of Liberation, ed. Carol C. Gould and Marx W. Wartofsky (New York: Putnam, 1976), 91.

(25) Roberts, *Messengers*, 38.

(26) Louis Berman, *The Glands Regulating Personality: A Study of the Glands of Internal Secretion in Relation to the Types of Human Nature* (New York: Macmillan, 1922), 142。Bernice L. Hausman, *Changing Sex: Transsexualism, Technology, and the Idea of Gender* (Durham, NC: Duke University Press, 1995), 41 も参照のこと。

(27) Louis Berman, *The Personal Equation* (New York: Century, 1925), 252.

(28) Ibid., 252.

(29) Ibid.

(30) Frank Lillie, "General Biological Introduction," in *Sex and Internal Secretions: A Survey of Recent Research*, ed. Edgar Allen, 2nd edition (Baltimore, MD: Williams and Wilkins, 1939), 3–4, cited in Hausman, *Changing Sex*, 39 n. 58.

(31) Oudshoorn, "Endocrinologists," 185.

(32) F. H. Matthews, "The Americanization of Sigmund Freud: Adaptations of Psychoanalysis before 1917," *Journal of American Studies* 1:1 (April 1967): 39–62.

(33) Ernest Jones, *On the Nightmare* (London: Hogarth, 1931), esp. 299; Charles Berg, "The Unconscious Significance of Hair," *International Journal of Psycho-Analysis* 17 (1936): 73–88 を参照のこと。

(34)「この考えは荒唐無稽だと拒絶されたら」「もちろん私は無防備だ」とフロイトは認めている。Sigmund Freud, "Femininity," in *The Standard Edition of the Complete Psychological Works of Sigmund Freud*, ed. James Strachey, vol. 22 (London: Hogarth, 1953 [1933]), 132.

(35) Samuel Wyllis Bandler, *The Endocrines* (Philadelphia: Saunders, 1921), iv, cited in Chandak Sengoopta, *The Most Secret Quintessence of Life: Sex, Glands, and Hormones, 1850–1950* (Chicago: University of Chicago Press, 2006), 72.

(36) Hausman, *Changing Sex*, 28.

(37) André Tridon, *Psychoanalysis and Gland Personalities* (New York: Brentano's, 1923), 11; Hausman, *Changing Sex*, 30.

(38) Nathan G. Hale, "From Berggasse XIX to Central Park West: The Americanization of Psychoanalysis, 1919–1940," *Journal of the History of the Behavioral Sciences* 14 (1978): 30.

(39) Berman, *Glands Regulating Personality*, 127.

(40) Laurence H. Mayers and Arthur D. Welton, *What We Are and Why: A Study with Illustrations, of the Relation of the Endocrine Glands to Human Conduct and Dispositional Traits, with Special Reference to the Influence of Gland Derangements on Behavior* (New York: Dodd, Mead, 1933), 26.

(41) Berman, *Glands Regulating Personality*, 129, 128.

(42) 医学文献では、「hirsuties」という語が「hirsutism」より数年前から存在して

メージだけではなく、動物の腺組織を人間に移すのは収益性が高いという問題にもあった。抽出作業は技術的には実に複雑で、試しにやってみても、それとわかるほど効果があがるだけの量を得られない場合があったのだが、その事実が知られても状況が改善することはなかった。Celia Roberts, *Messengers of Sex: Hormones, Biomedicine, and Feminism* (New York: Cambridge University Press, 2007), 34 n. 5; Laura Davidow Hirshbein, "The Glandular Solution: Sex, Masculinity, and Aging in the 1920s," *Journal of the History of Sexuality* 9:3 (2000): 277–304; John M. Hoberman and Charles E. Yesalis, "The History of Synthetic Testosterone," *Scientific American*, February 1995, 60–65; Borell, "Organotherapy," 2, 3; Borell, "Brown-S.quard," 309–20; George R. Murray, "Note on the Treatment of Myxoedema by Hypodermic Injections of an Extract of the Thyroid Gland of a Sheep," *British Medical Journal* 2 (1891): 796–97 を参照のこと。

(14) たとえば、*Congregationalist* [Boston], February 14, 1895, 261; the *New York Evangelist*, May 23, 1895, 34; the *Independent* [New York], June 27, 1895, 31; *Watchman* [Boston], July 25, 1895, 23; *Zion's Herald* [Boston], December 4, 1895, 799 などに掲載された広告を参照のこと。

(15) Corner, "Early History," vi.

(16) Oudshoorn, "Endocrinologists," 168. 原材料については、Adele E. Clarke, "Research Materials and Reproductive Science in the United States, 1910– 1940," in *Physiology in the American Context, 1850–1940*, ed. Gerald L. Geison (Baltimore, MD: American Physiological Society, 1987), 331; Corner, "Early History," xiii. を参照のこと。

(17) Robert T. Frank, *The Female Sex Hormone* (Springfield, IL: Thomas, 1929), cited in Oudshoorn, "Endocrinologists," 167–68.

(18) Corner, "Early History," x; Borell, "Organotherapy," 18.

(19) F. G. Young, "The Evolution of Ideas about Animal Hormones," in *The Chemistry of Life: Eight Lectures on the History of Biochemistry*, ed. Joseph Needham (Cambridge: Cambridge University Press, 1970), 126［邦訳＝ジョゼフ・ニーダム『生化学の歴史』木原弘二訳、みすず書房、1978年］; Diana Long Hall, "The Critic and the Advocate: Contrasting British Views on the State of Endocrinology in the early 1920s," *Journal of the History of Biology* 9:2 (Autumn 1976): 279.

(20) Nelly Oudshoorn, *Beyond the Natural Body: An Archaeology of Sex Hormones* (New York: Routledge, 1994), 29; Meyerowitz, *How Sex Changed*, 27–28.

(21) Roberts, *Messengers*, 37; Oudshoorn, "Endocrinologists," 164, n. 3.

(22) Bernhard Zondek, "Mass Excretion of Oestrogenic Hormone in the Urine of the Stallion," *Nature*, March 31, 1934, 209–10.

(23) A. S. Parkes, "The Rise of Reproductive Endocrinology, 1926–1940," *Journal of Endocrinology* 34 (1966): 26.

(24) Oudshoorn, "Endocrinologists," 174; Herbert Evans, cited in Diana Long Hall, "Biology, Sexism, and Sex Hormones in the 1920s," in *Women and Philosophy: Toward a*

（5） Aristotle, *History of Animals: In Ten Books* (Whitefish, MT: Kessinger, 2004), 290［邦訳＝アリストテレス『動物誌　上・下（アリストテレス全集　第8、9巻）』内山勝利、神崎繁、中畑正志編集、岩波書店、2015年］. George Washington Corner, "The Early History of the Oestrogenic Hormones," *Journal of Endocrinology* 31 (January 1965): iii, xv–xvi; Lu Gwei-Djen and Joseph Needham, "Medieval Preparations of Urinary Steroid Hormones," Nature, December 14, 1963, 1047–48 も参照のこと。

（6） Georges Canguilhem, *The Vital Rationalist: Selected Writings from Georges Canguilhem*, trans. François Delaporte (New York: Zone, 1994), 85; Merriley Borell, "Organotherapy and the Emergence of Reproductive Endocrinology," *Journal of the History of Biology* 18:1 (Spring 1985): 10.

（7） Corner, "Early History," iv; Ann Dalley, *Women under the Knife: A History of Surgery* (New York: Routledge, 1991), 146–56; Regina Morantz-Sanchez, "The Making of a Woman Surgeon: How Mary Dixon Jones Made a Name for Herself in Nineteenth-Century Gynecology," in *Women Healers and Physicians: Climbing a Long Hill*, ed. Lillian R. Furst (Lexington: University Press of Kentucky, 1997), 183–84; Richard Harrison Shyrock, *Medicine and Society in America, 1660–1860* (New York: New York University Press, 1960).

（8） D. Schultheiss, J. Denil, and U. Jonas, "Rejuvenation in the Early 20th Century," *Andrologia* 29:6 (November–Decemer 1997): 351–55; Corner, "Early History," v; Charles-Edouard Brown-Séquard, "Du role physiologique et thérapeutique d'un suc extrait de testicules d'animaux d'après nombre de faits observes chez l'homme," *Archives de physiologie normale et pathologique* 1 (1889): 739–46.

（9） Borell, "Organotherapy," 6; Corner, "Early History," v; Brown-Séquard, "Du role physiologique," 739–46.

（10） Edgar Allen and Edward Doisy, "An Ovarian Hormone: Preliminary Report on Its Localization, Extraction, and Partial Purification, and Action in Test Animals," *Journal of the American Medical Association*, September 8, 1923, 820; Borell, "Organotherapy," 3; Merriley Borell, "Brown-Séquard's Organotherapy and Its Appearance in America at the End of the Nineteenth Century," *Bulletin of the History of Medicine* 50 (1976): 312; "Spermine," *Medical and Surgical Reporter*, April 25, 1891, 473–74; Corner, "Early History," x.

（11） John P. Swann, *Academic Scientists and the Pharmaceutical Industry: Cooperative Research in Twentieth-Century America* (Baltimore, MD: Johns Hopkins University Press, 1988), 35［邦訳＝John.P. Swann『薬の開発をめぐる物語』諏訪邦夫訳、中外医学社、1992年］; Paul Starr, *The Social Transformation of American Medicine* (New York: Basic Books, 1982), 127–34.

（12） Corner, "Early History," v.

（13） この研究分野が不評を買っていたのは、生殖器が関わっているというイ

女性7人による集団訴訟に影響された点が大きい。7人はみな、以前にX線脱毛の施術を受けていた。次の書簡を参照のこと。S. Dana Hubbard, M.D., of the New York City Department of Health to A. J. Cramp, January 8, 1929, folder 0318-02, AMA.. S. Dana Hubbard to Dr. C. B. Pinkham, January 8, 1929, folder 0318-02, AMA も参照のこと。

(96) たとえば、the case of "Mrs. E.B.," aged thirty, in F. J. Eichenlaub, "Some More Tricho Cases," *Journal of the American Medical Association*, April 26, 1930, 1341 を参照のこと。損傷については、Cipollaro and Einhorn, "Use of X-Rays," 350; H. Martin et al., "Radiation-Induced Skin Cancer of the Head and Neck," *Cancer* 25 (1970): 61–71; R. A. Schwartz, G. H. Burgess, and H. Milgrom, "Breast Carcinoma and Basal Cell Epithelioma after X-Ray Therapy for Hirsutism," *Cancer* 44:5 (November 1979): 1601–5; Rosen and Walfish, "Sequelae of Radiation Facial Epilation," *Surgery* 106 (December 1989): 946–50 も参照のこと。

(97) X線脱毛を公に宣伝した新しいフランチャイズ店がカナダでオープンしたのは、1948年が最後。Cleveland, "Removal of Superfluous Hair," 374 を参照のこと。正式ではない、あるいは「裏通りの」X線脱毛の範囲を突きとめるのは不可能だ。

(98) Helen L. Camp to AMA, March 30, 1954, folder 0318-02, AMA.

【第５章】

(1) "Bearded Lady's Gland Cures Addison's Disease," *Science News Letter*, November 16, 1946, 318.。副腎は人体でもっとも大切な臓器で、「これを取り除いた身体では、生命は長くは保たない」と16年前に同じ雑誌で語られていることを考えると、なおいっそう憂慮すべき内容だ。Jane Stafford, "Adrenal Glands Save Our Lives," *Science News Letter*, March 1, 1930, 132 を参照のこと。

(2) Stephanie H. Kenen, "Who Counts When You're Counting Homosexuals? Hormones and Homosexuality in Mid-Twentieth-Century America," in *Science and Homosexualities*, ed. Vernon A. Rosario (New York: Routledge, 1997), 201.。Joanne Meyerowitz, *How Sex Changed: A History of Transsexuality in the United States* (Cambridge, MA: Harvard University Press, 2002); Nelly Oudshoorn, "Endocrinologists and the Conceptualization of Sex, 1920–1940," *Journal of the History of Biology* 23:2 (Summer 1990): 163–86.も参照のこと。

(3) German Shapiro and Shmuel Evron, "A Novel Use of Spironolactone: Treatment of Hirsutism," *Journal of Clinical Endocrinology and Metabolism* 51:3 (1980): 429.

(4) タリウムから作られたものなど、以前の脱毛剤のなかにも、全身に作用するものがあったことは覚えておきたい。ただ、それはあまりにも毒性が強かったため、すべてが有効な薬品と考えられることはなかった。タリウムについては、Eugene J. Segre, *Androgens, Virilization, and the Hirsute Female* (Springfield, IL: Thomas, 1967), 88.を参照のこと。

(85) "A Flawless Skin," Boston Post, November 15, 1928, copy in folder 0318-02, AMA.
(86) Katherine Moore to AMA, August 27, 1931, folder 0318-02, AMA.
(87) Copy of memorandum, J. W. Williams to C. B. Pinkham, M.D., March 2, 1940, folder 0317-01, AMA.
(88) Ibid.
(89) Levin, "Superfluous Hair," 190–91 を参照のこと。当局の非難に対する顧客側の抵抗については、H. L. J. Marshall to AMA, May 30, 1928, folder 0318-02, AMA を参照のこと。X線によるムダ毛の処置に関して医学的なアドバイスを求め、有害だという非難の言葉を聞いたのに躊躇なくそれを拒絶した女性もいたことは注目に値する。他の人たちは、X線への過剰曝露の潜在的な危険性についてすでに情報をじゅうぶん得ていたが、X線脱毛を提供する側により、この技術の性質について明らかに誤った情報を伝えられていた。たとえば、G. V. Stryker, M.D., in "The Tricho System Again," *Journal of the American Medical Association*, March 16, 1929, 919;Mary Mulholland to AMA, June 24, 1930, folder 0318-02, AMA で報告されている例を参照のこと。
(90) 第二次大戦後の優生学の言説の変化については、Robert Proctorが論じている。*Racial Hygiene: Medicine under the Nazis* (Cambridge, MA: Harvard University Press, 1989), 303–8 を参照のこと。
(91) Anja Hiddinga, "X-ray Technology in Obstetrics: Measuring Pelves at the Yale School of Medicine," in *Medical Innovations in Historical Perspective*, ed. John Pickstone (New York: St. Martin's, 1992), 143; M. Susan Lindee, *Suffering Made Real: American Science and the Survivors at Hiroshima* (Chicago: University of Chicago Press, 1994); Daniel Paul Serwer, "The Rise of Radiation Protection: Science, Medicine, and Technology in Society, 1896–1935," Ph.D. diss., Princeton University, 1976; and Gilbert F. Whittemore, "The National Committee on Radiation Protection, 1928– 1960: From Professional Guidelines to Government Regulation," Ph.D. diss., Harvard University, 1986.
(92) N. H. Franz to AMA, December 19, 1931, folder 0316-06, AMA.
(93) 技術を供与する法律の改正については、次の書簡類を参照のこと。C. B. Pinkham, M.D., to Max C. Starkhoff, April 3, 1928, folder 0318-02, AMA; C. B. Pinkham to A. J. Cramp, January 22, 1929, folder 0318-02, AMA.。X線を用いる機器の流通については、A. J. Cramp to Dr. Howard Fox, November 15, 1929, folder 0318-02, AMA; Rollins H. Stevens to Dr. Arthur Cramp, November 8, 1929, folder 0318-02, AMA を参照のこと。
(94) Better Business Bureau of Rochester to A. J. Cramp, May 15, 1930, folder 0318-02, AMA; Howard Fox to Dr. Arthur J. Cramp, November 13, 1929, folder 0318-02, AMA; Catherine Caufield, *Multiple Exposures: Chronicles of the Radiation Age* (New York: Harper & Row, 1989) [邦訳＝キャサリン・コーフィールド『被曝の世紀：放射線の時代に起こったこと』友清裕昭訳、朝日新聞社、1990年].
(95) たとえば、1930年のTricho Sales Corporationの崩壊は、ニューヨーク在住の

Practice, March 1924, 956, reprint in folder 0317-01, AMA.

(75) "Beauty Is Your Heritage."

(76) "Permanent Freedom from Unwanted Hair," folder 0317-02, AMA.

(77) Herman Goodman, "Correspondence," *Journal of the American Medical Association*, May 9, 1925, 1443; S. Dana Hubbard [City of New York Department of Public Health] to A. J. Cramp, January 8, 1929, folder 0318-02, AMA; Dale Brown [Cleveland Better Business Bureau] to A. J. Cramp, July 29, 1930, folder 0314-03; AMA.。X線脱毛サロンが顧客の人種的・民族的バックグラウンドの統計データを記録していたとしても、それが顧客本人の意識と一致しているとは限らないし、21世紀の人種的・民族的な分類と一致するものでもない。

(78) 男性のなかには、こういう——明らかに女性をターゲットに売り込まれている——脱毛法を利用していると、「女々しく」なるのではないかと心配する人もいた。Arthur Nelson to AMA, ca. July 20, 1934, folder 0317- 01, AMA などを参照のこと。

(79) Edward Oliver, "Dermatitis Due to 'Tricho Method,'" *Archives of Dermatology and Syphilology* 25 (1932): 948; D. E. Cleveland, "The Removal of Superfluous Hair by X-Rays," *Canadian Medical Association Journal* 59 (1948): 375.

(80) B. O. Hallingからの内部メモ、October 22, 1925, folder 0318-01, AMA; Mary Mulholland to AMA, May 20, 1930, AMA, folder 0318-02; Mrs. B. Tellef to AMA, August 6, 1926, folder 0318-01, AMA.。40回以上の施術を受けた女性が大勢いた。なかには、5年間で４００回という人もいた。Dorothy R. Kirk to Arthur Cramp, December 14, 1928, folder 0315-14, AMA.を参照のこと。

(81) 1947年のある調査によれば、X線脱毛のサロンを訪れたアメリカ人は、Tricho Sales Corporation 1社だけでも何千人もいるという(A. C. Cipollaro and M. B. Einhorn, "Use of X-Rays for Treatment of Hypertrichosis Is Dangerous," *Journal of the American Medical Association*, October 11, 1947, 350)。Tricho社は、彼らの脱毛法は「X線の発見が一般に広く知られるずっと前から、何千人もの女性に」利用されてきたと誇らしげに宣伝し、X線脱毛の利用者数をさらに不確実なものにした（たとえば、"The Tricho System," advertisement for George Hoppman's salon, Chicago, folder 0318-01, AMA を参照のこと）。Tricho社の他にも同様の企業は10社ほど存在していたので、X線脱毛を利用していたアメリカ人は何万人もいたと推測される。X線脱毛の需要については、Lewis Herber [Murray Bookchin], *Our Synthetic Environment* (New York: Knopf, 1962), 166–67 も参照のこと。

(82) Donna Haraway, "Teddy Bear Patriarchy: Taxidermy in the Garden of Eden, New York City, 1908–1936," in *Primate Visions: Gender, Race, and Nature in the World of Modern Science* (New York, 1989), 26–58 も参照のこと。

(83) Mary F. Amerise to AMA, May 18, 1925, folder 0314-03, AMA.

(84) Anne Steiman to AMA, September 5, 1933, folder 0317-01, AMA.

(63) Carl Beck, *Röntgen Ray Diagnosi s and Therapy* (New York, 1904), 377.

(64) William Allen Pusey and Eugene Wilson Caldwell, Röntgen Rays in Therapeutics and Diagnosis (Philadelphia, 1904), 360–61.。20世紀初頭の20年間において、職業医師が、美容目的の専門家やその業務を排除したことについては、Beth Haiken, "Plastic Surgery and American Beauty at 1921," *Bulletin of the History of Medicine* 68 (1994): 429–53 を参照のこと。

(65) 1918年には医療専門者の大半はX線脱毛との関与を否定していたが、その動きは均一なものでなければ、全員がそろってそうしていたわけでもないということは指摘しておきたい。1927年でもまだ、シカゴの内科医ふたりが鼻の下やあごが毛深くて悩む少女に脱毛目的でX線を照射した記録がある（Mrs. P. G. Range to A. J. Cramp, 23 October 1927, folder 0314-03, AMA）。その3年後、まだX線脱毛を実践している同僚がいる、と医師のH. H. Hazenは報告している（H. H. Hazen, "Injuries Resulting in Irradiation in Beauty Shops," American Journal of Roentgenology and Radium Therapy 23 [1930]: 411）。1960年代でもまだ、X線脱毛を医学的に利用していたことを示す証拠がある。Howard T. Behrman, "Diagnosis and Management of Hirsutism," *Journal of the American Medical Association*, April 23, 1960, 126 を参照のこと。

(66) たとえば、"With the Advancement of Science Comes the Modern Way to Remove Superfluous Hair Permanently: TRICHO SYSTEM," advertisement for Tricho salon, Boston, folder 0317-17, AMA を参照のこと。

(67) "Permanent Freedom from Unwanted Hair," advertisement for the Virginia Laboratories, AMA folder 0317-01. ボルチモアのヴァージニア・ラボラトリーズは「マートン・メソッド」を採用し、マートンの文章と図解を広告の多くに用いた。

(68) X線の「奇妙な力」については、"Gone for Good."を参照のこと。

(69) Ibid.

(70) "Be Your True Self: We Will Tell You How," advertisement for Frances A. Post, Inc., Cleveland, folder 0317-01, AMA.

(71) "Beauty Is Your Heritage," advertisement for Marveau Laboratories, Chicago, folder 0317-02, AMA; "With the Advancement of Science"; Albert C. Geyser, M.D., "Facts and Fallacies about the Removal of Superfluous Hair," folder 0317-17, AMA; "Loveliness for the Most Discriminating Women," advertisement for Hair-X Salon, Philadelphia, folder 0317-02, AMA.

(72) H. Gellert [Secretary of Hamomar Institute] to "Madam," 1933, folder 0317-01, AMA.

(73) Copy of letter, Miss H. Stearn to National Institute of Health, July 5, 1933, folder 0317-01, AMA; "BEAUTY: Woman's Most Precious Gift" [advertisement for the Dermic Laboratories, San Francisco and Los Angeles], folder 0317-02, AMA.

(74) M. J. Rush, "Hypertrichosis: The Marton Method, a Triumph of Chemistry," *Medical*

Philadelphia, folder 0317-02, AMA.

(49) "A Flawless Skin," *Boston Post*, November 15, 1928, copy in folder 0318-02, AMA.

(50) "Gone for Good."

(51) Lois Banner, *American Beauty* (Chicago: University of Chicago Press, 1983), 205.

(52) X線を発見したとのレントゲンの報告直後の一般の反応については、Nancy Knight, "The New Light: X-Rays and Medical Futurism," in *Imagining Tomorrow: History, Technology, and the American Future*, ed. Joseph J. Corn (Cambridge, MA: MIT Press, 1986); Ronald L. Eisenberg, *Radiology: An Illustrated History* (St. Louis: Mosby-Year Book, 1992); E. R. N. Grigg, *The Trail of the Invisible Light* (Springfield, IL: Thomas, 1965); Ruth Brecher and Edward Brecher, *The Rays: A History of Radiology in the United States and Canada* (Baltimore, MD: Williams and Wilkins, 1969) を参照のこと。

(53) John Daniel, "The X-rays," *Science*, April 10, 1896, 562–63.

(54) Brecher and Brecher, *Rays*, 81, 82.

(55) Eduard Schiff and Leopold Freund, "Beiträge zur Radiotherapie," *Weiner Medicinische Wochenschrift*, May 28, 1898, 1058–61.

(56) Neville Wood, "Depilation by Roentgen Rays," *Lancet*, January 27, 1900, 231; T. Sjögren and E. Sederholm, "Beiträg zur therapeutischen Verwertung der Räntgenstrahlen," *Fortschritte auf dem Gebiete der Röntgenstrahlen* 4 (1901): 145–70; Edith R. Meek, "A Variety of Skin Lesions Treated by X-ray," *Boston Medical and Surgical Journal*, August 7, 1902, 152–53.

(57) Mihran Krikor Kassabian, *Röntgen Rays and Electro-therapeutics* (Philadelphia: Lippincott, 1910), 80.

(58) V. E. A. Pullin and W. J. Wiltshire, *X-Rays Past and Present* (London, 1927), 173–74.

(59) Brecher and Brecher, Rays, chap. 7.

(60) X線に「殉じた人たち」については、Rebecca M. Herzig, *Suffering for Science: Reason and Sacrifice in Modern America* (New Brunswick, NJ: Rutgers University Press, 2005), chap. 5 を参照のこと。

(61) Paul Starr, *The Social Transformation of American Medicine* (New York: Basic Books, 1982); Joel Howell, *Technology in the Hospital* (Baltimore, MD: Johns Hopkins University Press, 1995); Stanley Joel Reiser, *Medicine and the Reign of Technology* (New York: Cambridge University Press, 1978)［邦訳＝スタンリー・J・ライザー『診断術の歴史：医療とテクノロジー支配』春日倫子訳、平凡社、1995年］; Bettyann Holtzmann Kevles, *Naked to the Bone: Medical Imaging in the Twentieth Century* (New Brunswick, NJ: Rutgers University Press, 1997); Lisa Cartwright, *Screening the Body: Tracing Medicine's Visual Culture* (Minneapolis: University of Minnesota Press, 1995), esp. chap. 5.

(62) George M. MacKee, "Hypertrichosis and the X-ray," *Journal of Cutaneous Diseases including Syphilis* 35 (1917): 177.

(36) Brand, "Hypertrichosis," 708; Young, "Hypertrichosis," 218–19.

(37) 歴史家はたいてい、技術が拡散したのは「有用性」によるという説明（ある技術が成功するのは単に、それが他よりもうまく機能するという考え方）には抵抗するものだが、X線脱毛の有効性は20世紀初頭には広く認められていた。AMA to Mrs. P. G. Range, October 28, 1927, folder 0314-03, AMA; AMA to Mr. A. E. Backman, May 29, 1930, folder 0314-03, AMA を参照のこと。

(38) Mary Mulholland to AMA, May 20, 1930, folder 0318-02, AMA.。トリコ・マシンのこの描写を読んで、シュー・フィッティングのためのX線透視装置を思い出す読者もいるだろう。北米やヨーロッパの靴屋に20世紀なかばころに据え置かれていたものだ。"Shoe-Fitting Fluoroscopes," *Journal of the American Medical Association*, April 9, 1949, 1004-5; H. Kopp, "Radiation Damage Caused by Shoe-Fitting Fluoroscope," *British Medical Journal* 2 (1957): 1344-45; Jacalyn Duffin and Charles R. R. Hayter, "Baring the Sole: The Rise and Fall of the Shoe-Fitting Fluroscope," *Isis* 91 (2000): 260–82 を参照のこと。

(39) Geyser, "Facts and Fallacies about the Removal of Superfluous Hair," folder 0317-17, AMA.

(40) Mary P. Searles to AMA, October 16, 1925, folder 0318-01, AMA.

(41) Nellie M. Moore to AMA, October 10, 1951, folder 0317-12, AMA.

(42) Mrs. Jennie Stedman Farrell to AMA, September 25, 1925, folder 0318-01, AMA; C. A. Harper, M.D., to A. J. Cramp, June 10, 1927, folder 0318-01, AMA.

(43) Mrs. Jennie Stedman Farrell to AMA, September 25, 1925, folder 0318-01, AMA.

(44) たとえば、Lucille M. Naess to AMA, November 14, 1949, folder 0314- 05, AMA, and the reply from the AMA (November 18, 1949) を参照のこと。

(45) X線脱毛を受けた12人を調べたカナダ人医師ふたりによる1989年の研究によれば、サロンで施術をおこなっていた人自身がX線でのがん治療を以前に受けていたという。質問を受けた12人は、彼女が「母親を思わせるような看護婦」だったと答え、彼女が起訴されるのを恐れて、その名前を医師たちには明かさなかった。Irving B. Rosen and Paul G. Walfish, "Sequelae of Radiation Facial Epilation (North American Hiroshima Maiden Syndrome)," *Surgery* 106 (December 1989): 947 を参照のこと。また、"Memo to Mr. Cantor concerning Visit to Keat, Inc.," December 4, 1947, file marked "Superfluous Hair Removal (Keat)," collection of Mr. Bob McCoy, Museum of Questionable Medical Devices, Minneapolis, Minnesota についても参照のこと。

(46) "Gone for Good," advertisement for Rudolph Tricho Institute, Detroit, folder 0318-01, AMA.

(47) "Tricho Method of Removing Superfluous Hair," advertisement for Mrs. L. P. Williams's Tricho salons, Connecticut and Massachusetts, folder 0318-01, AMA などを参照のこと。

(48) "Loveliness for the Most Discriminating Women," advertisement for Hair- X Salon,

40.

(23) Alfred F. Niemoeller, *Superfluous Hair and Its Removal* (New York: Harvest House, 1938), 13.

(24) Advertisement for the Velvet Mitten Company, Los Angeles, folder 0317-01, AMA; Geyser, "Truth and Fallacy concerning the Roentgen Ray in Hypertrichosis," *Scientific Therapy and Practical Research* (March 1926), reprint in folder 0317-17, AMA.

(25) Geyser, "Truth and Fallacy."

(26) M. C. Phillips, *Skin Deep: The Truth about Beauty Aids—Safe and Harmful* (New York: Vanguard, 1934), 91. チオグリコール酸カルシウムを用いた脱毛剤による、深刻な潰瘍形成に関する最近の報告は、Alexander A. Fisher, "Unique Reactions of Scrotal Skin to Topical Agents," *Cutis* 44 (December 1989): 445 を参照のこと。

(27) Miss M.C. to *Chicago Tribune* (undated, circa November 1915), AMA Folder 0315-08.

(28) コレムルについては、*Journal of the American Medical Association*, July 30, 1932, 407; A. J. Cramp, *Nostrums and Quackery and Pseudo-Medicine*, vol. 3 (Chicago, 1936), 35; and Gwen Kay, *Dying to Be Beautiful: The Fight for Safe Cosmetics* (Columbus: Ohio State University Press, 2005) を参照のこと。コレムルは「広く宣伝されており、載っているのはどれも高級雑誌ばかりだ」と1931年に記されている。さらには、「周辺の都市にあるさまざまなデパートで尋ねてみると、間違いなく一般に利用されている。苦情はただの一件もなかった。あるのは称賛の言葉ばかりだった。それどころか……あるデパートでは、地元の医師が買いに来たという話まであった」。N. H. Franz to AMA, December 19, 1931, folder 0316-06, AMA を参照のこと。

(29) Niemoeller, *Superfluous Hair*, 48.内の引用より。

(30) Young, "Hypertrichosis," 217; Niemoeller, *Superfluous Hair*, 91; Trotter, "Hair Growth and Shaving," *Anatomical Record* 37 (1928): 373–79.

(31) Ernst Ludwig Franz Kroymayer, *The Cosmetic Treatment of Skin Complaints* (London: Oxford University Press, 1930), 69; Ernest L. McEwen, "The Problem of Hypertrichosis," *Journal of Cutaneous Diseases including Syphilis* 35 (1917): 832.

(32) Rebecca Herzig, "Subjected to the Current: Batteries, Bodies, and the Early History of Electrification in the United States," *Journal of Social History* (Summer 2008): 867–85.

(33) 技術的な改良が加えられると、電気分解の原理を応用した脱毛は家庭でも可能となった。Niemoeller, *Superfluous Hair*, chap. 21 を参照のこと。

(34) Adolph Brand, "Hypertrichosis," *New York Medical Journal* 97 (1913): 708. Also see S. Sorenson, "Practical Removal of Hairs, Moles, etc., by Electrolysis," *Medical News*, September 30, 1893, 371.

(35) L. Brocq, "One Hundred and Ten Patients Suffering with Hypertrichosis Treated by Electrolysis," *Annales de Dermatologie et de Syphilologie* 8 (1897), cited in "Selections," Journal of Cutaneous and Genito-Urinary Diseases 16 (1898): 198.

(*Fashion and Eroticism: Ideals of Feminine Beauty from the Victorian Era to the Jazz Age* [New York: Oxford University Press, 1985], 5).「内部」あるいは外部の要因で説明されようとも、アメリカ人のあいだでよしとされる服装様式は間違いなく、体毛に関する意識を変化させた。

(14) T. S. Eliot, "The Love Song of J. Alfred Prufrock," *Complete Poems and Plays, 1909–1950* (New York: Harcourt, Brace, 1952).。さらなる論考については、William Ian Miller, *The Anatomy of Disgust* (Cambridge, MA: Harvard University Press, 1997), 56 を参照のこと。

(15) Kathleen Endres and Therese Lueck, eds., *Women's Periodicals in the United States: Consumer Magazines* (Westport, CT: Greenwood, 1995); Bonnie Fox, "Selling the Mechanized Household: 70 Years of Ads in *Ladies Home Journal*," *Gender and Society* 4 (1990): 25–40.

(16) Hope, "Caucasian Female Body Hair," 94; G. Bruce Retallack, "Razors, Shaving, and Gender Construction: An Inquiry into the Material Culture of Shaving," *Material History Review* 49 (Spring 1999): 8; Ellen van Oost, "Materialized Gender: How Shavers Configure the Users' Femininity and Masculinity," in *How Users Matter: The Co-Construction of Users and Technologies*, ed. Nelly Oudshoorn and Trevor Pinch (Cambridge, MA: MIT Press, 2003), 200. Readexのデータベースでアフリカ系アメリカ人やラテン系アメリカ人向けの新聞を調べてみても、脱毛の広告について同じように増加したという結果は見られなかった。

(17) *McClure's Magazine*, March/April 1920, 90; *McClure's Magazine*, May 1920, 60; *McClure's Magazine*, June 1920, 2.

(18) Flyer stamped October 2, 1912, AMA Folder 0315-08.

(19) たとえば、Delmar Emil Bordeaux, *Cosmetic Electrolysis and the Removal of Superfluous Hair* (Rockford, IL: Bellevue, 1942); Anna Hazelton Delavan, "Superfluous Hair," *Good Housekeeping*, March 1925, 96; Joseph Rohrer, *Rohrer's Illustrated Book on Scientific Modern Beauty Culture* (New York: Rohrer's Institute of Beauty Culture, 1924), 46 を参照のこと。

(20) 抑制と自由の綱引きは、あらたに出現した、痩せていることの規範においても見られる。Peter N. Stearns, *Fat History: Bodies and Beauty in the Modern West* (New York: New York University Press, 1997), 54.を参照のこと。

(21) Peter N. Stearns, *Battleground of Desire: The Struggle for Self-Control in Modern America* (New York: New York University Press, 1999), 99–100; Hope, "Caucasian Female Body Hair," 93–99; Susan Brownmiller, *Femininity* (New York: Simon & Schuster, 1984), 142–48［邦訳＝スーザン・ブラウンミラー『女らしさ』幾島幸子、青島淳子訳、勁草書房、1998年］; Christy Callahan, "Body Hair Removal in the United States from a Social Historical Perspective," *Oakland Review* 23 (1996): 74–83; Lears, "American Advertising," 47–66.

(22) Knight Dunlap, *Personal Beauty and Racial Betterment* (St. Louis, MO: Mosby, 1920),

Journal of the History of Sexuality 4:1 (July 1993): 51–75; Elizabeth Lunbeck, "'A New Generation of Women': Progressive Psychiatrists and the Hypersexual Female," *Feminist Studies* 13 (1987): 535–36; George Chauncey, "From Sexual Inversion to Homosexuality: Medicine and the Changing Conceptualization of Female Deviance," in *Passion and Power: Sexuality in History*, ed. Kathy Peiss and Christina Simmons (Philadelphia: Temple University Press, 1989), 87–117.

(10) Vincent Vinikas, *Soft Soap, Hard Sell: American Hygiene in an Age of Advertisement* (Ames: Iowa State University Press, 1992), 45–77; Eve Weinbaum, Priti Ramamurthy, Lynn M. Thomas, Uta G. Poiger, Madeline Yue Dong, and Tani E. Barlow, *The Modern Girl around the World: Consumption, Modernity, and Globalization* (Durham, NC: Duke University Press, 2009).

(11) "どっちつかず in-betweenness" については、David R. Roediger, *Working toward Whiteness: How America's Immigrants Became White* (New York: Basic Books, 2006), chapter 3. また、T. J. Jackson Lears, "American Advertising and the Reconstruction of the Body, 1880–1930," in *Fitness in American Culture: Images of Health, Sport, and the Body, 1830–1940*, ed. Kathryn Grover (Amherst: University of Massachusetts Press, 1989), 56; Nancy Tomes, *The Gospel of Germs: Men, Women, and the Microbe in American Life* (Cambridge, MA: Harvard University Press, 1998); Lara Friedenfelds, *The Modern Period: Menstruation in Twentieth-Century America* (Baltimore, MD: Johns Hopkins University Press, 2009); Vinikas, *Soft Soap, Hard Sell*, 79–117 を参照のこと。

(12) Joan Jacobs Brumberg, *The Body Project: An Intimate History of American Girls* (New York: Random House, 1997), 98; Doreen Yarwood, *Fashion in the Western World, 1500–1990* (London: Batsford, 1992); Valerie Mendes and Amy De La Haye, *20th-Century Fashion* (London: Thames & Hudson, 1999); Jacqueline Herald, *Fashions of a Decade: The 1920s* (New York: Facts on File, 1991); Kirsten Hansen, "Hair or Bare? The History of American Women and Hair Removal, 1914–1934," Senior Thesis in American Studies, Barnard College (April 2007); Christine Hope, "Caucasian Female Body Hair and American Culture," *Journal of American Culture* 5 (Spring 1982): 93–99.

(13) Edward Bok, cited in Lisa Belicka Kerönen, "'Girls Who Come to Pieces': Women, Cosmetics, and Advertising in the *Ladies' Home Journal*, 1900– 1920," in *Turning the Century: Essays in Media and Cultural Studies*, ed. Carol A. Stabile (Boulder, CO: Westview Press, 2000), 147.。Erin G. Carlston, "'A Finer Differentiation': Female Homosexuality and the American Medical Community, 1926–1940," in *Science and Homosexualities*, ed. Vernon A. Rosario (New York: Routledge, 1997), 178; Vinikas, *Soft Soap, Hard Sell* も参照のこと。衣服の歴史は「より深刻な」変質を示すものとして調査研究されがちだが、Valerie Steeleは、「ファッションの変化はそれ自体の内部に、とても徐々に、そして本筋からは脱線した形で、より広い文化における社会変化に影響される原動力が存在する」と論じている。

【第４章】

（１）Paul E. Bechet, "The Etiology and Treatment of Hypertrichosis," *New York Medical Journal*, August 16, 1913, 313.

（２）H. C. Baum, "The Etiology and Treatment of Superfluous Hair," *Journal of the American Medical Association* 54 (1912): 104.

（３）Herman Goodman, "The Problem of Excess Hair," *Hygeia* 8 (May 1930): 433; Maurice Costello, "How to Remove Superfluous Hair," *Hygeia* 18 (July 1940): 586; William J. Young, "Hypertrichosis and Its Treatment," *Kentucky Medical Journal* 18 (June 1920): 217; Oscar L. Levin, "Superfluous Hair," *Good Housekeeping*, September 1928, 106. 親身になってくれる医師や美容の専門家は毛深い女性が耐えている苦しみに着目していたが、体毛があるからといって、女性がメランコリーに陥ったり自殺したりするわけではない。ありあまるほどの体毛を「過剰」だとか許容範囲内とか思うのではなく、体つきを補う美しいものととらえていた女性も、少ないとはいえ、存在した。たとえば、Joseph Mitchell, "Profiles: Lady Olga," *New Yorker*, August 3, 1940, 20–28 を参照のこと。

（４）Mrs. H. J. Leek to *Journal of the AMA*, 19 February 19, 1937, folder 0318-06, American Medical Association Historical Health Fraud Collection, Chicago (以降、AMAとする).

（５）Miss J. Mamolite to AMA, February 17, 1943, folder 0318-06, AMA.

（６）Mrs. A. T. Hutto to *Hygeia*, January 15, 1932, folder 0317-16, AMA. また、Marie Fink to AMA, August 17, 1931, folder 0317-02, AMA; Mrs. B. Tellef to AMA, August 6, 1926, folder 0318-01, AMA; Mrs. Allen Stamper to Hygeia, November 4, 1929, folder 0317-03, AMA も参照のこと。

（７）Laura L. Behling, *The Masculine Woman in America, 1890–1935* (Urbana: University of Illinois Press, 2001); Martha Vicinus, "'They Wonder to Which Sex I Belong': The Historical Roots of Modern Lesbian Identity," in *The Lesbian and Gay Studies Reader,* ed. Henry Abelone, Mich.le Aina Barale, and David M. Halperin (New York: Routledge, 1993), 432–52; Carroll Smith-Rosenberg, *Disorderly Conduct: Visions of Gender in Victorian America* (New York: Oxford University Press, 1985); Rosalyn Terborg-Penn, "African American Women and the Woman Suffrage Movement," in *One Woman, One Vote: Rediscovering the Woman Suffrage Movement*, ed. Marjorie Spruill Wheeler (Troutdale, OR: New Sage, 1995), 135–55 を参照のこと。

（８）Herbert J. Claiborne, "Hypertrichosis in Women: Its Relation to Bisexuality (Hermaphroditism): With Remarks on Bisexuality in Animals, Especially Man," *New York Medical Journal*, June 13, 1914, 1183.

（９）John D'Emilio and Estelle B. Freedman, *Intimate Matters: A History of Sexuality in America* (New York: Harper & Row, 1988), 222–35; Christina Simmons, "African Americans and Sexual Victorianism in the Social Hygiene Movement, 1910–1940,"

(70) たとえば、von Krafft-Ebing, *Psychopathia Sexualis*, 333を参照のこと。

(71) Havelock Ellis, "Sexual Inversion in Women," *Alienist and Neurologist* 16:2 (April 1895): 153; Somerville, "Scientific Racism," 18.

(72) Ellis, *Studies*, 171.

(73) Husband and Gilmore-House, *Wild-Man*, 9–10.

(74) Julian Carter, "Normality, Whiteness, Authorship: Evolutionary Sexology and the Primitive Pervert," in *Science and Homosexualities*, ed. Vernon A. Rosario (New York: Routledge, 1997), 155; Somerville, "Scientific Racism," 31.

(75) "Medical Jurisprudence: A New Physiological Test of Insanity," *American Law Journal* 11:1 (July 1851): 21–22; "A New Physiological Test for Insanity," *Scientific American*, June 7, 1851.

(76) Knowles, "Hypertrichiasis," 403; Daniel H. Tuke, "How the Feelings Affect the Hair," *Popular Science Monthly*, December 1872, 158–61; idem, "Illustrations of the Influence of the Mind upon the Body in Health and Disease," *Journal of Mental Science* 18 (April 1872): 8–31. フィルヒョウについては、Nigel Rothfels, *Savages and Beasts: The Birth of the Modern Zoo* (Baltimore. MD: Johns Hopkins University Press, 2002), 99–100; Bruce Lincoln, *Theorizing Myth: Narrative, Ideology, and Scholarship* (Chicago: University of Chicago Press, 1999), 105–6, 252 n. 15を参照のこと。

(77) Benjamin Godfrey, *Diseases of Hair: A Popular Treatise upon the Affections of the Hair System* (Philadelphia: Lindsay and Blakiston, 1872), 31.

(78) "Diseases of the Hair [Hypertrichiasis and Mental Derangement]," *Annual of the Universal Medical Sciences*, ed. Charles E. Sajous, vol. 4 (Philadelphia: Davis, 1893), A-28.

(79) Havelock Ellis, *The Criminal*, 5th edition (New York: Scribner's, 1900[?]), 79–80. エリスはここで、*The Female Offender*, ed. W. Douglas Morrison (London: Fisher, 1895) におけるCesare LombrosoとWilliam Ferreroの結論を踏襲している。

(80) たとえば、Fissell, "Hairy Women," 43–75; Joan Cadden, *Meanings of Sexual Difference in the Middle Ages: Medicine, Science, and Culture* (Cambridge: Cambridge University Press, 1993), 203–4; Husband and Gilmore-House, *The Wild-Man*, 100–101を参照のこと。

(81) Bernarr Macfadden, *Hair Culture: Rational Methods for Growing the Hair and for Developing Its Strength and Beauty* (Bedford, MA: Applewood, 2000 [1922]), 158. See also Sharra L. Vostral, *Under Wraps: A History of Menstrual Hygiene Technology* (Lanham, MD: Lexington, 2008), chap. 3; Carroll Smith-Rosenberg, *Disorderly Conduct: Visions of Gender in Victorian America* (New York: Oxford University Press, 1986); Russett, *Sexual Science*; G. J. Barker-Benfield, *The Horrors of the Half-Known Life: Male Attitudes toward Women and Sexuality in 19 th- Century America* (New York: Routledge, 1999).

(82) George Henry Fox, "On the Permanent Removal of Hair by Electrolysis," *Medical Record* 15 (1879): 270.

(54) Lawrence K. McCafferty, "Hypertrichosis and Its Treatment," *New York Medical Journal*, December 5, 1923, 686.

(55) Ibid., 685.

(56) Adolph Brand, "Hypertrichosis," *New York Medical Journal*, April 5, 1913, 707.

(57) James C. White, "The Use of Electrolysis in the Treatment of Hirsuties," *Boston Medical and Surgical Journal*, May 5, 1881, 412.

(58) L. Brocq, "One Hundred and Ten Patients Suffering with Hypertrichosis Treated by Electrolysis," *Annales de Dermatologie et de Syphilologie* 8 (1897), cited in "Selections," *Journal of Cutaneous and Genito-Urinary Diseases* 16 (1898): 200.

(59) Johnson, "Facial Blemishes."

(60) McEwen, "Problem of Hypertrichosis," 830.

(61) Siobhan B. Somerville, "Scientific Racism and the Invention of the Homosexual Body," in *Queering the Color Line: Race and the Invention of Homosexuality in American Culture* (Durham, NC: Duke University Press, 2000), 25.

(62) Somerville, "Scientific Racism," 18; George Chauncey, "From Sexual Inversion to Homosexuality: Medicine and the Changing Conceptualization of Female Deviance," in *Passion and Power: Sexuality in History*, ed. Kathy Peiss and Christina Simmons (Philadelphia: Temple University Press, 1989 [1982]), 87–117; Erin G. Carlston, "'A Finer Differentiation': Female Homosexuality and the American Medical Community, 1926–1940," in *Science and Homosexualities*, ed. Vernon A. Rosario (New York: Routledge, 1997), 177–96; Vern L. Bullough, *Science in the Bedroom: A History of Sex Research* (New York: Basic Books, 1994); Chandak Sengoopta, "Glandular Politics: Experimental Biology, Clinical Medicine, and Homosexual Emancipation in Fin-de-Siècle Central Europe," *Isis* 89 (1998): 453.

(63) Richard von Krafft-Ebing, *Psychopathia Sexualis: With Especial Reference to the Antipathic Sexual Instinct* (New York: Rebman, 1922 [1886]), 42［邦訳＝リヒャルト・フォン・クラフト-エビング『クラフト=エビング變態性慾ノ心理』柳下毅一郎訳、原書房、2002年］.

(64) Ibid., 43.

(65) Ibid., 42. 彼らのこの確信に関する徹底的な分析は、Nancy Leys Stepan, "Race and Gender: The Role of Analogy in Science," *Isis* 77 (1986): 261–77.を参照のこと。

(66) Havelock Ellis, *Studies in the Psychology of Sex: Sexual Inversion* (Philadelphia: Davis, 1901 [1897]), 171.［邦訳＝ハヴロック・エリス『性の心理　Vol. 4　性対象倒錯』佐藤晴夫訳、未知谷、1995年］。体毛については他に、99, 92, 12, 266, 114, 231, 172 を参照のこと。

(67) Magnus Hirschfeld, *Die Homosexualität des Mannes und des Weibes*, 2nd edition (Berlin: Marcus, 1920), cited in Sengoopta, "Glandular Politics," 453.

(68) たとえば、von Krafft-Ebing, *Psychopathia Sexualis*, 43, 46 を参照のこと。

(69) von Krafft-Ebing, *Psychopathia Sexualis*, 332.

courses of Evolution, Imperialism, and Primitive Sexuality," in *Victorian Freaks: The Social Context of Freakery in Britain*, ed. Marlene Tromp (Columbus: Ohio State University Press, 2008), 134–53 を参照のこと。

(43) Frank Crozer Knowles, "Hypertrichiasis in Childhood: The So-Called 'Dog-Faced Boy,'" *Pennsylvania Medical Journal* 24 (March 1921): 403.

(44) ヴィクトリア朝時代の進化論者のなかで類人猿として描かれたのはダーウィンだけだ、とJanet Browneは記している。"Darwin in Caricature: A Study in the Popularisation and Dissemination of Evolution," *Proceedings of the American Philosophical Society* 145:4 (December 2001): 507 を参照のこと。

(45) "Our Hair," *Every Saturday: A Journal of Choice Reading*, May 10, 1873, 520, 521, 523.

(46) Darwin, *Variation of Animals*, 307.

(47) C. Krebs, "Case of Hypertrichosis (Homo Hirsutus)," trans. H. J. Garrigues, *Archives of Dermatology* 5 (1879 [1878]): 161–62.

(48) Henrietta P. Johnson, "Facial Blemishes," in *An International System of Electro-Therapeutics for Students, General Practitioners, and Specialists*, ed. Horatio Bigelow (Philadelphia: Davis, 1894), n.p.

(49) Carol Groneman, *Nymphomania* (New York: Norton, 2001); Jean-Charles Sournia, *A History of Alcoholism* (Oxford: Blackwell, 1990).

(50) Plymmon S. Hayes, *Electricity and the Method of Its Employment in Removing Superfluous Hair and Other Facial Blemishes* (Chicago: McIntosh Battery and Optical Co., 1894), 24.

(51) Ernest L. McEwen, "The Problem of Hypertrichosis," *Journal of Cutaneous Diseases including Syphilis* 35 (1917): 830. Knowles, "Hypertrichiasis," 403; Andrew J. Gilmour, "Hypertrichosis," *Journal of Cutaneous Diseases* 36 (April 1918): 255 も参照のこと。こういった医師の大半とは言わないまでも多くが、ユダヤ人やケルト人、ロシア人、イタリア人、そしてアングロサクソン人のあいだには「人種的な」違いがあると感じていたのは特記すべきことだろう。アメリカ合衆国における白さの歴史については、Noel Ignatiev, *How the Irish Became White* (New York: Routledge, 1995); Matthew Frye Jacobson, *Whiteness of a Different Color: European Immigrants and the Alchemy of Race* (Cambridge, MA: Harvard University Press, 1999); Karen Brodkin, *How Jews Became White Folks and What That Says about Race in America* (New Brunswick, NJ: Rutgers University Press, 1999); David R. Roediger, *Working toward Whiteness: How America's Immigrants Became White* (New York: Basic Books, 2006) を参照のこと。

(52) Charles E. Gibbs, "Sexual Behavior and Secondary Sexual Hair in Female Patients with Manic-Depressive Psychoses, and the Relation of These Factors to Dementia Praecox," *American Journal of Psychiatry*, July 4, 1924, 45.

(53) Hayes, Electricity, 32. See also Gibbs, "Sexual Behavior," 45 も参照のこと。

ence, and Women's Rights in Gilded Age America (Chicago: University of Chicago Press, 2014).

(38) J. Sokolov, "Julia Pastrana and Her Child," trans. M. Ralston, *The Lancet*, May 3, 1862, 467–69; "Mummies," *Littell's Living Age*, 469–71; "Death of the Bearded Lady," *Saturday Evening Post*, June 9, 1860, 7; Jan Bondeson, *A Cabinet of Medical Curiosities* (Ithaca, NY: Cornell University Press, 1997), 230–31［邦訳＝ヤン・ボンデソン『陳列棚のフリークス』松田和也訳、青土社、1998年］; Rebecca Stern, "Our Bear Women, Ourselves: Affiliating with Julia Pastrana," in *Victorian Freaks: The Social Context of Freakery in Britain*, ed. Marlene Tromp (Columbus: Ohio State University Press, 2008), 199–233; Rosemarie Garland-Thompson, "Narratives of Deviance and Delight Staring at Julia Pastrana, the 'Extraordinary Lady,' in *Beyond the Binary: Reconstructing Cultural Identity in a Multicultural Context*, ed. Tim Powell (New Brunswick, NJ: Rutgers University Press, 1990); Kimberly Hamlin, "'The Case of a Bearded Woman': Hypertrichosis and the Construction of Gender in the Age of Darwin," *American Quarterly* 63 (December 2011): 955–981 を参照のこと。特別に毛深いものをダーウィン以前にどう描写していたかについては、Mary E. Fissell, "Hairy Women and Naked Truths: Gender and the Politics of Knowledge in *Aristotle's Masterpiece*," *William and Mary Quarterly* 60:1 (January 2003): 43–75; Katharine Park and Lorraine J. Daston, "Unnatural Conceptions: The Study of Monsters in Sixteenth- and Seventeenth-Century France and England," *Past and Present* 92 (August 1981): 20–54; Timothy Husband and Gloria Gilmore-House, *The Wild-Man: Medieval Myth and Symbolism* (New York: Metropolitan Museum of Art, 1980), 100–101 を参照のこと。

(39) Pamphlet, "Account of Miss Pastrana the Nondescript and the Double- Bodied Boy," (London: E. Hancock, c. 1860), Harvard Theatre Collection, Houghton Library, Harvard University; emphasis in original. See also Christopher Hals Gylseth and Lars O. Toverud, *Julia Pastrana: The Tragic Story of the Victorian Ape Woman*, trans. Donald Tumasonis (Stroud, Gloucestershire, England: Sutton, 2003); Linda C. Edsell, *Female Hirsutism: An Enigma: Causes and Treatment of Excess Hair* (St. Louis, MO: Pulsar, 1984); Bondeson, "The Strange Story of Julia Pastrana," in *Cabinet*, 216–44.

(40) Charles Darwin, *The Variation of Animals and Plants under Domestication*, vol. 2 (New York: Appleton, 1900 [1868]), 311［邦訳＝チャールズ・ダーウィン『家畜・栽培植物の変異』永野為武、篠遠喜人訳、白楊社、1938年］; *Every Saturday: A Journal of Choice Reading*, July 8, 1871, 31; Bondeson, *Cabinet*, 223.

(41) *Every Saturday*, 31.

(42) たとえば、"Farnini's Wonder of Wonders: 'Krao,' a Living Specimen of Darwin's 'Missing Link.'" Postcard pencil dated September 22, 1884, Box 493, "Images—Freaks—Women," Harvard Theatre Collection, Houghton Library, Harvard University; A. H. Keane, "Krao: The 'Human Monkey,'" *Nature*, January 11, 1883, 245–46; Nadja Durbach, "The Missing Link and the Hairy Belle: Krao and the Victorian Dis-

(14) Cynthia Eagle Russettは、「ウォレスの背信を苦々しく、また寂しく思う」ダーウィンの様子について、*Sexual Science: The Victorian Construction of Womanhood* (Cambridge, MA: Harvard University Press, 1989), 87［邦訳＝シンシア・イーグル・ラセット『女性を捏造した男たち：ヴィクトリア時代の性差の科学』上野直子訳、工作舎、1994年］で記している。

(15) Alfred Russel Wallace, *Contributions to the Theory of Natural Selection: A Series of Essays*, 2nd edition (New York: Macmillan, 1871), 356.

(16) Ibid., 359.

(17) T. R. R. Stebbing, "Instinct and Reason," *Report and Transactions of the Devonshire Association for the Advancement of Science, Literature, and Art* 4:1 (1870): 155.

(18) Ibid., 155–56.

(19) Ibid., 155.

(20) Darwin, *Descent of Man*, 376, n. 19.

(21) Ibid., 360.

(22) Ibid., 370.

(23) Ibid., 371.

(24) Ibid., 384. この点については、Alys Eve Weinbaum, "Sexual Selection and the Birth of Psychoanalysis: Darwin, Freud, and the Universalization of *Wayward Reproduction*," in *Wayward Reproductions: Genealogies of Race and Nation in Transatlantic Modern Thought* (Durham, NC: Duke University Press, 2004), 145 を参照のこと。

(25) Darwin, *Descent of Man*, 377.

(26) Ibid., 380.

(27) Ibid., 383.ダーウィンはさらに、(特定されていない)「ごく初期のころ」、つまり人間が「洞察力や分別よりも本能的な情熱によって導かれている」時には、性選択のほうがずっと好都合だったと言及している。

(28) Richard Grant White, *The Fall of Man; or, The Loves of the Gorillas* (New York: Carleton, 1871).

(29) White, *The Fall of Man*, 29.

(30) Ibid., 29–30.

(31) Ibid., 33.

(32) Ibid.

(33) Ibid., 33–34.

(34) Ibid., 34–35.

(35) Ibid., 36.

(36) Ibid.

(37) Ronald L. Numbers, *Darwinism Comes to America* (Cambridge, MA: Harvard University Press, 1998); Paul F. Boller, *American Thought in Transition: The Impact of Evolutionary Naturalism* (Washington, DC: University Press of America, 1981); Milam, *Looking for a Few Good Males*; Kimberly Hamlin, *From Eve to Evolution: Darwin, Sci-*

アメリカの販売促進活動において急に盛んになる1890年代を何十年も先取りしていたと言える。Leach, *Land of Desire*, 104.を参照のこと。

(71) "National Tastes and Antipathies," *Workingman's Advocate*, October 16, 1830, 2.

(72) "Literary Notices," *Ladies' Magazine and Literary Gazette*, April 1833, 185.

(73) *The Toilette of Health, Beauty, and Fashion* (Boston: Allen and Ticknor, 1834), 52.

(74) Ure, *Dictionary of Arts*, 393.

(75) Samuel P. Hays, *The Response to Industrialization: 1885–1914* (Chicago: University of Chicago Press, 1957), 15; Laurel Thatcher Ulrich, *The Age of Homespun: Objects and Stories in the Creation of an American Myth* (New York: Knopf, 2001), 414.

【第３章】

(1) "Mummies," *Littell's Living Age*, December 6, 1862, 471.

(2) Charles Darwin, *The Descent of Man, and Selection in Relation to Sex* (Princeton, NJ: Princeton University Press, 1981 [1871]), 2–3［邦訳＝チャールズ・ダーウィン『人間の由来　上・下』長谷川眞理子訳、講談社、2016年］.

(3) Rebecca Stott, *Darwin's Ghosts: The Secret History of Evolution* (New York: Spiegel & Grau, 2012); Peter Bowler, *The Eclipse of Darwinism* (Baltimore, MD: Johns Hopkins University Press, 1983); Nancy Stepan, *The Idea of Race and Science: Great Britain, 1800–1960* (New York: Macmillan, 1982), 61–62; Bernard Grant Campbell, ed., *Sexual Selection and the Descent of Man, 1871–1971* (Chicago: Aldine, 1972).

(4) Darwin, *Descent of Man*, 340, 349, 348.

(5) George Catlin, *Letters and Notes on the Manners, Customs, and Conditions of the North American Indians* (New York: Dover, 1973 [1841-1842]; Benjamin Apthorp Gould, *Investigations in the Military and Anthropological Statistics of American Soldiers* (New York: Hurd and Houghton, 1869)。ダーウィンに与えたグールドの影響については、Lundy Braun, "Spirometry, Measurement, and Race in the Nineteenth Century," *Journal of the History of Medicine and Allied Sciences* 60:2 (April 2005): 158 を参照のこと。

(6) Darwin, *Descent of Man*, 361.

(7) Ibid., 375.

(8) Ibid., 376.

(9) Ibid., 375.

(10) Ibid., 376.

(11) Darwin to A. R. Wallace (March 16, 1871), in *The Life and Letters of Charles Darwin*, vol. 2 (New York: Appleton, 1888), 317.

(12) Darwin, *Descent of Man*, 338.

(13) Ibid., 384. 進化論における性選択についてさらに広く知りたい場合は、Erika Lorraine Milam, *Looking for a Few Good Males: Female Choice in Evolutionary Biology* (Baltimore, MD: Johns Hopkins University Press, 2010) を参照のこと。

1966) を参照のこと。

(64) Nah'nah Kulsūm, *Customs and Manners of the Women of Persia*, trans. James Atkinson (London: Cox, 1832), vi.

(65) Kulsūm, Customs, 17–18. 東洋学の研究者である〔ジェームズ・〕アトキンソンが有名な脱毛剤の所有権者と血縁関係があるのかどうか、私には判定できなかった。J. Ruhrach, "James Atkinson and His Medical Bibliography," *Annals of Medical History* 6 (1924): 200–221; H. Rolleston, "The Two James Atkinsons: James Atkinson of York (1759–1839), James Atkinson, the Persian Scholar (1780–1852)," *Annals of Medical History* 3rd ser., 3 (1941): 175–82 などを参照のこと。

(66) Richard Burton, *Arabian Nights*, vol. 4 (Lawrence, KS: Digireads.com, 2008), 255–56; Edward William Lane, *An Account of the Manners and Customs of the Modern Egyptians* (London: John Murray, 1860 [1836]), 343, 41［邦訳＝ウィリアム・レイン『エジプト風俗誌：古代と近代の奇妙な混淆』大場正史訳、桃源社、1977年］; Alexander Russell, *Natural History of Aleppo* (London: A. Millar, 1856), 86; Erasmus Wilson, *The Eastern, or Turkish Bath; Its History* (London: John Churchill, 1861).

(67) "On Bathing: No. 10, Vapour Bath," *The Casket: Consisting of Literary, Entertaining, and Instructive Tales, Original Essays, Delineations of Character . . .* , vol. 1 (London: Cowie and Strange, 1828) [reprinted from The Casket, September 22, 1827, 269].

(68) Ure, *Dictionary of Arts*, 393.

(69) Sarah Cheang, "Selling China: Class, Gender, and Orientalism at the Department Store," *Journal of Design History* 20:1 (2007): 2; Erika Rappaport, *Shopping for Pleasure: Women in the Making of London's West End* (Princeton, NJ: Princeton University Press, 2000), 21, 32; William Leach, *Land of Desire: Merchants, Power, and the Rise of a New American Culture* (New York: Pantheon, 1993).

(70) 19世紀の東洋学《オリエンタリズム》の研究者たちは、入植者と入植された側の接触において、女性の家庭内での習慣がいかに決定的な要因となったかを示している。脱毛習慣の変遷も、家庭と工場のあいだの「接触領域」という同じ観点で見ていいだろう。たとえば、Cheang, "Selling China," 3; Joanna de Groot, "'Sex' and 'Race': The Construction of Language and Image in the Nineteenth Century," in *Cultures of Empire: A Reader*, ed. Catherine Hall (New York: Routledge, 2000), 37–60; Reina Lewis, *Gendering Orientalism: Race, Femininity, and Representation* (London: Routledge, 1996); Ann Laura Stoler, *Carnal Knowledge and Imperial Power: Race and the Intimate in Colonial Rule* (Berkeley: University of California Press, 2002)［邦訳＝アン・ローラ・ストーラー『肉体の知識と帝国の権力：人種と植民地支配における親密なるもの』永渕康之、水谷智、吉田信訳］; Mary Louise Pratt, *Imperial Eyes: Travel Writing and Transculturation* (New York: Routledge, 1992); Anne McClintock, *Imperial Leather: Race, Gender, and Sexuality in the Colonial Contest* (New York: Routledge, 1995) を参照のこと。東洋風味の題材がこれらの製品に端的に現れているのは、「モスクや寺院、砂漠のオアシス」というイメージが、

(58) Jon Miller and David Muir, *The Business of Brands* (Chichester, England: Wiley, 2004), 4, xi; Naomi Klein, *No Logo: Taking Aim at the Brand Bullies* (New York: Picador, 1999), 6 [邦訳＝ナオミ・クライン『ブランドなんか、いらない：搾取で巨大化する大企業の非情』松島聖子訳、はまの出版、2001年]; "The Right to a Name: Peculiar Suit Begun by 'Dr.' Gouraud's Disinherited Son," *New York Times*, June 22, 1886; *New York Times*, July 4, 1853, 4; Isidor Neumann, *Handbook of Skin Diseases*, trans. Lucius D. Bulkley (New York: Appleton, 1872), 284; Banner, *American Beauty*, 44; "Right to a Name," *New York Times*. See also Edwards and Critten, *New York's Great Industries*, 180.

(59) Victoria Sherrow, *For Appearance' Sake: The Historical Encyclopedia of Good Looks, Beauty, and Grooming* (Phoenix, AZ: Oryx, 2001), 53; Peterkin, *One Thousand Beards*, 106; Banner, *American Beauty*, 44.

(60) Gérard de Nerval, *Journey to the Orient*, trans. N. Glass (London: M. Haag, 1984 [1851]) [邦訳＝ジェラール・ド・ネルヴァル『ネルヴァル全集２』渡辺一夫等監修、筑摩書房、1975年]; Edward W. Said, *Orientalism* (New York: Vintage,1979 [1978]), esp. 180–84 [邦訳＝エドワード・W・サイード『オリエンタリズム』今沢紀子訳、平凡社、1993年]; E. Littmann, ed., "The Legend of the Queen of Sheba," in *Bibliotheca Abessinica: Studies concerning the Languages, Literature, and History of Abyssinia* (Leyden: Brill, 1904), 32.。Jacob Lassnerはシバの女王にまつわる逸話がさまざまな言語でどのように語られているかを、*Demonizing the Queen of Sheba: Boundaries of Gender and Culture in Postbiblical Judaism and Medieval Islam* (Chicago: University of Chicago Press, 1993)で、たどった。シバの脱毛剤をどのように用いたかについては、同書の20ページを参照のこと。

(61) Sarah Berry, *Screen Style: Fashion and Femininity in 1930s Hollywood* (Minneapolis: University of Minnesota Press, 2000), 132. See also Aileen Ribeiro, *Facing Beauty: Painted Women and Cosmetic Art* (New Haven, CT: Yale University Press, 2011), 170.

(62) Jack Kelly, "Kill the Pirates," *Pittsburgh Post-Gazette*, April 12, 2009; Joshua E. London, *Victory in Tripoli: How America's War with the Barbary Pirates Established the U.S. Navy and Shaped a Nation* (Hoboken, NJ: Wiley, 2005); Richard Zacks, *The Pirate Coast: Thomas Jefferson, the First Marines, and the Secret Mission of 1805* (New York: Hyperion, 2005); Robert J. Allison, *The Crescent Obscured: The United States and the Muslim World, 1776–1815* (New York: Oxford University Press, 1995), xv, 17.

(63) ヨーロッパ人女性は、男性旅行者が入り込めないような「謎めいた」女性だけの空間に近づくことができた。結果として、ハーレムや浴場に対する興味はいささか異なる形をとることとなった。Shirley Foster, "Colonialism and Gender in the East: Representations of the Harem in the Writings of Women Travellers," *Yearbook of English Studies* 34 (2004): 6–17; Mary Roberts, *Intimate Outsiders: The Harem in Ottoman and Orientalist Art and Travel Literature* (Durham, NC: Duke University Press, 2007); M. S. Anderson, *The Eastern Question* (London: Macmillan,

(49) 特許医薬品の利用者が直面する同様の問題については、Fran Hawthorne, *Inside the FDA: The Business and Politics behind the Drugs We Take and the Food We Eat* (Hoboken, NJ: Wiley, 2005), 36［邦訳＝フラン・ホーソン『ＦＤＡの正体――米国食品医薬品局　レギュラトリー・サイエンスの政治学　上・下』栗原千絵子、斉尾武郎共監訳］を参照のこと。私は本文で、「消費者」ではなく「購入者」という語を用いた。初期の脱毛剤を求めた人たちの多くは、自分に品物を売った店員や薬剤師とはおそらく顔見知りだと思われるからだ。大量消費の特徴である複雑で匿名性の高い生産・流通システムはまだ揺籃期だった。この点については、Susan Strasser's discussion in *Waste and Want: A Social History of Trash* (New York: Metropolitan, 1999), 170–71 に影響を受けた。

(50) Tabitha Toilet, "Amusing," *Boston Weekly Magazine*, May 26, 1804, 122.

(51) "Useful Receipts," *Saturday Evening Post*, July 19, 1856, 4.

(52) "Superfluous Hair," *Lady's Book*, April 1831, 192; "Superfluous Hair," *Journal of Health*, January 12, 1831, 137.

(53) "Cosmetics and Cosmetic Survey," *Medical and Surgical Reporter*, February 5, 1870, 116.

(54) Gwen Kay, "Healthy Public Relations: The FDA's 1930s Legislative Campaign," *Bulletin of the History of Medicine* 75:3 (2001): 446–87; Gustavus A. Weber, *The Food, Drug, and Insecticide Administration: Its History, Activities, and Organization* (Baltimore, MD: Johns Hopkins University Press, 1928), esp. chap. 1; John P. Swann, "Food and Drug Administration," in *A Historical Guide to the U.S. Government*, ed. George Thomas Kurian (New York: Oxford University Press, 1998), 252; Hawthorne, *Inside the FDA*, 36; Philips J. Hilts, *Protecting America's Health: The FDA, Business, and One Hundred Years of Regulation* (New York: Knopf, 2003).

(55) Banner, *American Beauty*, 43; Deborah A. Sullivan, *Cosmetic Surgery: The Cutting Edge of Commercial Medicine in America* (New Brunswick, NJ: Rutgers University Press, 2001), 156; Kathleen Endres, "Introduction," in *Women's Periodicals in the United States: Consumer Magazines,* ed. Kathleen Endres and Therese Lueck (Westport, CT: Greenwood, 1995); Barbara Welter, "The Cult of True Womanhood, 1820–1860," in *The Underside of American History: Other Readings*, ed. Thomas R. Frazier (New York: Harcourt Brace Jovanovich, 1973).

(56) Advertisement, *New England Galaxy and United States Literary Advertiser*, August 1, 1831, 3; "Depilatory" [advertisement], *New England Galaxy and United States Literary Advertiser*, December 8, 1832, 4.

(57) [Richard] Edwards and [?] Critten, eds., *New York's Great Industries* (New York: Historical Publishing Company, 1885), 180; Hazel Elizabeth Putnam, *Bottled before 1865* (Los Angeles: Rapid Blue Print, 1968). 貨幣価値の換算は、1839年から2013年のあいだの物価変動率／消費者物価指数の上昇の割合に基づく。

前の特許品では「肌から頭髪や毛」を除去するため、「水、酸、あるいは他の物質」の代わりに蒸気の使用を保護していた)。南北戦争以前の化学技術については、Agnes Hannay, "A Chronicle of Industry on the Mill River," *Smith College Studies in History* 21:1–4 (October 1935–July 1936): 27–29; J. Leander Bishop, *A History of American Manufactures from 1608 to 1860* (Philadelphia: Young, 1868); Susan Banson, "Women and the Family Economy in the Early Republic: The Case of Elizabeth Meredith," *Journal of the Early Republic* 16:1 (Spring 1996): 47–71; Trevor Harvey Levere, *Transforming Matter: A History of Chemistry from Alchemy to the Buckball* (Baltimore. MD: Johns Hopkins University Press, 2001), chap. 4［邦訳＝T・H・ルヴィア『入門科学史』化学史学会監訳、内田正夫編、朝倉書店、2007年］; Brock, *Chemical Tree*, chap. 8; Ursula Klein, "Two Cultures of Organic Chemistry in the Nineteenth Century: A Structural Comparison," in *Experiments, Models, Paper Tools: Cultures of Organic Chemistry in the Nineteenth Century* (Stanford, CA: Stanford University Press, 2003) を参照のこと。

(43) Theodore Steinberg, *Nature Incorporated: Industrialization and the Waters of New England* (Cambridge: Cambridge University Press, 1991), esp. 211; Cronon, *Nature's Metropolis*, esp. 228; Palanisamy Thankikaivelan et al., "Recent Trends in Leather Making: Processes, Problems, and Pathways," *Critical Reviews in Environmental Science and Technology* 35 (2005): 37–79.

(44) Thomas Greene Fessenden, "Political Economy," *New England Farmer*, March 2, 1831, 257.

(45) 同様に、薬用や美容に効果のある化学物質の製造に関して専門知識を身につけた人は、それを農業や工業に転用することも可能だった。Joseph W. England, ed., *The First Century of the Philadelphia College of Pharmacy, 1821–1921* (Philadelphia: Philadelphia College of Pharmacy and Science, 1922), esp. 35 ff を参照のこと。

(46) G. W. Septimus Piesse, *The Art of Perfumery, and Method of Obtaining the Odors of Plants* (Philadelphia: Lindsay and Blakiston, 1857), 232–33.

(47) この時代は、皮鞣し工場で膨大な人数が働いていたにもかかわらず(南北戦争以前のニューヨーク州にあった皮鞣し工場1カ所だけでも、稼働していた20年間にのべ3万人以上を雇用していた。Bishop, *History of American Manufactures*, 681.を参照のこと)、苛性の脱毛剤が労働者に与える影響を懸念する動きは見つけられなかった。化学的な脱毛剤に関する1934年の論議では、皮鞣し職人は動物の皮から粗毛を取り除くのに用いる硫化物に触れるため、「しばしば皮膚に損傷を生じる」とある。M. C. Phillips, *Skin Deep: The Truth about Beauty Aids—Safe and Harmful* (New York: Vanguard, 1934), 93, 97, 99 を参照のこと。

(48) たとえば、Albert H. Stoneが申請した特許、"Depilatory, and process of making it" [No. 732,323], United States Patent Office (June 30, 1903) を参照のこと。

9を参照のこと。

(33) Advertisement, *New England Galaxy and United States Literary Advertiser*, August 1, 1831, 3.

(34) Banner, *American Beauty*, 40.

(35) Ishbel Ross, *Crusades and Crinolines: The Life and Times of Ellen Curtis Demorest and William Jennings Demorest* (New York: Harper & Row, 1963); Beverly Lowry, *Her Dream of Dreams: The Rise and Triumph of Madam C. J. Walker* (New York: Knopf, 2003); A'Lelia Bundles, *On Her Own Ground: The Life and Times of Madam C. J. Walker* (New York: Scribner, 2001); and Lindy Woodhead, *War Paint: Madame Helena Rubinstein and Miss Elizabeth Arden: Their Lives, Their Times, Their Rivalry* (Hoboken, NJ: Wiley, 2003)［邦訳＝リンディ・ウッドヘッド『ヘレナとエリザベス：世界の女性史を塗り替えた、二人の天才企業家の生涯　上・下』桃井緑美子訳、アーティストハウスパブリッシャーズ、2004年］を参照のこと。

(36) ヨーロッパではいささか事情が違ったようだが、理由は定かではない。1860年には、マダム・シャンタル（旧姓ビッシュ）として知られるパリ出身の女性実業家をめぐる法的問題が、アメリカの新聞で報じられている。彼女の名前を冠した評判の脱毛剤「Eau Indienne Chantal（オー・アンディアン・シャンタル）」には効果がないばかりか、「痛みを伴う傷や不快な発疹まで引き起こす」とされている。ビッシュは懲役6日の刑を言い渡された。"News Items," *Saturday Evening Post*, June 9, 1860, 7を参照のこと。

(37) Garrick E. Louis, "A Historical Context of Municipal Solid Waste Management in the United States," *Waste Management and Research* 22 (2004): 307.

(38) William Cronon, *Nature's Metropolis: Chicago and the Great West* (New York: Norton, 1991), 225; Siegfried Giedion, *Mechanization Takes Command: A Contribution to Anonymous History* (New York: Oxford University Press, 1948), 216–18［邦訳＝S・ギーディオン『機械化の文化史：ものいわぬものの歴史』榮久庵祥二訳、鹿島出版会、1978年］; Richard G. Arms, "From Disassembly to Assembly: Cincinnati; The Birthplace of Mass Production," *Bulletin of the Historical and Philosophical Society of Cincinnati* 17 (1959): 195–203.

(39) Edward Andrew Parnell, *Applied Chemistry: In Manufactures, Arts, and Domestic Economy* (New York: Appleton, 1844), 124.

(40) Siegfried Giedion, "Mechanization and Death: Meat," *Mechanization Takes Command* (New York: Norton, 1948), 209–46.

(41) Ure, *Dictionary of Arts*. ユアの影響については、R.J.F., "Ure's Dictionary of Arts," *Nature*, July 8, 1875, 182; Edwards, "Factory and Fantasy," 17–33; William H. Brock, *The Chemical Tree: A History of Chemistry* (New York: Norton, 2000), 272を参照のこと。

(42) アメリカではじめて、化学的な脱毛剤――炭酸カリウムと蒸気を結びつけたもの――に特許が与えられたのは、1841年5月15日だったようだ（それ以

1833, 676.

"Gouraud's Library of Romance," *Subterranean*, December 20, 1845; "Dr. F. Felix Gouraud's Poudres Subtiles for Eradicating Human Superfluous Hair," *New World*, June 11, 1842, 386 も参照のこと。

(24) Robert Bentley Todd, ed., *The Cyclopaedia of Anatomy and Physiology*, vol. 4 (London: Longman, Brown, Green, Longmans, & Roberts, 1835–59), 169.

(25) James Harvey Young, "Patent Medicines: An Early Example of Competitive Marketing," *Journal of Economic History* 20:4 (December 1960): 656.

(26) Ann Anderson, *Snake Oil, Hustlers, and Hambones: The American Medicine Show* (Jefferson: McFarland, 2000); James Harvey Young, *The Toadstool Millionaires: A Social History of Patent Medicines in America before Federal Regulation* (Princeton, NJ: Princeton University Press, 1961); S. Stander, "Transatlantic Trade in Pharmaceuticals during the Industrial Revolution," *Bulletin of the History of Medicine* 43:4 (July/August 1969): 326–43; Joseph W. England, ed., *The First Century of the Philadelphia College of Pharmacy* (Philadelphia: Philadelphia College of Pharmacy and Science, 1922); A. C. Cantley, "Some Facts about Making Patent Medicines," *Chautauquan* 27 (1898): 387–90.。「香水商」や「理髪師」といった表現やカテゴリー自体が融通の利くものだった。John Strachan, *Advertising and Satirical Culture in the Romantic Period* (Cambridge: Cambridge University Press, 2007), 204; Peiss, *Hope in a Jar*, 19–20 を参照のこと。

(27) Young, "Patent Medicines," 652.

(28) Cantley, "Some Facts," 388; Mary P. Ryan, *Mysteries of Sex: Tracing Women and Men through American History* (Chapel Hill: University of North Carolina Press, 2006), 83. を参照のこと。専門的な広告やビジネスの手法の台頭において、19世紀の専売薬品の業界が果たした役割については、Jackson Lears, *Fables of Abundance: A Cultural History of Advertising in America* (New York: Basic Books, 1994), esp. 88–99; Pamela Laird, *Advertising Progress: American Business and the Rise of Consumer Marketing* (Baltimore, MD: Johns Hopkins University Press, 1998) を参照のこと。

(29) Steve Edwards, "Factory and Fantasy in Andrew Ure," *Journal of Design History* 14:1 (2001): 20.

(30) Strachan, *Advertising*, 65; John Rudolphy, *Chemical and Pharmaceutical Directory of All the Chemicals and Preparations (Compound Drugs) Now in General Use in the Drug Trade* (Chicago: John Rudolphy, 1877), 30.

(31) Advertisement, *New England Galaxy and Masonic Magazine*, November 13, 1818, 17; Ryland W. Greene, *Lippincott's Medical Dictionary* (Philadelphia: Lippincott, 1906), 99.

(32) "Atkinson's Depilatory," *Liberator*, October 23, 1840, 171.。*Liberator*の定期購読者の約4分の3は黒人だった。C. Peter Ripley, *The Black Abolitionist Papers*. Vol. 3, *The United States, 1830–1846* (Chapel Hill: University of North Carolina Press, 1991),

The Moral Property of Women: A History of Birth Control Politics in America (Urbana: University of Illinois Press, 2002), 16; James C. Mohr, *Abortion in America: The Origins and Evolutions of National Policy, 1800–1900* (New York: Oxford University Press, 1978), 6–14; Williams, *Powder and Paint*, 44; Rebecca Laroche, *Medical Authority and Englishwomen's Herbal Texts, 1550–1650* (Burlington, VT: Ashgate, 2009).を参照のこと。

(19) たとえば、裁縫針を作る過程はイギリスで分化・専門化された（針一本を作るのに、最大で17人がそれぞれ簡単な作業を仕上げて次に回す）が、アメリカに入ってきてからオートメーション化された（作業のほとんどを自動で完了する機械に頼っていた）。Brooke Hindle and Steven Lubar, *Engines of Change: The American Industrial Revolution, 1790–1860* (Washington, DC: Smithsonian Institution Press, 1986), 153 を参照のこと。

(20) Walter Licht, *Industrializing America: The Nineteenth Century* (Baltimore, MD: Johns Hopkins University Press, 1995), 38［邦訳＝ウォルター・リクト『工業化とアメリカ社会：建国から成熟への一世紀』森杲訳、ミネルヴァ書房、2000年］; Hindle and Lubar, *Engines of Change*, 185; Philip Scranton, *Proprietary Capitalism: The Textile Manufacture at Philadelphia, 1800–1885* (Cambridge: Cambridge University Press, 1983); Michael Brewster Folsom and Steven D. Lubar, eds., *The Philosophy of Manufactures: Early Debates over Industrialization in the United States* (Cambridge, MA: MIT Press, 1982).

(21) Barbara Ehrenreich and Deirdre English, "Microbes and the Manufacture of Housework," *For Her Own Good: 150 Years of the Experts' Advice to Women* (Garden City, NY: Anchor Press/Doubleday, 1978); Ann Oakley, *Woman's Work: The Housewife Past and Present* (New York: Vintage, 1976)［邦訳＝アン・オークレー『主婦の誕生』岡島芽花訳、三省堂、1986年］; Eleanor Flexner, *Century of Struggle: The Women's Rights Movement in America* (New York: New Viewpoints, 1975); Ruth Schwartz Cowan, *More Work for Mother: The Ironies of Household Technology from the Open Hearth to the Microwave* (New York: Basic Books, 1983)［邦訳＝ルース・シュウォーツ・コーワン『お母さんは忙しくなるばかり――家事労働とテクノロジーの社会史』高橋雄造訳、法政大学出版局、2010年］.

(22) Elizabeth Mendall, "Singular Advertisement," *Philadelphia Repository and Weekly Register*, November 21, 1801, 2.

(23) Banner, *American Beauty*, 40; *The Museum of Foreign Literature, Science, and Art* [Philadelphia], April 1, 1823, 314–29; "Perfumery at Wholesale," *Workingman's Advocate*, August 4, 1832, 3; *Maine Farmer* [Augusta], November 7, 1844, 3. 宣伝文句を見ても、こういった製品の利用者は女性だと考えられていたのがわかる。男性のあごひげは「きらりと光る刃の攻撃に日々さらされなければ、取り除くのは困難で」、それを可能にするのは剃刀だけだとジャーナリストもお墨つきを与えていた。"Thoughts on Beards," *Blackwood's Edinburgh Review*, October

Pelling, "Appearance and Reality: Barber-Surgeons, the Body, and Disease," in A. L. Beier and Roger Finlay, eds., *London, 1500–1800: The Making of the Metropolis* (London: Longman, 1985), 82–112; Rebecca J. Tannenbaum, *The Healer's Calling: Women and Medicine in Early New England* (Ithaca, NY: Cornell University Press, 2002) を参照のこと。

（9） Edith Snook, "The Beautifying Part of Physic: Women's Cosmetic Practices in Early Modern England," *Journal of Women's History* 20:3 (Fall 2008): 12.を参照のこと。また、Peiss, *Hope in a Jar*, 15; Angeloglou, *A History of Make- Up*, 75–76; Banner, *American Beauty*, 42, 51; Neville Williams, *Powder and Paint: A History of the Englishwoman's Toilet, Elizabeth I–Elizabeth II* (London: Longmans, Green, 1957), 44 を参照のこと。

（10） Eucharius Rösslin, *The Birth of Mankind: Otherwise Named, The Woman's Book*, ed. Elaine Hobby (Surrey, England: Ashgate, 2009), 199.

（11） C. Henri Leonard, *The Hair: Its Growth, Care, Diseases, and Treatment* (Detroit: C. Henri Leonard, Medical Book Publisher, 1880), 106–7 の引用による。

（12） Bethel Solomons, "Disorders of the Hair and Their Treatment before the 18th Century," *British Journal of Dermatology* 78:2 (1966): 115.

（13） Johann Jacob Wecker, *Cosmeticks: or, The Beautifying Part of Physick* (London: Printed by Thomas Johnson, 1660), 70–77.

（14） Peterkin, *One Thousand Beards*, 106; Williams, *Powder and Paint*, 44.

（15） Peiss, *Hope in a Jar*, 13; Herbert C. Covey, *African American Slave Medicine: Herbal and Non-Herbal Treatments* (Lanham, MD: Lexington, 2007).

（16） この技能は哲学者のアンドリュー・ユアが認めている。*A Dictionary of Arts, Manufactures, and Mines; Containing a Clear Exposition of Their Principles and Practice* (New York: Appleton, 1847), 393 を参照のこと。

（17） 最近では2005年に、テレビの人気番組で紹介されていた自家製の脱毛剤を試そうとした49歳の女性が、豆乳とレモン、無水エタノールを混ぜたものをコンロにかけていて燃えたためにひどいけがを負ったという例を日本の内科医が報告している。Yasunori Yamamoto et al., "Burns in the Homemade Process of Depilatory Lotion Introduced by a Popular TV Program," *Nessho* 31:3 (2005): 169–74を参照のこと。

（18） Peiss, *Hope in a Jar*, 12–13; Covey, *African American Slave Medicine*; Sharla M. Fett, *Working Cures: Healing, Health, and Power on Southern Slave Plantations* (Chapel Hill: University of North Carolina Press, 2002), 63.
薬草の知識における性差については、Susan E. Klepp, "Lost, Hidden, Obstructed, and Repressed: Contraceptive and Abortive Technology in the Early Delaware Valley," in *Early American Technology*, 83–89; Edward Shorter, *A History of Women's Bodies* (New York: Basic Books, 1982), 179–83［邦訳＝エドワード・ショーター『女の体の歴史』池上千寿子、太田英樹訳、勁草書房、1992年］; Linda Gordon,

（2）顔が重んじられるのは、女性の体を衣服で覆うという習慣のおかげだ。「裸でいるのが流行り」となったら、「顔にちゃんと視線が向けられることなどないだろう」とLady Mary Worthy Montaguが言っている。*Letters from Egypt* (London: Virago, 1983 [1865]), 59 を参照のこと。

（3）Nell Irvin Painter, “The White Beauty Ideal as Science,” in *The History of White People* (New York: Norton, 2010), 67, 70［邦訳＝ネル・アーヴィン・ペインター『白人の歴史』越智道雄訳、東洋書林、2011年］; Melissa Percival, “Introduction,” in Melissa Percival and Graeme Tytler, eds., *Physiognomy in Profile: Lavater's Impact on European Culture* (Newark: University of Delaware Press, 2005), 20, 17; Lucy Hartley, *Physiognomy and the Meaning of Expression in Nineteenth-Century Culture* (Cambridge: Cambridge University Press, 2001); Graeme Tytler, *Physiognomy in the European Novel: Faces and Fortunes* (Princeton, NJ: Princeton University Press, 1982).

（4）たとえば、Jane Sharp, *The Midwives Book; or The Whole Art of Midwifery Discovered*, ed. Elaine Hobby (New York: Oxford University Press, 2009 [1671]), 287 を参照のこと。

（5）Ellen van Oost, “Materialized Gender: How Shavers Configure the Users' Femininity and Masculinity,” in *How Users Matter: The Co-Construction of Users and Technologies*, ed. Nelly Oudshoorn and Trevor Pinch (Cambridge, MA: MIT Press, 2003), 197.
ハーマン・メルヴィルは1855年の中編小説*Benito Cereno*［邦訳＝ハーマン・メルヴィル『書記バートルビー／漂流船』牧野有通訳、光文社古典新訳文庫、2015年］の中心的なひげ剃りのシーンで、奴隷を所有する白人と、のどを掻き切るかみそりの扱いに長けた黒人「従者」の複雑な関係を巧みに掘り下げて描いた。この小説が人種的起源をめぐる民族学的な論争に負っているものについては、Allan Moore Emery, “The Topicality of Depravity in ‘Benito Cereno,’” American Literature 55:3 (October 1983): 316–31 を参照のこと。

（6）“Transmission of Syphilis through Shaving,” *Medical and Surgical Reporter* 63:6 (August 1890): 166.

（7）理髪業の歴史については、Allan D. Peterkin, *One Thousand Beards: A Cultural History of Facial Hair* (Vancouver, Canada: Arsenal Pulp Press, 2001), 69–73 ; や、Banner, *American Beauty*, 36–37 を参照のこと。

（8）たとえば、“Barbers—Ancient and Modern,” *Saturday Evening Post*, February 1875, 4; Paul Starr, *The Social Transformation of American Medicine: The Rise of a Sovereign Profession and the Making of a Vast Industry* (New York: Basic Books, 1982), 37–38; Celeste Chamberland, “Honor, Brotherhood, and the Corporate Ethos of London's Barber-Surgeons' Company, 1570–1640,” *Journal of the History of Medicine and Allied Sciences* 64:3 (July 2009): 300–332; Mary Roth Walsh, *“Doctors Wanted: No Women Need Apply”: Sexual Barriers in the Medical Profession, 1835–1975* (New Haven, CT: Yale University Press, 1977); Lillian R. Furst, ed., *Women Healers and Physicians: Climbing a Long Hill* (Lexington: University Press of Kentucky, 1997); Margaret

caract.istique des races humaines d'apr.s des recherches microscopiques," *Mémoires, Societé* Anthropologique de Paris ser. 1, vol. 2 (1865): 1–35; M. Pruner-Bey, "Deuxi.me serie d'observations microscopiques sur la chevelure," *Mémoires, Société d'Anthropologie de Paris* ser. 1, vol. 3 (1868): 77–98; J. Denniker, "Essai d'un classification des races humaines, basee uniquement sur les caracteres physiques," *Bulletins, Societe d'Anthropologie de Paris*, ser. 3, vol. 12 (1889): 320–36 を参照のこと。人体測定に関する文献の概観については、Mildred Trotter, "A Review of the Classifications of Hair," *American Journal of Physical Anthropology* 24:1 (July–September 1938): 105–26 を参照のこと。

(59) Michael Pettit, "Joseph Jastrow, the Psychology of Deception, and the Racial Economy of Observation," *Journal of the History of the Behavioral Sciences* 43:2 (Spring 2007): 162; Evelynn M. Hammonds and Rebecca M. Herzig, *The Nature of Difference: Sciences of Race in the United States from Jefferson to Genomics* (Cambridge, MA: MIT Press, 2009) を参照のこと。

(60) Charles J. Still., *History of the United States Sanitary Commission; Being the General Report of Its Work during the War of the Rebellion* (Philadelphia: Lippincott, 1866), 460.

(61) Lundy Braun, "Spirometry, Measurement, and Race in the Nineteenth Century," *Journal of the History of Medicine and Allied Sciences* 60:2 (April 2005): 148. Haller, "Race, Mortality, and Life Insurance," *Journal of the History of Medicine and Allied Sciences* 25 (1970): 247–61 も参照のこと。

(62) Benjamin Apthorp Gould, *Investigations in the Military and Anthropological Statistics of American Soldiers* (New York: Hurd and Houghton, 1869), 568.
J. H. Baxter, *Statistics, Medical and Anthropological, of the Provost Marshal-General's Bureau, Derived from Records of the Examination for Military Service in the Armies of the United States during the Late War of the Rebellion, of over a Million Recruits, Drafted Men, Substitutes, and Enrolled Men*, 2 vols. (Washington, DC: Government Printing Office, 1875), 1:61や、Arthur Riss, *Race, Slavery, and Liberalism in Nineteenth-Century American Literature* (New York: Cambridge University Press, 2006), 102 も参照のこと。

(63) Gould, *Investigations*, 568.

(64) Ibid., 569.

(65) Baxter, *Statistics, Medical and Anthropological*, 1:61; Riss, *Race*, 102; Braun, "Spirometry," 148; Haller, "Race," 247–61 を参照のこと。

【第２章】

(１) Kathy Peiss, *Hope in a Jar: The Making of America's Beauty Culture* (New York: Metropolitan, 1998), 15; Maggie Angeloglou, *A History of Make-Up* (London: Macmillan, 1970), 75–76; Lois W. Banner, *American Beauty* (Chicago: University of Chicago Press, 1983), 42, 51.

Inquiry into the Distinctive Characteristics of the Aboriginal Race of America, 2nd edition (Philadelphia: Penington, 1844), 35から。南北戦争以前の民族学については、William Stanton, *The Leopard's Spots: Scientific Attitudes toward Race in America, 1815–1859* (Chicago: University of Chicago Press, 1960); Nancy Stepan, *The Idea of Race in Science: Great Britain, 1800–1900* (Hamden, CT: Archon, 1982); Gates, *The Concept of "Race"*; Alexandra Cornelius-Diallo, "'I Will Do a Deed for Freedom': Enslaved Women, Proslavery Theorists, and the Contested Discourse of Black Womanhood," in *Shout Out: Women of Color Respond to Violence*, ed. Mar.a Ochoa and Barbara K. Ige (Berkeley, CA: Seal Press, 2007), 281–97 を参照のこと。

(55) たとえば、"Scientific Items," *National Magazine; Devoted to Literature, Art, and Religion*, July 1854, 96; W. S. Forwood, "The Negro: A Distinct Species, No. 2," *Medical and Surgical Reporter* 11:2 (February 1858): 69–95; "Medical Jurisprudence: A New Physiological Test of Insanity," *American Law Journal* 11:1 (July 1851): 21; "The Heir [Hair] of the Bourbons Determined Physiologically," *Circular* 3:63 (April 29, 1854): 252; "Literature," *Literary World*, June 11, 1853, 471 を参照のこと。

(56) Peter A. Browne, *The Classification of Mankind, by the Hair and Wool of Their Heads, with the Nomenclature of Human Hybrids* (Philadelphia: Hart, 1852); Peter A. Browne, *Trichologia Mammalium; or, A Treatise on the Organization, Properties, and Uses of Hair and Wool* (Philadelphia: Jones, 1853). これらの研究はまた、1850年代の毛髪の科学捜査の誕生のきっかけにもなった。Marcelle Lambert and Victor Balthazard, *Le poil de l'homme et des animaux* (Paris: Steinheil, 1910); Gustav Fritsch, *Das Haupthaar und Seine Bildungsstätte Bei Den Rassen Des Menschen* (Berlin: Reimer, 1912–1915); John Glaister, M.D., *A Study of Hairs and Wools Belonging to the Mammalian Group of Animals, including a Special Study of Human Hair, Considered from the Medico-Legal Aspect* (Cairo. Egypt: Misr Press, 1931); K. Lee Lerner and Brenda Wilmoth Lerner, eds., *World of Forensic Science* (Detroit, MI: Thomson Gale, 2006) を参照のこと。

(57) "Lecture on Hair, Wool, and Sheep Breeding," *The Plough, the Loom, and the Anvil* 4:2 (August 1851): 88–93; "Lecture on Hair, Wool, and Sheep Breeding," *Southern Planter* 11:4 (April 1851): 1–6.

(58) Samuel George Morton, *Crania Americana; or, A Comparative View of the Skulls of Various Aboriginal Nations of North and South America, to Which Is Prefixed an Essay on the Varieties of the Human Species* (Philadelphia: Dobson, 1839), reprinted by Robert Bernasconi, ed. (Bristol, England: Thoemmes, 2002)を参照のこと。人種ごとに毛髪を計測・比較するのは、フランスの人類学では特にもてはやされた。たとえば、Paul Broca, *Atlas d'anatomie Descriptive du Corps Humain* (Paris: Masson, 1879), 37, cited in Robert V. Guthrie, *Even the Rat Was White: A Historical View of Psychology*, 2nd edition (Boston: Allyn and Bacon, 1998), 17; Paul Topinard, *Anthropology* (London: Chapman and Hall, 1894); M. Pruner-Bey, "De la chevelure comme

Renée L. Bergland, *The National Uncanny: Indian Ghosts and American Subjects* (Lebanon, NH: University Press of New England, 2000), 133–34 を参照のこと。

(43) "Letter from Eugene Bandel to Augusta Bandel and Julius Bandel, November 22, 1856," in Eugene Bandel, *Frontier Life in the Army, 1854–1861,* trans. Olga Bandel and Richard Jente, ed. Ralph P. Bieber (Glendale, CA: Clark, 1932), 94.

(44) Josephine Paterek, *Encyclopedia of American Indian Costume* (Denver: ABC-CLIO, 1994), 21, 231; Edwin Thompson Denig, *The Assiniboine*, edited by J. N. B. Hewitt (Norman: University of Oklahoma Press, 2000), 199.

(45) S. S. Haldeman, "Gleanings," *American Antiquarian* 1 (July 1878): 80. Victoria Sherrow, *Encyclopedia of Hair: A Cultural History* (Westport, CT: Greenwood, 2006), 180.

(46) McCausland, "Particulars," 230.

(47) Heckewelder, *History*, 205.

(48) "On the Stature, Form, Colour, &c. of Different Nations," *Boston Magazine*, January 1785, 15; Catlin, *Letters*, 227.

(49) インディアンの怠惰さは、インディアン政策の公式な協議においても繰り返し登場する話題だった。たとえば、インディアン管理局局長ウィリアム・メディル（Indian Affairs Commissioner William Medill）のAnnual Report of 1848, excerpted in Prucha, *Documents*, 78 を参照のこと。髪がついたままの頭皮を剝ぐのはインディアンの脱毛に関する白人の評価査定に含まれていたか、という質問を受けたが、そのふたつを関連させるような記述は、この時代の文献には見つけられなかった。

(50) Catlin, *Letters*, 227.

(51) Prucha, *Documents*, 80; Wilcomb E. Washburn, *Red Man's Land/White Man's Law: A Study of the Past and Present of the Status of the American Indian* (New York: Scribner's, 1971), 70.

(52) "Letter from Ernest De Massey to Marie-Colmbe Arulith de Massey, 1850," in *A Frenchman in the Gold Rush: The Journal of Ernest de Massey, Argonaut of 1849*, trans. Marguerite Eyer Wilbur (San Francisco: California Historical Society, 1927), 60. もっと最近の人々が先住民の体毛についてどのように好奇心を示していたかについては、Joseph Boyden, "Bush Country," in *Me Sexy: An Exploration of Native Sex and Sexuality*, ed. Drew Hayden Taylor (Vancouver: Douglas & McIntrye, 2008), 7 ff を参照のこと。

(53) Stephanie Pratt, *American Indians in British Art, 1700–1840* (Norman: University of Oklahoma Press, 2005); McLoughlin and Conser, "'The First Man Was Red,'" 252. インディアン移住と奴隷制度廃止をめぐるそれぞれの論争の関係については、Nicholas Guyatt, "'The Outskirts of Our Happiness': Race and the Lure of Colonization in the Early Republic," *Journal of American History* 95:4 (March 2009): 986–1011 を参照のこと。

(54)「事実を黙々と調査・検討する」という表現は、Samuel George Morton, *An*

pological Treatises of Johann Friedrich Blumenbach, trans. and ed. Thomas Bendyshe (Boston: Longwood, 1978 [1775]), 224, 129, 127.

(29) Ibid., 129.

(30) James Cowles Prichard, *The Natural History of Man; Comprising Inquiries into the Modifying Influence of Physical and Moral Agencies on the Different Tribes of the Human Family*, 3rd edition (London: Hippolyte Bailliere, 1848), 98.

(31) Ibid., 99.

(32) Prichard, *Researches into the Physical History of Man*, ed. George W. Stocking (Chicago: University of Chicago Press, 1973 [1813]), 41. 人種差をもたらす要因としての美的観点の好みについては、Evelyeen Richards, "Darwin and the Descent of Woman," in *The Wider Domain of Evolutionary Thought*, ed. David Oldroyd and Ian Langham (Dordrecht: Reidel, 1983), 105 n.78 を参照のこと。

(33) Blumenbach, "Natural Variety of Mankind," 174.

(34) Ibid., 173.

(35) Knox, cited in Konkle, *Writing Indian Nations*, 15.

(36) Konkle, *Writing Indian Nations*, 3; Bieder, Science, 9.

(37) Hershberger, "Mobilizing Women," 40; Ronald Satz, *American Indian Policy in the Jacksonian Era* (Lincoln: University of Nebraska Press, 1975).

(38) Konkle, *Writing Indian Nations*, 5; Bieder, *Science*, 11.

(39)「永続的な（imperishable）」という表現は、"English Traits," in *Selected Writings of Emerson*, ed. Donald McQuade (New York: Modern Library, 1981 [1856]), 523, 525. における、人種に関するEmersonの論議から。

(40) George Catlin, *Letters and Notes on the Manners, Customs, and Conditions of the North American Indians* (New York: Dover, 1973 [1841–1842]), 2:227.

(41) Richard McCausland, "Particulars Relative to the Nature and Customs of the Indians of North-America," *Philosophical Transactions of the Royal Society of London* 76 (1786): 231; Alexander Mackenzie, *Voyages from Montreal through the Continent of North America to the Frozen and Pacific Oceans in 1789 and 1793*, vol. 1 (New York: New Amsterdam Book Company, 1902 [1801]), 234–35; George Juan and Antonio de Ulloa, *A Voyage to South America*, trans. John Adams, vol. 1, 4th edition (London: Stockdale, 1806), 267.

(42) Frederic Baraga, *Short History of the North American Indians*, trans. Graham A. MacDonald (Calgary, Canada: University of Calgary Press, 2004 [1837]), 82. バラガはこの時代の多数の論者と同じく、インディアンの男たちが体毛を抜くのは、体に施すペインティングやタトゥーが映えるようにするためだと主張した。たとえば、John Heckewelder, *History, Manners, and Customs of the Indian Nations Who Once Inhabited Pennsylvania and the Neighbouring States* (Philadelphia: Historical Society of Pennsylvania, 1876 [1818]), 204; Mark Van Doren, ed., *Travels of William Bartram* (New York: Dover, 1955), 393–94. さらなる議論については

1947): 31.
ビュフォンについては、Robert E. Bieder, *Science Encounters the Indian, 1820–1880* (Norman: University of Oklahoma Press, 1986), 6を参照のこと。

(18) Buffon, *Natural History, General and Particular*, quoted in Gilbert Chinard, "Eighteenth-Century Theories," 31.

(19) Joyce E. Chaplin, *Subject Matter: Technology, the Body, and Science on the Anglo-American Frontier, 1500–1676* (Cambridge, MA: Harvard University Press, 2001); Stephen J. Gould, "American Polygeny and Craniometry before Darwin: Blacks and Indians as Separate, Inferior Species," in *The "Racial" Economy of Science*, ed. Sandra Harding (Bloomington: Indiana University Press, 1993); Susan Scott Parrish, *American Curiosity: Cultures of Natural History in the Colonial British Atlantic World* (Chapel Hill: University of North Carolina Press, 2006), 78 ff.; Roxann Wheeler, *The Complexion of Race: Categories of Difference in Eighteenth-Century British Culture* (Philadelphia: University of Pennsylvania Press, 2000); Bieder, *Science*; Audrey Smedley, *Race in North America: Origin and Evolution of a Worldview*, 3rd edition (Boulder, CO: Westview, 2007), 90.

(20) Edith Snook, "The Beautifying Part of Physic: Women's Cosmetic Practices in Early Modern England," *Journal of Women's History* 20:3 (Fall 2008): 24.
次の文献も参照のこと。Parrish, *American Curiosity*, 78 ff.; Wheeler, *Complexion of Race*; Smedley, *Race in North America*, 90; Chandler McC. Brooks, Jerome L. Gilbert, Harold A. Levey, and David R. Curtis, *Humors, Hormones, and Neurosecretions: The Origins and Development of Man's Present Knowledge of the Humoral Control of Body Function* (New York: State University of New York Press, 1962). 毛深い女性の体液の複雑さについては、Mary E. Fissell, "Hairy Women and Naked Truths: Gender and the Politics of Knowledge in 'Aristotle's Masterpiece,'" *William and Mary Quarterly* 60:1 (January 2003): 43–74 を参照のこと。

(21) Schiebinger, *Nature's Body*, 120–25; Parrish, *American Curiosity*, 78 ff.; Wheeler, *Complexion of Race*; Allan Peterkin, *One Thousand Beards: A Cultural History of Facial Hair* (Vancouver, Canada: Arsenal Pulp Press, 2001), 33–35.

(22) Konkle, *Writing Indian Nations*, 9–10; William Robertson, *History of the Discovery and Settlement of America*, vol. 1 (London: Strahan, 1777), 303, 291.

(23) Robertson, *History*, 290.

(24) Ibid., 290–91.

(25) Ibid.

(26) Samuel Stanhope Smith, *An Essay on the Causes of the Variety of Complexion and Figure in the Human Species*, ed. Winthrop Jordan (Cambridge, MA: Belknap Press, 1965 [1787]), 112.

(27) Ibid., 191; Bieder, *Science*, 7.

(28) Johann Friedrich Blumenbach, "On the Natural Variety of Mankind," in *The Anthro-*

(Cambridge, MA: Belknap Press, 1999), 77; Berkofer, *The White Man's Indian*, 43.

(8) William Bartram, *Travels of William Bartram*, ed. Mark Van Doren (New York: Dover, 1955), 26.

(9) Londa L. Schiebinger, *Nature's Body: Gender in the Making of Modern Science* (Boston: Beacon, 1993), 123–24［邦訳＝ロンダ・シービンガー『女性を弄ぶ博物学：リンネはなぜ乳房にこだわったのか』小川真理子、財部香枝訳、工作舎、1996年］.

(10) ジェファソンは、たとえば体毛を根拠に「彼らの本質は白人となんら変わらない」と断言し、インディアンの奴隷化を非難した。詳しくは、既出のJefferson, *Notes*, 61を参照のこと。

(11) Justice, *Our Fire*, 60.

(12) Berkofer, *The White Man's Indian*, 165; Francis Paul Prucha, ed., *Documents of United States Indian Policy* (Lincoln: University of Nebraska Press, 1989); Mary Hershberger, "Mobilizing Women, Anticipating Abolition: The Struggle against Indian Removal in the 1830s," *Journal of American History* 86:1 (June 1999): 15–40; Maureen Konkle, *Writing Indian Nations: Native Intellectuals and the Politics of Historiography, 1827–1863* (Chapel Hill: University of North Carolina Press, 2004).

(13) Tiya Miles, "Removal," in *American Studies: An Anthology*, edited by Janice A. Radway et al. (Chichester, England: Wiley-Blackwell, 2009), 42–43.

(14) Lucy Maddox, *Removals: Nineteenth-Century American Literature and the Politics of Indians Affairs* (New York: Oxford University Press, 1991), 10–11［邦訳＝ルーシー・マドックス『リムーヴァルズ：先住民と十九世紀アメリカ作家たち』丹羽隆昭監訳、開文社出版、1998年］; Berkofer, *The White Man's Indian*, 165; William G. McLoughlin and Walter H. Conser Jr., "'The First Man Was Red': Cherokee Responses to the Debate over Indian Origins, 1760–1860," *American Quarterly* 41:2 (June 1989): 243–64.

(15) William Apess, "A Son of the Forest," in *On Our Own Ground: The Complete Writings of William Apess, a Pequot*, ed. Barry O'Connell (Amherst: University of Massachusetts Press, 1992 [1831]), 61.

(16) リンネが哺乳類をどう分類していたかについては、*A General System of Nature*, trans. William Turton (London: Lackington, Allen, 1806), reproduced in E. Nathaniel Gates, *The Concept of "Race" in Natural and Social Science* (New York: Garland, 1997), 149を参照のこと。人種に関するヨーロッパ人の考え方にリンネの分類体系が与えた影響については、Stephen Jay Gould, "The Geometer of Race," *Discover*, November 1994, 67 を参照のこと。

(17) Buffon, *Natural History, General and Particular*［邦訳＝『ビュフォンの博物誌――全自然図譜と進化論の萌芽』荒俣宏監修、ベカエール直美訳、工作舎、1991年］, quoted in Gilbert Chinard, "Eighteenth-Century Theories on America as Human Habitat," *Proceedings of the American Philosophical Society* 91:1 (February

【第１章】

（１）Thomas Jefferson, *Notes on the State of Virginia*, ed. William Peden (Chapel Hill: University of North Carolina Press, 1995), 61［邦訳＝Ｔ・ジェファソン『ヴァジニア覚え書』中屋健一訳、岩波書店、2011年］. Daniel Heath Justice, *Our Fire Survives the Storm: A Cherokee Literary History* (Minneapolis: University of Minnesota Press, 2006), 66や、Anthony F. C. Wallace, "Jefferson and the Native Americans," in *Thomas Jefferson and the Changing West*, ed. James P. Ronda (Albuquerque: University of New Mexico Press, 1997), 28 も参照のこと。

（２）植民地を保有するヨーロッパ諸国間でかなりの違いがあり、大西洋を挟んだ両側で活動していた文筆家のなかでも同じように大きな差異があったが、本書では、情報源としたヨーロッパ人、そしてヨーロッパ人を祖に持つアメリカ人をまとめて「白人」とする。Robert F. Berkhoferが述べているように「植民地を保有している国は（スウェーデンを除いて）みな、理論上も現実にもアメリカ先住民やその領地に対して同じ法的権限を行使していた」からだ。アメリカ人の文筆家が、自分たちはヨーロッパ人とは違うと言ったとしても、先住民に対して植民者であったことに変わりはない。Berkhofer, *The White Man's Indian: Images of the American Indian, from Columbus to the Present* (New York: Knopf, 1978), 119 を参照のこと。

（３）「インディアン」のあいだで見られるさまざまな脱毛法を伝えた白人の文筆家は大勢いるが、先住民自身による類似の記述は見つけられなかった。そのため本章は、白人が理解・把握した結果を分析したものとなる。私はAlexandra Harmonに倣い、「インディアン」とは「他の民族との関係というコンテクスト」においてのみ成立するカテゴリーと考えた。Harmon, "Wanted: More Histories of Indian Identity," in *A Companion to American Indian History*, ed. Philip J. Deloria and Neal Salisbury (Malden, MA: Blackwell, 2004), 248.を参照のこと。同様のテーマでは、Rebecca Tsosie, "The New Challenge to Native Identity: An Essay on 'Indigeneity' and 'Whiteness,'" *Washington University Journal of Law and Policy* 4 (2005): 55–98 を参照のこと。

（４）de Pauw, *Recherches philosophiques sur Les Américains*, vol. 1 (Berlin: Decker, 1772), 39–40.

（５）Lewis, writing Tuesday, May 13, 1806, in *The Journals of the Lewis and Clark Expedition*, ed. Gary E. Moulton, vol. 7 (Lincoln: University of Nebraska, 1991 [1814]), 252;。Clarkも同じ日の日誌に、この点に同調する記述をしている。「ほかのアメリカ先住民たちと同様に彼らはあごひげを引き抜くが、男たちはそれより下の体毛は抜かない。これは特に女たちに限られるようだ」(254)。

（６）Alexander de Humboldt [sic], *Political Essay on the Kingdom of New Spain*, trans. John Black, vol. 1 (New York: I. Riley, 1811), 110.

（７）Anthony F. C. Wallace, *Jefferson and the Indians: The Tragic Fate of the First Americans*

Wilkinson, and Precilla Y. L. Choi, "Body Hair Removal: The 'Mundane' Production of Normative Femininity," *Sex Roles* 52:5–6 (March 2005): 399–406.

(47) Toerien and Wilkinson, "Gender and Body Hair," 333–44; Basow and Braman, "Women and Body Hair," 637–45; Susan A. Basow and J. Willis, "Perceptions of Body Hair on White Women: Effects of Labeling," *Psychological Reports* 89:3 (2001): 571–76.

(48) 女性の脱毛習慣に消費資本主義が及ぼした影響については、Leonore Riddell, Hannah Varto, and Zoe Hodgson, "Smooth Talking: The Phenomenon of Pubic Hair Removal in Women," *Canadian Journal of Human Sexuality* 19:3 (2010): 129;や、Marika Tiggemann and Suzanna Hodgson, "The Hairlessness Norm Extended: Reasons for and Predictors of Women's Body Hair Removal at Different Body Sites," *Sex Roles* 59:11 (2008): 895 を参照のこと。

(49) Marika Tiggemann and Christine Lewis, "Attitudes toward Women's Body Hair: Relationship with Disgust Sensitivity," *Psychology of Women Quarterly* 28:4 (December 2004): 381, 386.

(50) Tiggemann and Hodgson, "Hairlessness Norm Extended," 896.

(51) David Allyn, *Make Love, Not War: The Sexual Revolution, an Unfettered History* (Boston: Little, Brown, 2000), 285, 287.

(52) Naomi Wolf, *The Beauty Myth: How Images of Beauty Are Used against Women* (New York: Morrow, 1991)［邦訳＝ナオミ・ウルフ『美の陰謀――女たちの見えない敵』増田和子訳、阪急コミュニケーションズ、1994年］.

(53) Tiggemann and Hodgson, "Hairlessness Norm Extended," 890; Tiggemann and Lewis, "Attitudes toward Women's Body Hair," 382; Boroughs et al., "Male Body Depilation."

(54) ここでは、生命倫理的および生政治的な分析に関するThomas Lemkeの有用な区別に影響を受けた。

生命倫理では、何をなすべきかという疑問に焦点を当てる。処理と決定が可能な選択肢に、問題が凝縮される……一方、生政治学の分析では問題を作り出す。まだ問われていない疑問に関心を抱くのだ。生命倫理の枠組みや賛否を問う議論の外側に常にある歴史的・組織的な相関関係すべての認識を高める……結果として、生政治学の分析は思弁的な側面と経験的な側面を持っている。何が違うのかは断言しないが、違う可能性のあるものを予想するのだ。

Thomas Lemke, *Biopolitics: An Advanced Introduction* (New York: New York University Press, 2011), 123 を参照のこと。こういった「ジレンマの倫理」が持つ限界のさらなる議論については、Kwame Anthony Appiah, *Experiments in Ethics* (Cambridge, MA: Harvard University Press, 2008); Anne Pollock, *Medicating Race: Heart Disease and Durable Preoccupations with Difference* (Durham, NC: Duke University Press, 2012), 186 を参照のこと。

Women," *Sex Roles* 39:11–12 (1998): 873–85 を参照のこと。

(42) Nicholas Wade, "Why Humans and Their Fur Parted Ways," *New York Times*, August 19, 2003 の引用より。

(43) Laura Kipnisは「ディナーの客人が近くにいるのに、社会生物学者が自分たちの裏庭で糞をしたそのときこそ、文化とは生まれながらに持っている内在的なものだという主張も少しは説得力を持つようになるだろう」と記している。いかにも彼女らしい。*Against Love: A Polemic* (New York: Vintage, 2003), 24 を参照のこと。

(44) クラオについては、Kimberly A. Hamlin, "The 'Case of a Bearded Woman': Hypertrichosis and the Construction of Gender in the Age of Darwin," *American Quarterly* 63:4 (December 2011): 955–81; Lindsey B. Churchill, "What Is It? Difference, Darwin, and the Victorian Freak Show," *Darwin in Atlantic Cultures: Evolutionary Visions of Race, Gender, and Sexuality*, ed. Jeannette Eileen Jones and Patrick B. Sharp (New York: Routledge, 2010), 128–42 を参照のこと。

(45) だがこれは、発毛パターンにおける自然選択の影響を無視するものではない——科学的事実について先に私が述べたことを踏まえ、体毛に関するわれわれの知識はどうしても社会的かつ歴史的な意味合いを帯びると主張しているだけだ。1997年から2003年にかけて、報告されるケジラミの症例は著しく減少した。ワックスによる陰部の完全脱毛の人気が高まったことを原因に挙げる臨床医もいるが、これは人間以外のありとあらゆる「随伴種」とのわれわれの進化上の遭遇の複雑性を表している。Suzannah Hills, "Is *Sex and the City* Responsible for the Demise of Pubic Lice?" *Mail Online*, July 4, 2013; や Donna J. Haraway, *When Species Meet* (Minneapolis: University of Minnesota Press, 2008)［邦訳＝ダナ・ハラウェイ『犬と人が出会うとき　異種協働のポリティクス』高橋さきの訳、青土社、2013年］を参照のこと。

(46) Merran Toerien and Sue Wilkinson, "Gender and Body Hair: Constructing the Feminine Woman," *Women's Studies International Forum* 26:4 (2003): 241; Breanne Fahs and D. A. Delgado, "The Specter of Excess: Race, Class, and Gender in Women's Body Hair Narratives," in *Embodied Resistance: Challenging the Norms, Breaking the Rules,* ed. C. Bobel and S. Kwan (Nashville, TN: Vanderbilt University Press, 2011), 15. 次についても参照のこと。Susan A. Basow and Amie C. Braman, "Women and Body Hair: Social Perceptions and Attitudes," *Psychology of Women Quarterly* 22:4 (December 1998): 637–45; Sarah Hildebrandt, "The Last Frontier: Body Norms and Hair Removal Practices in Contemporary American Culture," in *The EmBodyment of American Culture*, ed. Heinz Tschachler et al. (Munich: Lit Verlag, 2003), 59–71; Joan Ferrante, "Biomedical versus Cultural Constructions of Abnormality: The Case of Idiopathic Hirsutism in the United States," *Culture, Medicine, and Psychiatry* 12 (1988): 219–38; Marika Tiggemann and Sarah J. Kenyon, "The Hairlessness Norm: The Removal of Body Hair in Women," *Sex Roles* 39:11–12 (1998): 873–85; Merran Toerien, Sue

Rooks, *Hair Raising: Beauty, Culture, and African American Women* (New Brunswick, NJ: Rutgers University Press, 1996); Ashleigh Shelby Rosette and Tracy L. Dumas, "The Hair Dilemma: Conform to Mainstream Expectations or Emphasize Racial Identity?" *Duke Journal of Gender Law and Policy* 14:1 (2007): 407–21; Tracey Owens Patton, "'Hey Girl, Am I More Than My Hair?' African American Women and Their Struggles with Beauty, Body Image, and Hair," *NWSA Journal* 18:2 (Summer 2006): 24–51; Susannah Walker, *Style & Status: Selling Beauty to African American Women, 1920–1975* (Lexington: University Press of Kentucky, 2007); Deborah R. Grayson, "Is It Fake? Black Women's Hair as Spectacle and Spec(tac)ular," *camera obscura* 36 (1995): 13–31; Robyn Anuakan, "'We Real Cool': Beauty, Image, and Style in African-American History," Ph.D dissertation, University of California, Berkeley (2002).

（36） 体毛に対する嫌悪感（そして髪に対するフェティシズム）だけを、精神分析的な視点から解き明かす文献も大量にある。詳しくは5章を参照のこと。

（37） Nancy Etcoff, *Survival of the Prettiest: The Science of Beauty* (New York: Random House, 1999) [邦訳＝ナンシー・エトコフ『なぜ美人ばかりが得をするのか』木村博江訳、草思社、2000年].

（38） James Giles, "Naked Love: The Evolution of Human Hairlessness," *Biological Theory: Integrating Development, Evolution, and Cognition* 5 (1984): 326–36.

（39） Mark Pagel and Walter Bodmer, "A Naked Ape Would Have Fewer Parasites," *Proceedings of the Royal Society of London* (Supplement) 270 (2003): S117–19. また、G. G. Schwartz and L. A. Rosenblum, "Allometry of Primate Hair Density and the Evolution of Human Hairlessness," *American Journal of Physical Anthropology* 55:1 (1981): 9–12; Shaoni Bhattacharya, "Early Humans Lost Hair to Beat Bugs," *New Scientist*, June 3, 2003 も参照のこと。

（40） ヒトには比較的、体毛がないという点について進化生物学者のあいだで今も論争が続いているのは、天地創造を生命の起源と信じる人たちにとっては大いなる恵みとなっている。たとえば、次を参照のこと。
Michael Matthews, "Hairless Hokum," *answersingenesis.org*, August 25, 2003, http://www.answersingenesis.org/articles/2003/08/25/hairless-hokum;
"Hairless Apes: Evolution Is Just a Theory," *Debating Christianity and Religion*, http://debatingchristianity.com/forum/viewtopic.php?t=17726;
"Another Made-up Story from the *New York Times*: Hair Loss," *evolutionisdead.com*, August 19, 2003, http://www.evolutionisdead.com/darwin.php?did=006.

（41） フェロモンを発したり「膣環境」を守ったり、陰毛や腋毛も同様に進化的な目的を担っていると主張する人もいる。「自然選択」の説は、体毛については賛否両論どちらにも用いられていることに注目。たとえば、Liz Porter, "From X-rated to the Everyday: How the Burbs Went Brazilian," *Age*, November 2, 2008, http://www.theage.com.au/action/printArticle?id=253961; や、Marika Tiggemann and Sarah J. Kenyon, "The Hairlessness Norm: The Removal of Body Hair in

な体毛除去に関する最近の事例については、Timothy Williams, "Students Recall Special Schools Run like Jails," *New York Times*, July 24, 2013, A1. でも語られている。

(33) 文化的なものに根ざした、体毛に対するこの嫌悪感は、2008年のスーパーボウルのテレビ中継中に流された〈プランターズ(Planters)〉社の「つながった一本眉」のCM(http://www.youtube.com/watch?v=kfzbZJrz06A)の例でも明らかだ。企業側は、視聴者がジョークの意味を理解すると信じて疑わなかった。つまり、げじげじの濃い眉毛をした女性が街でたまたま出会った男たちにとって魅力的に映る可能性はただひとつ。(CMで種明かしされていたように)プランターズのローストナッツの匂いが全身からしたからだ、と。

(34) たとえば、Carole Cleaver, "A Dirty Story," *Mademoiselle*, April 1958, 46, cited in Suellen Hoy, *Chasing Dirt: The American Pursuit of Cleanliness* (New York: Oxford University Press, 1995), 2［邦訳=スーエレン・ホイ『清潔文化の誕生』椎名美智訳、紀伊國屋書店、1995年］を参照のこと。

(35) 体毛に関する学術的文献で英語で書かれたもので私が見つけたのは、Alfred F. Niemoeller, *Superfluous Hair and Its Removal* (New York: Harvest House, 1938) と Karín Lesnik-Oberstein, ed., *The Last Taboo: Women and Body Hair* (Manchester, England: Manchester University Press, 2006)。男性のひげについて触れたものがいくつか、そして「ひげのある女性」や他にも見世物にされた毛深い個人を具体的に取りあげたものも何冊かあった。それに比べると、黒人やアフリカ系アメリカ人の頭髪やヘアスタイリングをめぐる歴史や政治については、ある程度持続的な研究がなされている。おかげで、人種的な意味合いに関する考察を本書にも含めることができた。それ以外には、体毛について研究者が関心を示した例はあまりない。次の文献を参照のこと。

Allan Peterkin, *One Thousand Beards: A Cultural History of Facial Hair* (Vancouver, Canada: Arsenal Pulp Press, 2001); Lorraine Daston and Katherine Park, *Wonders and the Order of Nature, 1150–1750* (Cambridge, MA: Zone, 1998); Leslie Fiedler, *Freaks: Myths and Images of the Secret Self* (New York: Simon & Schuster, 1978)［邦訳=レスリー・フィードラー『フリークス―秘められた自己の神話とイメージ』伊藤俊治、大場正明、旦敬介訳、青土社、1990年］; Paulette M. Caldwell, "Hair Piece," in *Critical Race Theory*, ed. Richard Delgado (Philadelphia: Temple University Press, 1995), 267–80; Ayana D. Byrd and Lori L. Tharps, *Hair Story: Untangling the Roots of Black Hair in America* (New York: St. Martin's, 2001); Ginetta Candelario, "Hair Race-ing: Dominican Beauty Culture and Identity Production," *Meridians: Feminism, Race, Transnationalism* 1:1 (2000): 128–56; Diane Simon, *Hair: Public, Political, Extremely Personal* (New York: St. Martin's, 2000); Kobena Mercer, "Black Hair/Style Politics," in *Out There: Marginalization and Contemporary Cultures*, ed. Russell Ferguson et al. (New York: New Museum of Contemporary Art, 1992), 247–64; Noliwe M.

AK Press, 2011), 189–208 を参照のこと。

(29) もちろんアメリカ以外の地では、これもまた別の問題だ。他の文化背景において体毛がどう見られているかについては、Afsaneh Najmabadi, *Women with Mustaches and Men without Beards: Gender and Sexual Anxieties of Iranian Modernity* (Berkeley: University of California Press, 2005); Alf Hiltebeitel and Barbara D. Miller, eds., *Hair: Its Power and Meaning in Asian Cultures* (Albany: State University of New York Press, 1998); Ruth Barcan, *Nudity: A Cultural Anatomy* (Oxford: Berg, 2004); Anne Hollander, *Seeing through Clothes* (Berkeley: University of California Press, 1993); William Ian Miller, *The Anatomy of Disgust* (Cambridge, MA: Harvard University Press, 1997); Howard Eilberg-Schwartz and Wendy Doniger, eds., *Off with Her Head! The Denial of Women's Identity in Myth, Religion, and Culture* (Berkeley: University of California Press, 1995); Larissa Bonfate, "Nudity as a Costume in Classical Art," *American Journal of Archaeology* 93 (1989): 543–70; Margaret R. Miles, *Carnal Knowing: Female Nakedness and Religious Meaning in the Christian West* (Boston: Beacon, 1989); Virginia Smith, *Clean: A History of Personal Hygiene and Purity* (Oxford: Oxford University Press, 2007)［邦訳＝ヴァージニア・スミス『清潔の歴史：美・健康・衛生』鈴木実佳訳、東洋書林、2010年］を参照のこと。

(30) 陸軍精神科医のニダル・ハサンはフォート・フッドで乱射事件を起こし、13人を殺害および30人を負傷させたとして死刑を言い渡された。彼のあごひげをめぐって長々と法廷で争われた件は、この問題に関する、軍に特有の手続きの複雑さを表している。Russell Goldman, "Nidal Hasan's Lawyer to Sue after Army Forcibly Shaves Ft. Hood Shooter," *ABC News*, September 4, 2013 を参照のこと。

(31) *Ho Ah Kow v. Nunan*, 12 Fed. Cas. 252 (1879); "Secular News," *Christian Observer*, August 3, 1904, 23. 男性と自認する人たちが女子刑務所に収容された場合の強制的な体毛除去については、Girshick, "Out of Compliance," 198–99 を参照のこと。

(32) 奴隷にされた人々の体毛を剃ったり体をきれいに洗ったり、オイルを塗ったりということについては、Stephanie E. Smallwood, *Saltwater Slavery: A Middle Passage from Africa to American Diaspora* (Cambridge, MA: Harvard University Press, 2007),特に160–62 を参照のこと。この事象に注目させてくれたStephanie Campに感謝したい。剃髪もまた、奴隷となった人々に対する支配の手段として、特に白人女性から黒人女性に対して用いられていた。Jack Maddox によれば、テキサスの大農場主の妻が「かわいらしいムラート（mulatto）の少女」に対して鋏を握り、「髪を切り刻んで坊主にした」という。James Brittianも「年老いたお嬢さま《オールドミス》」が彼のアフリカ生まれの祖母に「丸坊主になる」ことを強制した様子を記憶している。Shane White and Graham White, "Slave Hair and African American Culture in the Eighteenth and Nineteenth Centuries," *Journal of Southern History* 61:1 (February 1995): 68 を参照のこと。強制的

cao Yue et al., "Mapping Stem Cell Activities in the Feather Follicle," *Nature*, December 15, 2005, 1026–29.

(23) これは、圧倒的な支配力を有するものだけが万物の分類に携わるよう提案しているわけではない——本書では、支配的となっている枠組みに焦点を当てるというだけのことだ。「生政治的に不適切なものの反特権（counter-privileges）」については、Mel Y. Chen, *Animacies: Biopolitics, Racial Mattering, and Queer Affect* (Durham, NC: Duke University Press, 2012), 233.を参照のこと。優れた分析がなされている。

(24) これに関しては、男性型脱毛症についての質問がいちばん多かった。関心のある読者は、Burkhard Bilger, "The Power of Hair: Searching for the Next Generation of Baldness Cures," *New Yorker*, January 9, 2006, 43–48; Julia E. Szymczak and Peter Conrad, "Medicalizing the Aging Male Body: Baldness and Andropause," in *Medicalized Masculinities*, ed. Dana Rosenfeld and Christopher Faircloth (Philadelphia: Temple University Press, 2006), 89–111 を参照のこと。

(25) Breanne Fahs, "Dreaded 'Otherness': Heteronormative Patrolling in Women's Body Hair Rebellions," *Gender & Society* 25 (2011): 453; Bessie Rigakos, "Women's Attitudes toward Body Hair and Hair Removal: Exploring Racial Differences in Beauty," Wayne State University, Ph.D. dissertation (December 2004), 36; Jeannette Mariscal, "Shave It? Wax It? Leave It? The Bare Truth of Transculturation through the Naked Perspective of Pubic Hair Removal Practices," Bates College, B.A. thesis (May 2012).

(26) "Women Spend up to $23,000 to Remove Hair," *UPI.com*, June 24, 2008, http://www.upi.com/Health_News/2008/06/24/Women-spend-up-to-23000-to-remove-hair/UPI-64771214351618; Mure Dickie, Jeremy Grant, Khozen Merchant, and James Politi, "We Can Build a Juggernaut," *Financial Times*, February 4, 2005.

(27) Michael Boroughs, Guy Cafri, and J. Thompson, "Male Body Depilation: Prevalence and Associated Features of Body Hair Removal," *Sex Roles* 52:9–10 (May 2005): 637–44.

Breanne Fahs, "Shaving It All Off: Examining Social Norms of Body Hair among College Men in a Women's Studies Course," *Women's Studies* 42 (2013): 559–77 も参照のこと。

(28) たとえば、Jennifer Finney Boylan, *She's Not There: A Life in Two Genders* (New York: Broadway, 2003), 140; Deirdre McCloskey, *Crossing: A Memoir* (Chicago: University of Chicago Press, 1999), 47［邦訳＝ディアドラ・N・マクロスキー『性転換——53歳で女性になった大学教授』野中邦子訳、文藝春秋、2001年］; Julie Waters, "The Razor's Edge: Walking the Fine Line of Self," in *Looking Queer: Body Image and Identity in Lesbian, Bisexual, Gay, and Transgender Communities*, ed. Dawn Atkins (New York: Haworth, 1998), 181; Lori Girshick, "Out of Compliance: Masculine-Identified People in Women's Prisons," in *Captive Genders: TransEmbodiment and the Prison Industrial Complex*, ed. Eric A. Stanley and Nat Smith (Edinburgh, Scotland:

Aizura (New York: Routledge, 2013), 56-65 を参照のこと。医療的な必要性をめぐる論争についてさらに知りたい場合は、C. Michelle Murphy, "The 'Elsewhere within Here' and the MCS Movement," *Configurations* 8:1 (2000): 87–120; Joseph Dumit, "Illnesses You Have to Fight to Get: Facts as Forces in Uncertain, Emergent Illnesses," *Social Science & Medicine* 62:3 (February 2006): 577–90 を参照のこと。

(17) 科学史における世界的な視野のメリットについては、*Isis* 101:1 (March 2010) の特別号を参照のこと。

(18) Judith Butler, *Precarious Life: The Powers of Mourning and Violence* (London:Verso, 2006), 64［邦訳＝ジュディス・バトラー『生のあやうさ―哀悼と暴力の政治学』本橋哲也訳、以文社、2007年］.

(19) 肌に関する最近の科学的観点についてわかりやすい入門編を求める読者には、Nina G. Jablonski, *Skin: A Natural History* (Berkeley: University of California Press, 2006) が適している。

(20) Bruno Latour, "On the Partial Existence of Existing and Nonexisting Objects," in *Biographies of Scientific Objects*, ed. Lorraine Daston (Chicago: University of Chicago Press, 2000), 247–69や、Sheila Jasanoff, ed., *States of Knowledge: The Co-Production of Science and Social Order* (New York: Routledge, 2004) を参照のこと。

(21) Londa Schiebinger, "Why Mammals Are Called Mammals," in *Nature's Body: Gender and the Making of Modern Science* (Boston: Beacon, 1993), 40–74［邦訳＝ロンダ・シービンガー『女性を弄ぶ博物学：リンネはなぜ乳房にこだわったのか』小川真理子、財部香枝訳、工作舎、1996年］.

(22) 最近では分子生物学者たちが、19世紀の解剖学者パウル・ゲルゾン・ウナの長らく忘れられていた研究を引っ張り出してきて、毛包の多能性幹細胞と格闘している。これらの細胞がどこでどのように増殖しているかは未解決のままだ。毛髪の幹細胞に対する関心が高いのは、ヒト胚から生成された幹細胞にまつわるような政治的な問題がないからだろう。詳しくは次を参照のこと。P. G. Unna, "Beitrage zur Histologie und Entwicklungsgeschichte der menschlichen Oberhaut und ihrer Anhangsgebilde," *Archiv für mikroskopische Anatomie* 12 (1876): 665–741; George Cotsarelis, "Cutaneous Stem Cells," in *Principles of Tissue Engineering*, ed. Robert Lanza, Robert Langer, and Joseph P. Vacanti (Waltham, MA: Academic Press, 2011)［邦訳＝Robert P. Lanza/Robert Langer/Joseph Vacanti『再生医学：ティッシュエンジニアリングの基礎から最先端技術まで』大野典也、相澤益男　監訳代表、NTS、2002年］; R. J. Morris et al., "Capturing and Profiling Adult Hair Follicle Stem Cells," *Nature Biotechnology* 22 (2004): 411–17; H. Oshima et al., "Morphogenesis and Renewal of Hair Follicles from Adult Multipotent Stem Cells," *Cell* 104 (2001): 233–45; T. Tumbar et al., "Defining the Epithelial Stem Cell Niche in Skin," *Science* 303 (2004): 359–63; G. Cotsarelis et al., "Label-Retaining Cells Reside in the Bulge Area of Pilosebaceous Unit: Implications for Follicular Stem Cells, Hair Cycle, and Skin Carcinogenesis," *Cell* 61 (1990): 1329–37; Zhi-

gy of Orgasm: "Hysteria," the Vibrator, and Women's Sexual Satisfaction (Baltimore, MD: Johns Hopkins University Press, 1999)［邦訳＝レイチェル・P・メインズ『ヴァイブレーターの文化史：セクシュアリティ・西洋医学・理学療法』佐藤雅彦訳、論創社、2010年］の序文を参照のこと。

(11) Terence Turner, "The Social Skin," in *Reading the Social Body*, ed. Catherine B. Burroughs and Jeffrey David Ehrenreich (Iowa City: University of Iowa Press, 1993), 18, 38; Sara Ahmed and Jackie Stacey, "Introduction: Dermographies," in *Thinking Through the Skin*, ed. Sara Ahmed and Jackie Stacey (London: Routledge, 2001); Anthony Synnott, *The Body Social: Symbolism, Self, and Society* (London: Routledge, 1993), 103［邦訳＝アンソニー・シノット『ボディ・ソシアル――身体と感覚の社会学』高橋勇夫訳、筑摩書房、1997年］; Jay Prosser, *Second Skins: The Body Narratives of Transsexuality* (New York: Columbia University Press, 1998), esp. 72; Arthur F. Bentley, "The Human Skin: Philosophy's Last Line of Defense," *Philosophy of Science* 8:1 (January 1941): 1–19; Julia Kristeva, *Powers of Horror: An Essay on Abjection* (New York: Columbia University Press, 1982).

(12) M. Gregg Bloche and Jonathan H. Marks, "Doctors and Interrogators at Guantanamo Bay," *New England Journal of Medicine*, July 7, 2005; Alfred W. McCoy, *A Question of Torture: CIA Interrogation, from the Cold War to the War on Terror* (New York: Holt, 2006).。より広い視点からの分類スキームの重要性については、Geoffrey C. Bowker and Susan Leigh Star, *Sorting Things Out: Classification and Its Consequences* (Cambridge, MA: MIT Press, 1999) を参照のこと。

(13) 複雑に絡み合ったこのプロセスについては、Joan Jacobs Brumbergが*The Body Project: An Intimate History of American Girls* (New York: Random House, 1997).で巧みな追求を見せている。苦痛の定義に関して科学や医学の権威に重要性がシフトしていった点については、Rebecca Herzig, *Suffering for Science: Reason and Sacrifice in Modern America* (New Brunswick, NJ: Rutgers University Press, 2005)や、Keith Wailoo, *Pain: A Political History* (Baltimore, MD: Johns Hopkins University Press, 2014)を参照のこと。

(14) Adele E. Clarke et al., "Biomedicalization: A Theoretical and Substantive Introduction," in *Biomedicalization: Technoscience, Health, and Illness in the U.S.*, ed. Adele E. Clarke et al. (Durham, NC: Duke University Press, 2010); Jonathan M. Metzl and Anna Kirkland, eds., *Against Health: How Health Became a New Morality* (New York: New York University Press, 2010)［邦訳＝ジョナサン・M・メツル、アンナ・カークランド編『不健康は悪なのか　健康をモラル化する世界』細澤仁、大塚紳一郎、増尾徳行、宮畑麻衣共訳、みすず書房、2015年］.

(15) Linda A. Bergthold, "Medical Necessity: Do We Need It?" *Health Affairs* 14:4 (1995): 180–90.

(16) たとえば、Michelle O'Brien, "Tracing This Body: Transsexuality, Pharmaceuticals, and Capitalism," in *The Transgender Studies Reader 2*, ed. Susan Stryker and Aren Z.

原 注

＊URLは原著刊行当時のもの

【序論】

（1）International Committee of the Red Cross Report, Regional Delegation for United States and Canada (Geoff Loane, Head of Regional Delegation), Washington, DC, February 14, 2007,26.

（2）International Committee of the Red Cross Report, 17.

（3）"Inside the Interrogation of Detainee 063," *Time*, Sunday, June 12, 2005, with reporting by Brian Bennett, Timothy J. Burger, Sally B. Donnelly and Viveca Novak, http://www.time.com/time/magazine/article/0,9171,1071284-1,00.html.

（4）U.S. Department of Justice, Office of the Inspector General, Oversight and Review Division, "A Review of the FBI's Involvement in and Observations of Detainee Interrogations in Guantanamo Bay, Afghanistan, and Iraq," May 2008, 193.

（5）英語圏の評論家に、被収容者のあごひげの強制的な除去を批判している人はほとんどいない。稀な例外として、第二次大戦期の捕虜のひげを本人の意思に反して剃った写真と並べて論じているものがあった。"Our Methods of Being Cruel to Others Are Not as Creative as They Should Be," *Tiny Revolution*, May 27, 2005, http://www.tinyrevolution.com/mt/archives/00529.html を参照のこと。また、ヒューマン・ライツ・ウォッチのプレスリリース"U.S.: Religious Humiliation of Muslim Detainees Widespread," *Human Rights Watch*, May 18, 2005, http://www.hrw.org/en/news/2005/05/18/us-religious-humiliation-muslim-detainees-widespreadも併せて参照のこと。強制された剃毛について評論家が沈黙している最近の例については、Jill Lepore, "The Dark Ages: Terrorism, Counterterrorism, and the Law of Torment," *New Yorker*, March 18, 2013 を参照のこと。

（6）Rich Lowry, "Close Gitmo?" Tuesday, June 14, 2005, *Townhall.com*, http://townhall.com/columnists/RichLowry/2005/06/14/close_gitmo.

（7）"The Guantanamo Bay Controversy," *Hardball with Chris Matthews, MSNBC*, June 15, 2005, http://www.msnbc.msn.com/id/8242602.

（8）"Stand Firm for Gitmo," *Washington Times*, June 13, 2005, http://washingtontimes.com/news/2005/jun/13/20050613-085444-3748r.

（9）Brit Hume, "Discussion of Guantanamo Controversy" (Mara Liasson, Bill Sammon, Fred Barnesとのインタビュー), *Fox: Special Report, Fox News*, June 15, 2005 より。トランスクリプトは、Westlaw's Campus Research, http://campus.westlaw.com.で入手した。

（10）この点で、体毛の歴史はバイブレーターの歴史に似ている。関連する史学史的な問題についての明晰な議論については、Rachel P. Maines, *The Technolo-*

【わ行】

【ま行】

【や行】

【ら行】

【た行】

【な行】

【は行】

【さ行】

索　　引

■著　者

レベッカ・M・ハージグ　(Rebecca M. Herzig)

ベイツ・カレッジで女性学とジェンダー論プログラム（Program in Women and Gender Studies）の学科主任を務め、エンデバー財団による補助を得て学際的研究を担当している。

これまでの著書には『*Suffering for Science: Reason and Sacrifice in Modern America*』（2005）と、イヴリン・ハモンズ（Evelynn Hammonds）との共著で『*The Nature of Difference: Sciences of Race in the United States from Jefferson to Genomics*』（2009）がある。メイン州ルイストン在住。

■訳　者

飯原　裕美（いいはら・ひろみ）

翻訳者。津田塾大学学芸学部英文学科卒業。

翻訳協力として、シェリー・タークル『一緒にいてもスマホ』（日暮雅通訳、青土社、2017年）、ニコラス・G・カー『ウェブに夢見るバカ――ネットで頭がいっぱいの人のための96章』（増子久美・菅野楽章訳、青土社、2016年）がある。

脱毛の歴史　ムダ毛をめぐる社会・性・文化

2019年7月10日　初版印刷
2019年7月20日　初版発行

著　　者　レベッカ・M・ハージグ
訳　　者　飯原裕美
発 行 者　金田　功
発 行 所　株式会社 東京堂出版
〒101-0051　東京都千代田区神田神保町1-17
電　話　(03)3233-3741
http://www.tokyodoshuppan.com/

装　　丁　藤田美咲
イラスト　サトウナオミ
D T P　株式会社オノ・エーワン
印刷・製本　中央精版印刷株式会社

ISBN978-4-490-21014-9 C0022